1 세들의 공간 · 노동 · 젠더

일과 생활세계

이 도서의 국립중앙도서관 출판예정도서목록(CIP)은 서지정보유통지원시스템 홈페이지(http://seoji.nl.go.
kr)와 국가자료종합목록 구축시스템(http://kolis-net.nl.go.kr)에서 이용하실 수 있습니다.
CIP제어번호: CIP2020001535(양장), CIP2020001536(무선)

재일한인 연구총서 1

在日韓人

1세들의 공간·노동·젠더

일과 생활세계

김백영·정진성·권숙인 지음

한울
아카데미

간행사

구한말 피폐한 농촌을 떠난 농민들이 해외로 삶의 터전을 찾아 나선 이래 개항과 식민지 시기를 거치면서 한인들의 해외 이주는 세계 각지로 확대되었다. 낯선 땅에서 삶을 일궈내야 했던 해외 이주 한인들의 다수가 역사의 격랑 속에서 귀환하지 못한 채 이주지에 정착하여 새로운 뿌리를 내렸다. 이 시기에 일본으로 건너간 한인들 중에서도 약 60만 명이 해방 후 여러 가지 이유로 일본에 잔류하여 오늘날에 이르고 있다. 근현대사를 통해 재일한인들이 걸어온 길은 거주국과 본국 어느 쪽의 역사로도 환원될 수 없는 독자적인 궤적을 그리고 있다. 동시에 그 궤적은 거주국과 본국 각각의 역사와 불가분하게 연결되어 있다. 그러나 그동안 대한민국의 현대사에서 재일한인은 제대로 자리매김되지 못했다. 재일한인의 존재와 그들의 삶에 대한 기술이 교과서에 실린 일도 없었다.

재일한인은 구종주국에서 엄혹한 민족 차별에 맞닥뜨리며 생계를 꾸리고 자식들을 키워내면서 억척스럽게 살아왔다. 절대다수가 본국 국적을 지니고 살았으며, 고달픈 생활 속에서도 '조국' 또는 고향과의 연결선을 유지하고 그 발전에 기여하고자 노력했다. 본국의 적대적 분단과 냉전 체제 공고화로 인해 '조국'과의 연계 강화가 재일한인 사회의 내적 분단과 갈등의 심화로 이어지는 구조적 모순하에서 다양한 주체들이 여러 형태로 본국과 관계를 형성해 왔다. 그러나 한국 현대사의 복합적인 동학 속에서 우리에게 재일한인은 어떤 존재였고, 재일한인에게 '조국'은 어떤 의미를 지닌 존재였는가에 대한 학문적 성찰은 충분히 이루어지지 못했다.

'재일한인 연구총서' 전 4권은 이러한 문제의식에서 기획된 공동연구의 성과들을 묶어낸 것이다. 2015년 1월 초, 사회학, 인류학, 경제학 전공의 연구자 6명이 모여 각자의 연구 관심과 시각에서 재일한인에 대한 생각을 나누고 문제의식을 공유했다. 이들의 연구 분야는 도시·공간, 지식과 권력, 시민사회, 커뮤니케이션과 미디어, 젠더, 경제사, 기업 등으로, 각자의 관심 영역에서 재일한인에 관한 주제들을 제안하여 이를 토대로 학제적인 공동 연구를 조직하게 되었다. 공동연구의 관점과 방향은 다음과 같이 설정했다.

첫째, 다양한 주체들의 구체적인 실천을 통해 재일한인의 능동적인 역사를 부각시키고 해방 후 재일동포 사회의 역동성과 다양성을 입체적으로 파악한다.

둘째, 해방 이후 한국의 사회 변동과 한일 관계의 변화 속에서 이루어진 재일한인과 한국 사회의 관계 양상을 사회동학적으로 조망한다.

셋째, 재일한인 연구를 넘어 보편적으로 적용할 수 있는 이론적 함의를 발견하는 데 힘쓴다.

넷째, 한국의 연구자 또는 학계의 재일한인 연구는 어떤 독자적인 관점을 가질 수 있는지 성찰해 본다.

공동연구는 2015년 3월부터 2018년 2월까지 3년에 걸쳐 수행되었다. 그동안 공동 현지 조사와 개별 현지 조사 및 연구를 수행하는 한편, 월례 세미나, 워크숍(3회), 심포지엄(3회), 국제학술대회 단독 세션 등을 통해 연구 내용을 점검하고 다양한 국내외 연구자들과 의견을 교환하는 기회를 가졌다. 그중 세 차례의 연례 심포지엄은 다음과 같은 주제로 이루어졌다.

제1차 "'재일한인은 누구인가'를 다시 묻는다"(2016년 9월 23일, 서울대
     학교 국제대학원. *서울대학교 재일동포연구단·한국사회사학회
     공동 주최).
제2차 "1세들의 대한민국: 재일한인의 삶과 정체성, 그리고 조국"(2017년

9월 29일, 대한민국역사박물관. *대한민국역사박물관, 서울대학교
재일동포연구단·서울대학교 일본연구소 공동주최).

제3차 "재일한인의 주체성, 정체성, 공동체"(2018년 2월 23일, 서울대학
교 국제대학원).

2017년에는 심포지엄 외에도 4월 체코 프라하에서 열린 제28회 유럽한
국학회에 단독 세션을 조직하여 참가했다. 본 연구단은 "First-generation
Ethnic Koreans in Japan Re-explored: Diversity and Agency"라는 주제
로 연구팀 전원이 참가하여 주제 발표와 토론을 했다.

그동안 연구 성과물은 대부분 한국의 전문 학술지에 게재했으며, 특히
제1차 연구 성과는 ≪사회와 역사≫, 113권(한국사회사학회, 2017.3)에 특집
으로 발표되었다. 이번에 출간하는 '재일한인 연구총서' 전 4권은 그동안
학술지에 게재한 논문들을 수정, 보완하고 여기에 참여 연구자의 기존 글
들 중 이번 연구와 긴밀하게 연결되는 것 두 편을 더해서 묶어낸 것이다. 3
년간의 공동연구가 종료된 후 연구팀은 1년여 동안 다섯 차례의 세미나를
통해 단행본 편제를 구상하고 그에 맞게 논문들을 수정, 보완하는 작업을
했다. 참여 연구자들의 논문을 다 함께 읽고 토론하면서 이 글들이 어떤 소
주제들로 다시 묶일 수 있는지 생각해 보는 과정은 지적 자극이 넘치는 또
하나의 공동연구와도 같은 작업이었다. 당초 2권으로 기획했던 단행본은
이 과정을 거치면서 결국 4권의 시리즈로 바뀌게 되었다. 그런 점에서, 각
권의 저자는 1~3명이지만 사실상 4권 모두가 연구팀 전원의 참여로 탄생한
것이라고 할 수 있다.

이번 연구 및 출판은 '이희건 한일교류재단'의 지원을 받아 이루어졌다.
동 재단의 설립자 故 이희건 신한은행 명예회장은 재일한인 1세로, 재일동
포들이 힘을 모아 설립한 신한은행의 창립을 주도한 분이다. 연구 지원의

취지를 살려 2017년 9월에 있었던 제2차 심포지엄은 명예회장 탄생 100주년을 기념하는 특별 학술 행사로서 기획되었다. 공동연구와 출판이 원활하게 이루어질 수 있도록 지원해 주신 '이희건 한일교류재단'과 관계자 여러분께 깊은 감사를 드린다. 아울러 총서 출간을 보지 못하고 얼마 전 타계하신 故 박노수 전 이사장께도 생전의 진지한 관심과 협조에 감사드리며 삼가 명복을 빈다.

이훈 동 재단 고문과 故 이희건 명예회장의 가족분들께도 감사드린다. 명예회장의 손녀인 이훈 고문은 필자가 마련한 재일한인 무용가 김리혜 선생 특강을 청강한 것이 계기가 되어 재일한인 연구에 대한 생각을 나누게 되었고, 우리의 문제의식과 연구 방향에 공감하여 재단과의 가교 역할을 해주셨다. 또한 명예회장의 자제분인 이승재, 이경재 선생은 연구 출발 무렵 연구에 도움이 될 지인들을 소개해 주고 가족사를 전해 주는 등 도움을 주셨다.

3년간의 공동연구 과정에서 정말 많은 분들과 기관으로부터 다양한 협조를 받았다. 민단(중앙본부, 도쿄지방본부, 오사카지방본부, 아이치지방본부, 효고지방본부, 오사카 이쿠노미나미지부, 오사카센슈지부), 민단 신문사, 재일한인역사자료관, 가와사키 후레아이관, 고베학생청년센터, 오사카한국인상공회의소, 도쿄한국인상공회의소, 이상의 기관들로부터는 1차 자료와 기출판 문헌들 중에서도 지금은 입수하기 어려운 것들, 문헌 관련 정보들에 관해 많은 도움을 받았다. 자료 입수에 협조를 아끼지 않으신 관계자 여러분께 감사드린다.

대한민국역사박물관, 한국사회사학회, 서울대학교일본연구소는 학술 대회 공동 개최를 통해 연구 내용을 발전시키고 더 많은 사람들과 공유할 수 있는 장을 마련해 주셨다. 각 기관 관계자분들께도 감사를 드린다.

위 기관들 외에도 더 많은 단체들로부터 자료와 정보 제공, 소개 등의 다양한 협조를 받았으나, 그 모든 기관과 관계자분들께 감사드리며, 여기서 거명하여 인사를 드리는 것은 비교적 연구팀의 여러 범위에 걸쳐 협조를 받은 기관에 국한하는 점, 양해 부탁드린다.

기관 외에 개인으로서 협조해 주신 분들도 매우 많았다. 야마다 다카오(山田貴夫) 선생과 배중도 선생은 연구의 전 과정에서 자료 제공부터 현지 답사 안내, 중요 인물 소개, 구술 등 다방면에서 지원을 아끼지 않으셨다. 이지치 노리코(伊地知紀子) 교수는 일본에서 재일한인 관련 연구자 및 활동가들과의 간담회를 주선하여 우리의 연구 방향과 관점을 성찰할 수 있는 기회를 제공하고 연구의 전 과정에서 연구 내용에 관한 조언과 구술자료를 제공하고, 중요한 인물을 소개해 주는 등 다방면에서 큰 도움을 주었다. 이분들의 우정 어린 협조에 진심으로 감사드린다. 그 외 연구 과정에서 인터뷰에 응해주신 분들, 워크숍과 심포지엄 등 학술 행사에서 기조 강연, 토론, 사회 등으로 참가하여 날카롭고 유용한 조언을 해주신 분들 등 감사드려야 할 분이 많으나 총서 각 권의 논문들에서 다시 인사를 드릴 것으로 생각하고 여기서는 한 분 한 분 거명하는 것은 생략한다.

공동연구가 원활하게 진행되는 데 있어서 조교의 역할은 무엇보다도 중요하다. 1, 2차 연도에는 안예담, 3차 연도에는 가와세 에마리(川瀨愛舞璃) 조교가 꼼꼼하고 성실한 일처리로 연구진들을 뒷받침해 주었다. 조교들의 노고에 감사드린다.

출판 사정이 좋지 않은 가운데 상업성과는 거리가 먼 이 총서의 출판 제안을 주저 없이 받아들여 준 한울엠플러스 출판사의 김종수 사장님께도 진심으로 감사를 드린다. 윤순현 차장님은 여러 가지 문제들을 편안하게 조율해 주고, 조수임 팀장님을 비롯한 편집자들은 원고를 꼼꼼하게 챙겨보면서 단행본에 적합한 모양새로 다듬어주었다. 이분들의 노고에 힘입어 우리의 연구 성과가 좋은 책으로 거듭날 수 있는 것에 감사드린다.

연구를 시작한 지 5년 만에 '재일한인 연구총서'(전 4권) 출판으로 공동연구는 완전히 일단락이 된다. 연구 과정에서 얻게 된 많은 이야기들, 생각들, 자료들이 '추억'으로만 남기기에는 미안하고 아쉬움도 있는 것 같다. 단행본으로 세상에 내어놓은 우리의 그동안의 노력이 '종료'된 '연구 성과'로 남을지, 새로운 이야깃거리를 만들어나가는 마중물이 될지, 두렵기도 하고 설레기도 한다.

2019년 12월
한영혜
서울대학교 재일동포연구단을 대신하여 쓰다

차례

서문

　재일한인은 누구인가? 이 질문에 대해서는 그동안 국내외 학계에서 다양한 관점의 연구가 축적되어 왔다. 이들 연구에서는 전반적으로, 재일한인의 존재성을 규정해 온 역사적·정치적 구조 및 그에 맞선 저항적 사회운동을 통한 집합적 정체성 형성이 강조되어 왔다. 그 결과 재일한인이라는 주체는 내적인 다양성이나 차이보다는 하나의 민족 집단 혹은 운명 공동체로 간주되어 온 경향이 있다. 특히 현실적으로 매우 고령화되거나 생존한 사람이 아주 적어진 1세들의 경우, 강제 연행이나 차별과 배제를 받은 집합적 피해자로서의 역사가 크게 부각되어 온 까닭에 이들의 삶에 내포된 주체성과 능동성, 다양성에 대한 연구가 여전히 많이 부족하다. 재일한인 1세에 대한 연구는 주로 재일한인 사회의 기원과 형성, 일본 사회의 편견과 차별구조, 재일한인들의 저항과 차별 반대 운동 등을 탐구하고, 식민 지배의 역사에서 연원한 소수민족으로서 재일한인의 고난을 증언·고발하는 것이 그동안의 주된 흐름이었던 것이다.

　근래 들어 재일한인에 대한 학문적 관심이 증가하고 한인 사회 자체의 내적 구성과 차이가 확대되면서 이전에 비해 훨씬 다양한 주제에 대한 연구가 등장하고 있다. 정체성의 분화와 재정의, 세대 간 차이와 긴장, 기업 활동을 포함한 경제활동과 성취, 고령자 복지 문제 등에 대한 새로운 연구가 진행되면서 과거에 비해 재일한인의 생활세계와 실천이 보다 다각적으로 다루어지고 있다. 본 연구도 그동안의 획일적이고 정형화된 재일한인상에서 벗어나 재일한인 사회의 다양하고 역동적인 실상을 파악해 보자는 문제의식을 공유하고 있다. 이 책의 세 필자는 (도시/공간) 사회학, (근대 일본)

경제사, (젠더/이주) 문화인류학이라는 서로 다른 학문적 관점에서 재일한인의 집주 공간과 취업 구조 및 노동 체험에 대한 연구를 학제적으로 수행함으로써 재일한인의 구체적인 삶의 실상을 파악하고자 했다. 이러한 시도는 재일한인을 둘러싼 정치사회적 이념과 제도, 혹은 이들에 대한 표상이나 인식 등만으로는 파악할 수 없는 재일한인들의 실제적 생활세계에 좀 더 입체적으로 다가가려는 노력이다.

이처럼 필자들은 1세들 삶의 실체적 차원이라는 연구 대상을 공유하고 있지만, 구체적 연구 문제나 방법론에서는 제각기 차이를 보인다. 첫째, 김백영의 연구는 오사카와 가와사키의 한인 집주 지역에 대한 광범위한 선행 연구를 주체·공간·장소라는 세 가지 측면에서 종합해 비교함으로써 두 지역의 공통점과 차이점을 추출해 내는 비교도시사적 접근법을 보여준다. 둘째, 정진성의 연구는 전전 일본 정부에 의해 만들어진 1940년대 국세조사 통계 원표를 직접 데이터베이스화해 분석하는 통계분석방법론을 구사함으로써 당시 재일한인들의 취업 구조와 직업세계의 가변성과 다차원성을 가시화해 내고 있다. 셋째, 권숙인의 연구는 각양각색의 제조업과 서비스업에 종사했던 1세 여성의 생애 서사를 풍부히 활용하는 구술사적 접근법을 통해 1세 디아스포라들의 주체성을 젠더적 시각에서 재구성해 냄으로써 거시적인 접근에서 잘 보이지 않던 재일한인의 삶을 보다 면밀하고 생생하게 전달하고 있다. 이 책은 이처럼 서로 다른 연구 문제와 방법론을 통해 벼려 낸 다음과 같은 네 편의 글로 구성되어 있다.

우선 김백영의 "재일한인 1세대 집주 공간의 형성과 변천"은 식민지 제국 체제하에서 일본으로 이주·정착한 피식민 재일한인 1세대들이 어떻게 낯선 제국 본토의 심장부에 집단적 정체성의 공간을 만들어냈는지 그 과정과 양상을 탐구한다. 구체적으로는 간사이(關西)와 간토(關東) 지역의 대표적 공업 도시인 오사카, 가와사키의 이쿠노구(生野区)와 가와사키구(川崎区)를 비교한다. 이 글에서는 이들 두 한인 집주 지역의 형성과 변천사를 서로 다른 두 가지 경로 의존적 변화 과정으로 간주하고, 그 대별적 양상을 주체·공간·장소라는 세 가지 측면에 초점을 맞춰 밝혀내고자 했다. 즉, ① 이 두 지역에 이주한 1세 인구 집단의 속성이 어떤 공통점과 차이점을 띠며, 그것이 초창기 커뮤니티 형성 과정에 어떤 변수로 작용했는지, ② 형성 초기 한인 집주 공간의 공간적 환경은 어떠했으며, 이들 공간의 성격이 지역사회와의 상호작용 과정에서 어떻게 변화했는지, ③ 근현대 일본 도시사·지역사의 시계열적 변천 과정에서 이들 집주지의 장소성은 어떻게 다른 변화 양상을 띠게 되며, 그런 차이를 가져온 주요 요인은 무엇인지가 이 연구의 핵심 질문들이다. 경로 의존적 변화라는 중장기적 관점에서 두 지역 사례를 비교한 결과, 우선 주체의 측면에서는, 이쿠노구에서는 민족적 동질성과 지연 공동체적 성격이, 가와사키에서는 계층적 동질성과 생활공동체적 성격이 상대적으로 더 강하게 나타났다. 이러한 인구 집단의 속성은 집주 공간의 입지 여건과 주변 지역 도시환경의 변화와도 긴밀한 상관성을 띠었으며, 결과적으로 양 지역에서 코리아타운이라는 장소성이 창출되는 중장기적 과정에도 중요한 변수로 작용했다.

정진성의 「1940년의 재일조선인 취업 구조」는 기존 연구에서 충분히 활용되지 못했던 1940년 국세조사 통계 원표를 활용함으로써 재일조선인의 산업별, 직업별, 성별, 연령별, 지역별 취업 구조를 상세히 밝히고 있다. 특히 산업별, 직업별 취업 구조를 기존의 대분류 수준이 아닌 소분류 수준까지 내려가 밝힌 점과 종래의 연구에서 밝히지 못한 성별, 연령별 취업 구조를 처음으로 파악한 점이 식민지기 재일조선인 연구에 대한 이 글의 중요한 기여이다. 재일조선인이 가장 많이 취업하고 있던 산업 부문은 공업이었으며, 공업 중에서는 금속, 기계, 화학, 섬유, 요업 부문의 비중이 컸다. 직업별로 보면 재일조선인 취업자의 대부분은 임금노동자다. 이처럼 재일조선인 취업자의 가장 큰 섹터가 공업 부문 노동자였다는 점은 그들의 대부분이 토목 노동자나 하역 노동자였다는 종래 이미지의 수정을 요구하는 것이다. 소수이긴 하나 공업 부문을 중심으로 경영자가 출현하고 있음도 확인할 수 있다. 한편 재일조선인 여성 취업자는 주로 방직공업, 고무공업, 요업 부문 및 가사업, 접객업 등에서 노동자로서 취업했다. 여성 취업자는 전체 취업자의 약 10% 정도에 불과한데, 이는 여성의 유업률이 대단히 낮았기 때문이다. 여성의 낮은 유업률은 국세조사에 대한 재일조선인의 낮은 리터러시의 결과로 보는 것이 더 타당할 것이며, 가정 내 부업이나 남편의 일을 돕는 여성들도 유업자로 계상한다면 여성의 유업률은 올라갈 것이다. 유소년의 유업률이 높은 것도 재일조선인 취업 상황의 특징으로, 15세의 유업률이 남성의 경우 63%, 여성의 경우 47%에 달했다. 재일조선인의 취업 구조는 지역별로 개성적인 모습을 보여주고 있는데, 금속·기계공업 재일조선인 취업자의 50~60%가 오사카에 집중되어 있었음은 인상적이다.

이어지는 권숙인의 두 글은 모두 재일한인 1세 여성의 삶을 일과 노동에 초점을 맞춰 조망한다. 1세 여성의 일과 노동에 초점을 맞추는 것은 이들에 대한 지배적인 재현과 표상을 문제시하고 이들이 실제 살아낸 삶에 좀 더 구체적으로 다가가려는 시도이다. 그동안 1세 여성들이 '숭고한 어머니', '다중적 억압의 희생자', '민족문화의 담지자' 식의 다소 정형화된 이미지로 재현되었다면, 이 두 연구에서는 일본으로 도항을 주도하고, 가족 생계를 책임지며, 에스닉 커뮤니티를 유지하기 위한 다양한 일을 담당하고, 때로는 억압적인 가족이나 착취적인 고용주에게 저항을 하기도 한, 보다 주체적이고 다양한 얼굴을 한 여성의 모습을 확인할 수 있을 것이다. 우선 3장 「일하고, 일하고, 또 일했어요」는 43건의 생애사 자료에 대한 분석을 통해 1세 여성의 일과 노동에서 나타나는 특징을 고찰한다. 그 특징으로는, 돈벌이 일을 하지 않는 경우가 없으며 실질적인 생계 부양자 역할을 한 사람이 적지 않았다는 점, 10대 초부터 시작되는 장기간에 걸친 노동 경력, 여러 종류의 일 경험을 갖고 있지만 커리어로 이어지는 경우가 거의 없는 점, 생계 노동을 하지만 가사 일도 병행해 일터와 가정의 경계가 불분명하다는 점, 밀주 제조, 고물상, 암시장 장사, 식당이나 술집 운영 등의 대표적인 '업종'을 포함해 1세 여성이 한 일의 종류가 굉장히 다양했다는 점, 시기별 변화와 남성과의 차이도 일부 관찰된다는 점 등이다. 저자는 이러한 분석 결과가 제기하는 이론적 지점들, 특히 여성 노동의 특징, 한국적 가부장제의 성격, '여성의 일'에 대한 개념화, 여성의 일과 주체성 형성 등과 관련해 재일한인 1세 여성의 사례가 함의하는 것을 살펴보고, 일과 노동에 초점을 둔 1세 여성 연구가 당사자들과 재일한인 공동체의 재현과 관련해 갖는 의미를 강조한다.

3장이 '노동하는 주체로서의 여성'이라는 핵심 개념을 중심으로 1세 여성의 전반적인 노동 양상과 특징을 살피고자 했다면, 4장은 특정 범주의 여성 노동자, 구체적으로는 1910~1920년대 일본의 방직공장으로 일하러 갔던, 당시 '조선 여공'으로 칭했던 여성들에 초점을 맞춘다. 저자는 조선 여공의 역사를 '여공애사'의 또 다른 판본으로 다루기보다는 해당 여성들의 주체성에 주목해 고찰하고자 하며, 조선 여공의 존재가 재일한인 1세, 특히 1세 여성에 대한 역사 쓰기에 갖는 함의에 주목한다. 1910년대부터 일본의 방직 여공을 대체하기 시작한 조선 여공은 1930년 무렵에는 1만여 명을 상회하는 규모가 되었다. 이들은 한국 근현대사에서 여성 해외 노동 이주의 선구자이자 최초의 여성 산업 노동자였을 것이다. 재일한인의 역사에서는 일본으로의 도항을 주도하고 임금노동을 통해 주요 생계 부양자로 활약한, 당시의 젠더 규범과 어긋나는 '선택'을 한 존재였다. 제한적이지만 노동자로서의 권리를 자각하기도 하고, 도시의 근대 문명을 상대적으로 먼저 접하기도 했다. 초국적 노동 이주자로 시작해 식민지하 이국에서 소수민족으로 새로운 역사를 열어간 첫 세대 여성들이었다고 할 수 있다. 이 연구는 조선 여공의 존재와 이들의 노동 경험을 통해 그동안 재일한인의 역사가 남성 중심의 역사였으며 그 속에서 여성에 대한 이해와 재현이 과도하게 단순화되었음을 상기시킨다.

이처럼 이 책에서는 공간·노동·젠더라는 세 가지 측면에서 재일한인 1세들의 생애를 재조명함으로써 그들의 삶의 구체적 양상을 드러내고자 했다. 이는 재일한인을 단순히 거시적인 억압 구조의 피해자이자 희생양으로 그려내는 통념적인 '재현' 방식을 넘어서 그들의 주체성을 새로운 해석학적 지평 위에 날것 그대로 '재─재현'해 내려는 시도라 할 수 있다. 이 책을 통해 20세기 전반기 일본으로 건너간 조선인들이 어떻게 자신들만의 집주 공간을 구축해 내고, 생존을 위한 다양한 노동에 종사하며, 젠더와 가족을 둘러싼 기존의 사회규범과 상호작용하며 자신들의 삶을 엮어갔는지에 대해 더 많은 독자들과 연구자들이 관심을 갖게 되기를 기대한다. 그리하여 1세들의 삶이 단지 '대지의 저주받은 자들'의 빵과 자유를 향한 투쟁의 역사로 기록되거나, 박해받고 차별받은 소수자들의 고통과 애환의 집합적 서사로 기억되는 데 그치는 것이 아니라, 제각기 서로 다른 표정과 몸짓, 고뇌와 꿈을 품고 시대를 헤쳐 나아간 한 사람 한 사람 고유한 주체들의 다채롭고 생동감 넘치는 모자이크화로 이해되고 상상될 수 있기를 바란다. 여러 가지 한계에도 불구하고 이 책이 의미를 갖는다면, 그것은 이 일련의 연구들이 새로운 문제의식과 연구 방법을 담아내고 있으며, 그것을 통해 새로운 질문을 촉발하고 있다는 점일 것이다. 이 연구 성과를 기초로 향후 각 분야에서 좀 더 세분화되고 심화된 연구가 등장하기를 고대한다.

제1장

재일한인 1세대 집주 공간의 형성과 변천*

오사카와 가와사키의 사례 비교

김백영

일본 제일의 생산도시, 아니 동양 제일의 생산도시 오사카(大阪), ……
이 오사카에서 반도(半島) 동포를 철수시키면 오사카의 대공장의 기계는
거의 운전을 멈추게 될 것이라고들 한다. …… 오사카의 어느 길을 가더
라도, 어느 백화점에서라도 조선 옷을 입은 여자 모습이 보이지 않는 곳
은 없다. …… 특히 오사카의 히가시나리구(東成区), 이카이노마치(猪飼
野町) 부근의 길에서는 어떤 때는 지나가는 사람의 2/3가 조선인이다. ─
"오사카의 반도인은 평양의 인구보다 많다"(高權三, 1938).

---

* 이 글은 ≪사회와 역사≫(제113집, 2017년 봄호)에 실린 논문「일본의 공업 대도시에 형성된
한인 디아스포라 집주공간─오사카(大阪)와 가와사키(川崎)의 사례 비교」를 수정, 보완한 것이
다.

1. 재일 코리아타운은 어떻게 형성되었는가?

오늘날 일본에 현존하는 대표적인 코리아타운을 두 개만 들라고 한다면 아마도 십중팔구는 오사카(大阪)의 이쿠노구(生野区)와 도쿄(東京)의 신오쿠보(新大久保)를 들 것이다. 이 두 공간은 각각 서일본과 동일본, 간사이(関西)와 간토(関東), 오사카와 도쿄라는 일본의 양대 인구 밀집 권역 내지 글로벌 초거대도시에 형성된 대표적인 '에스닉 엔클레이브(ethnic enclave)'이자 '한류 문화의 발신지'로서 독보적인 활력과 위상을 지니고 있다. 근래 일본에서 코리아타운에 대한 세간의 관심이 커진 것은 한편으로는 20세기 말 이후 본격화된 글로벌화와 더불어 동아시아 글로벌 도시 사회에서 급진전된 다문화주의 현상과 연관된 것이자, 다른 한편으로는 한국 문화 산업의 급성장을 바탕으로 일어난 '한류 열풍' 현상과 연동된 측면이 적지 않다. 하지만 재일 코리아타운은 글로벌 시대 세계도시의 에스닉 문화 다양성의 확산이라는 보편적 경향이나 한류의 세계화와 상업적 성공이라는 최근의 동향만으로는 이해하거나 설명하기 어려운 독특한 형성사적 특성을 띤다. 일본에서 '코리아타운'이라는 관광지적 장소성이 대외적·상업적 형태를 띠면서 '발현' 내지 '발견'된 계기나 맥락과, 그것이 사회적·문화적 실체 혹은 잠재태로서 역사적으로 형성된 계기와 맥락은 명백히 구분할 필요가 있기 때문이다.

이 점에서 이쿠노구와 신오쿠보는 곧잘 재일 코리아타운의 대표적인 두 가지 유형으로 다루어져 왔다. 신오쿠보가 주로 1980년대 이후 본격적으로 형성되기 시작한 재일한인 '뉴커머'의 집주 지역을 대표하는 공간이라면, 이쿠노구는 전전(戰前) 제국주의 시대부터 형성되기 시작한 '올드커머'의 집주 지역을 대표하는 곳으로 알려져 있기 때문이다. 하지만 실제로 두 공간의 형성사를 살펴보면 이러한 이분법이 지나친 단순화에 불과함을 쉽게 알 수 있다. 오사카와 도쿄는 식민지 시기부터 일본열도에서 한인 인구가 가장 많이 이주하고 정착했던 양대 도시였으며, 이들이 집거지를 형성한 지역도 특정 한두 개 지역에 국한되지 않고 전전·전후(戰後) 시기를 통틀어 양대 도시의 급격한 대도시화로 인한 시가지 팽창 과정에 따라 도시 주변부 여러 지역으로 확산되어 갔다. 따라서 재일 코리아타운에 대한 과도하게 단순화된 유형론을 극복하기 위해서는 20세기 일본 도시사의 역동적 변화 과정에서 재일한인 집거지가 겪었던 부침(浮沈)의 역사를 검토할 필요가 있다.

그런데 이를 위해서는 수많은 개별 사례에 대한 경험적 연구들을 종합적으로 비교 분석하는 작업이 요구된다. 이 글은 이러한 본격적 비교 연구를 위한 하나의 탐색적 시도로서, 재일한인 집거지 사례들 가운데 대표적인 두 가지를 선택해 분석함으로써 비교 연구의 모델을 제시해 보고자 한다. 이 장에서는 그 형성 및 변천사를 일종의 경로 의존적 변화 과정으로 간주해, 변화 경로상의 차이를 초래한 핵심 변수들을 중심으로 그 과정을 분석적으로 재구성해 보고자 한다. 이것은 종합적이고 포괄적인 이론화를 위한 일종의 사전 예비 작업으로서, 대별되는 복수의 사례를 대상으로 형성 경로상의 주요 변수들을 대비해 살펴봄으로써 재일 코리아타운의 형성 및 변천 양상의 주요한 특징을 추출해 내고 그 과정에서 작용한 핵심적 변수를 변별해 내고자 하는 것이다. 이 연구의 세 가지 핵심 변수는 다음과 같은 세 가지 주요 연구 문제로부터 도출된다. 첫째, 서로 다른 지역에 이주하는 재일한인 1세 인구 집단의 속성은 어떻게 다르며, 그 차이는 정착지 커뮤니티의 형성 과정에 어떤 변수로 작용하는가? 둘째, 재일한인 집주지 형성의 초기 조건은 무엇이며, 형성 이후 각 집주지는 지역사회와의 관계 속에서 어떻게 변화하는가? 셋째, 근현대 일본 도시사나 지역사의 시계열적 변천 과정에서 이들 집주지는 어떤 다른 변화를 겪게 되며, 변화 결과 지역 간 차이를 초래하게 되는 주된 요인은 무엇인가?

표 1-1 _ 한인 인구 비율이 2.5% 이상인 시구정촌(1975년)　　　　(단위: 명, %)

시구정촌 이름	한인 수(A)	총인구(B)	A/B
오사카시 이쿠노구	**39,404**	**194,552**	**20.3**
오사카시 히가시나리(東城)구	11,226	95,600	11.7
교토(京都)시 미나미(南)구	8,265	103,168	8.0
고베(神戶)시 나가타(長田)구	11,228	185,974	6.0
오사카시 니시나리(西成)구	8,551	169,763	5.0
히가시오사카(東大阪)시	20,761	524,750	4.0
오사카시 조토(城東)구	5,449	154,405	3.5
교토시 우쿄(右京)구	9,315	273,551	3.4
오사카시 히라노(平野)구	5,787	202,645	2.9
도쿄도(東京都) 아라카와(荒川)구	5,919	217,905	2.7
가와사키시 가와사키구	**5,890**	**216,569**	**2.7**
아마가사키(尼崎)시	13,474	545,783	2.5

자료: 도노무라 마사루(2010: 490)에서 재구성.

　이상의 연구 목적을 효율적으로 달성하기 위한 연구전략의 일환으로, 필자는 〈표 1-1〉에 열거되어 있는 간사이와 간토 두 지역에 형성된 재일한인 1세 집주 공간 가운데에서 대표적인 두 가지 사례를 골라 비교 분석해 보고자 한다. 이 글에서는 비교 분석의 대상으로 오사카시 이쿠노구와 가와사키(川崎)시 가와사키구의 사례를 선정했는데, 이는 주로 다음과 같은 몇 가지 요인을 고려했기 때문이다. 우선 오사카와 도쿄라는 두 대표적 사례에 대한 비교 연구 방식을 채택하지 않은 이유에 대해서는 부연 설명이 필요할 것이다. 이 두 도시의 코리아타운에 대해서는 학계에서 가장 많은 선행 연구가 축적되어 있으며, 그와는 별개로 '올드커머/뉴커머 코리아타운'이라는 대별적인 두 가지 유형으로 통념화되어 있기도 하다.[1] 이 연구는 일종의 탐색적인 비교 연구로서, 이러한 정형화된 통념의 틀에서 벗어나는 것이 이론적으로 더 생산적일 수 있을 것이라는 것이 필자의 판단이다. 둘째, 간사이와 간토라는 지역적 대표성을 띠면서도 동시에 비교 연구상의 일치법과 차이법의 효과가 극대화될 수 있도록 가급적 차별성이 큰 유형의 사례를 발굴하려는 의도에서다. 오사카와 도쿄의 코리아타운은 (수많은 차이점에도 불구하고) 다른 사례들에 비해볼 때, 현대 일본의 양대 초거대도시를 배후지로 하고 있다는 결정적인 유사성을 공유하고 있다는 점에서 피하고자 했다. 역으로 이쿠노구와 가와사키구는 오늘날에는 장소성의 차이가 두드러지지만, 전전의 형성기에는 일본의 대공업 발달을 배경으로 이주 노동자들이 형성한 불량 주거촌에서 비롯되었다는 역사적 연원상의 공통성을 띠고 있다는 점에서, 경로 의존적 변화 양상을 비교하기에 적합하다고 판단했다. 셋째, 국내외 학계에서 다년간 광범위하게 축적되어 온 풍부한 선행 연구의 경험적 성과를 충분히 활용하면서 그 성과를 생산적인 방식으로 이론적으로 활용하기 위함이다. 즉, 선행 연구가 압도적으로 많이 축적되어 있는 간사이의 이쿠노구와 간토의 신오쿠보 중에서 올드커머 집주지의 대표 사례라 할 수 있는 전자를 선택하고, 나머지 하나는 간토의 사례 중에서 상대적으로 선행 연구가 많지 않은 사례 하나를 선정하는 방식을 택했다. 즉 상대적으로 선행 연구가 많이 축적된 사례(이쿠노구)와 그렇지 않은 사례(가와사키구)를 비교함으로써 이론화와 경험적 분석의 상호적 상승효과를 도모하고자 했다.

이하의 비교 분석은 위에서 제기한 세 가지 주요 연구 문제에 집중해 이루어질 것이다. 첫째, 디아스포라의 인구학, 즉 이주자 집단의 구성과 성격에 대한 비교, 둘째, 집주지 형성의 초기 조건과 그 공간적 변화 양상에 대한 비교, 셋째, 재일한인 집주지 장소성의 시계열적 변화 양상, 특히 전후

---

1) 예컨대 비교적 최근의 대표적 연구로, 전국적 차원에서 재일조선인 사회의 다양한 사례들을 포괄적으로 다루고 있는 도노무라 마사루(2010)의 저서도 큰 틀에서 보면 오사카와 도쿄 두 지역을 비교하는 방식으로 구성되어 있다.

[상자글 1-1] 해외 한인과 디아스포라 정체성

오늘날 한반도 바깥에 거주하고 있는 해외 한인은 대략 700만 명을 넘는다. 이는 해외 디아스포라 인구 규모 면에서 화교, 유태인, 이태리인의 뒤를 잇는 세계 4위 수준에 해당하는 것으로, 19세기 이후 한반도와 한민족이 경험한 파란만장한 역사를 방증한다. 역사적으로 살펴보면, 19세기 후반 간도 이주에서부터 시작해 글로벌 시대 초국적 해외 이민에까지 이르는 한민족 해외이주사는 19세기 세도정치기 '삼정의 문란'으로 인한 농촌의 궁핍화(이른바 '민란의 시대'의 도래), 개항 이후 사회적 격변과 일제의 식민화로 인한 '망국', 일제하 농촌사회의 해체와 만주와 일본 등지로의 노동이민 증가, 해방 직후의 사회적 혼란과 한국전쟁의 발발, 한반도 분단과 남북한 대결 체제 형성, 동아시아 냉전 체제 성립과 한국의 압축 근대화, 1980년대 해외여행 자유화의 시작과 글로벌 시대 해외 이주의 본격화 등 한국근현대사의 격동과 굴곡 속에서 부침을 거듭했다.

그 결과, 1세기가 넘는 한인 해외이주사를 통해 나타난 한인 디아스포라의 정체성은 '한국인다움'이라는 공통분모를 공유하고 있음에도 불구하고, 이주의 세대나 시기, 정착의 지역이나 맥락에 따라 상당히 다양한 성격을 띠면서 표출된다. 조선족, 코메리칸(코리아 아메리칸), 자이니치, 까레이스키 등 해외 한인을 지칭하는 명칭의 지역별 차이는 한민족 집단 정체성의 현지화 양상의 다양성을 축약적으로 보여준다.

표 1-2 _ 재외 한인의 지역별 분포(2015년 현재)　　　　　　　　　　　　（단위: 천 명）

지역	동북아시아		북미		중남미	유럽	남아시아 ·태평양	중동	아프리카
	중국	일본	미국	캐나다					
인구	2,586	856	2,239	224	105	627	511	26	12
	3,442		2,463						

〈표 1-2〉를 통해 알 수 있듯이 재외 한인의 지역별 분포에서 압도적인 비중을 차지하고 있는 것은 동북아시아와 북미 지역 거주 한인들로, 특히 재중, 재미, 재일 세 곳의 한인 인구가 재외 한인 전체 인구의 8할을 초과한다. 이 가운데 특히 20세기 후반 남북한 분단 체제와 동아시아 냉전 체제가 유지되었다는 점을 고려해 볼 때, 재중한인 사회의 형성 및 변화는 인접한 북한 사회와 상대적으로 더 긴밀한 관련성을 띠고 있으므로, 한국(남한)에서 지속적인 이민이 이루어진 지역은 북미와 일본이다.

재외 한인의 집단 정체성은 세대에 따라서도 차별화된다. 가령 재일한인은 일반적으로 올드커머와 뉴커머로 구분된다. 올드커머는 대체로 1945년 광복 이전에 일본에 이주·정착한 한인들을 지칭하지만, 때로는 그 이후에 도일(度日)한 사람들을 포함하기도 한다. 가령 1948년 4·3사건을 계기로 정착한 제주도민의 사례와 한국전쟁의 영향 등을 포함하면 한일 국교 정상화가 이루어진 1965년 전후가 그 기준이 되며, 올드커머와 구분되는 집단적 정체성을 지닌 뉴커머 집단이 실질적으로 형성되기 시작한 것이 1988년 서울올림픽을 전후한 시기임을 고려하면 그 시기는 1980년대 후반 전후를 기준으로 삼을 수도 있다.

코리아타운 형성에까지 이르는 역사적 경로와 상황적 조건에 대한 비교가 그것이다. 하지만 이러한 두 사례의 차이점에 대한 본격적인 비교 분석을 전개하기 위해서는 먼저 이들 두 집거지를 품고 있는 간사이와 간토 지역의 두 공업 대도시가 어떻게 형성되었으며, 이들 도시의 주된 형성사적 특징이 무엇인지에 대해 간략히 살펴볼 필요가 있다.

2. 오사카와 가와사키의 근대도시 형성사 개관

일본에서 산업화와 도시화가 본격화된 것은 세기 전환기를 전후한 시기, 특히 청일·러일전쟁기의 중화학공업화를 거치면서부터다. 러일전쟁 직후인 1908년 도쿄의 인구는 219만 명, 오사카는 123만 명에 달했고, 교토(京都)·나고야(名古屋)·고베(神戸)·요코하마(橫浜)를 포함한 6대 도시의 인구는 모두 30만 명을 넘어섰다. 일본에서 도시문제가 심각한 사회문제로 대두되기 시작한 것은 1900년 전후에서 시작해 1930년대 후반의 전시 체제화 이전에 이르는 바로 이 시기, 급속한 산업화와 거대도시화와 함께 전국적인 도시 네트워크의 발달이 이루어진 것과 시간대를 같이 한다. 〈표 1-3〉에서

표 1-3 _ 1930년대 중반 일본의 주요 공업 도시(1934년 공업 생산액 5000만 엔 이상의 도시)

공업 생산액	[A군] 중화학공업 생산액 50% 이상	[B군] A,C,D군에 해당되지 않는 도시	[C군] 방적업 50% 이상	[D군] 식료품 50% 이상
5억 엔 이상	도쿄[東京(14.4)], 오사카[大阪(14.4)]			
2억 5000만 엔~	고베[神戸(3.7)], 요코하마[横浜(2.9)]	나고야[名古屋(4.6)], 교토[京都(2.6)]		
1억 엔~	*가와사키[川崎(2.4)], *야하타[八幡(1.9)]		와카야마 [和歌山(1.1)]	
5000만 엔~	*아마가사키(尼崎), *토바타(戸畑), 고쿠라(小倉)	히로시마(広島), 사카이(境)		모지(門司)

주: * 표시는 1914년 이후 시제(市制)가 시행된 도시, ( ) 안의 숫자는 공업 생산액(단위: 억 엔).

확인할 수 있듯이 오사카와 가와사키는 1930년대 일본의 대표적인 공업 도시, 특히 중화학공업의 비중이 압도적으로 높은 도시로서 20세기 초 급격한 인구 증가와 시가지 팽창으로 인해 홍역을 앓았다는 점에서도 공통점을 띤다. 두 도시의 형성사를 간단히 요약해 보면 다음과 같다.

오사카는 고대 도시 '나니와(浪速, 難波)'에서부터 비롯되어, 에도(江戸)시대 '천하의 부엌(台所)'으로 불렸던 전국적인 상업과 교통의 중심지였으며, 메이지기 이후에는 일본 최대의 공업·항구도시로 탈바꿈해 '동양의 맨체스터'로 불리었다. 지리적으로 오사카의 시역(市域)은 우에마치 대지(上町臺地)와 요도가와강(淀川)의 삼각주에 해당하는 해발고도 5m 이하의 저지대로 시역의 11.2%가 수역(水域)에 속했다. 때문에 에도시대에는 무수한 물길과 운하, 그리고 그것을 가로지르는 약 840개의 다리가 놓여 있는 '물의 도시', '운하의 도시', '다리의 도시'이기도 했다. 근대도시 오사카의 형성 과정은 이러한 전통 도시의 물길과 그 주변 공간을 근대적으로 재편하는 과정으로 볼 수 있다.[2)]

오사카의 근대 산업도시화는 19세기 후반 면방적업의 성장에서 출발한

그림 1-1 _ 오사카시의 24개 구와 이쿠노구의 위치

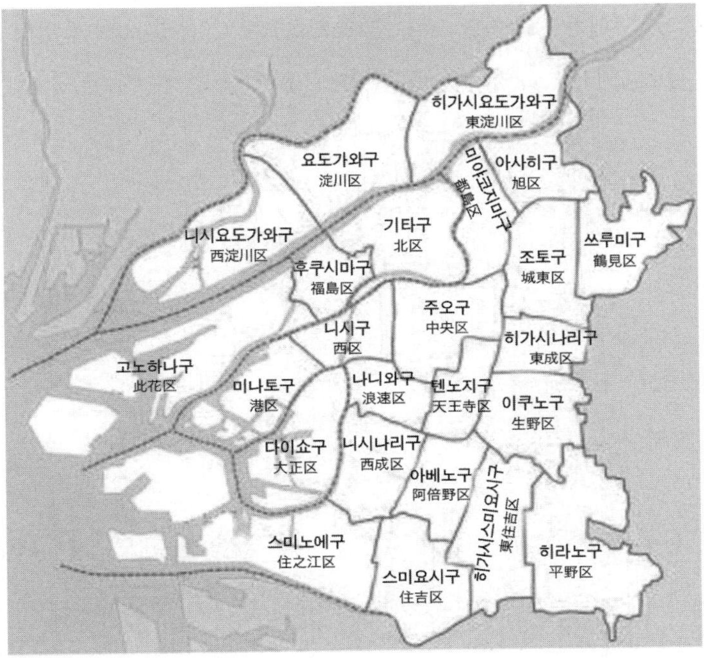

자료: 위키백과.

다. 1903년 개최된 제5회 내국권업박람회를 신호탄으로 청일전쟁·러일전쟁을 거치면서 일본 군수공업의 중심지로 성장했고, 제1차 세계대전에 따른 전시경제의 호황을 바탕으로 대량의 도시 노동자가 유입해 도시인구가 급증하게 되었다. 도시인구의 증가는 시가지 확장으로 이어져 1925년 4월 오사카 시장 세키 하지메(關一)는 인근 히가시나리(東成)와 니시나리(西成) 2개 군(郡)을 합병하는 제2차 시역 확장 사업을 단행하게 된다. 그 결과 오

----

2) 에도시대 '물의 도시(水都)' 오사카의 역사적·문화적 유산에 대해 자세히는 橋爪神也(2011) 참조.

사카시의 인구와 면적은 크게 증가해, 인구는 50% 정도 증가한 211만 명으로, 면적은 3배가량 증가한 60여 헥타르로 늘어났다. 1920년대 후반 오사카는 간토대지진으로 인구가 급감한 제도(帝都) 도쿄를 제치고 명실상부한 일본 최대 도시로까지 부상하게 되었다.[3]

1920년대 후반 오사카시 13개 구 가운데 조선인이 가장 많이 거주한 지역은 변두리 지역인 히가시나리구와 니시나리구이다. 특히 히가시나리구 히가시코바시초(東小橋町) 지역은 당시 '조선정(朝鮮町)'으로 불렸던 대표적인 조선인 집주 지역으로 1907년부터 조선인들이 모여 살기 시작한 것으로 추정되는데, 전후에 24개 구 체제로 행정구역이 정비되면서 이쿠노구로 분구된 지역이 바로 이 곳이다(〈그림 1-1〉 참조). 전전에 이 지역은 주로 도시 하층 노동자들이 거주하는 공업 도시 외곽의 슬럼가로 도시화되기 시작했으나, 전후 경제 부흥과 더불어 오사카가 일본 굴지의 대도시로 성장하게 되자, 쓰루하시(鶴橋) 일대가 도심 순환선과 서쪽 방면의 교외 지역을 연결하는 교통망의 주요 결절점 중 하나로 자리매김하게 되면서 오사카의 교통과 상업의 중심지로 공간적 위상이 격상하게 된다(〈그림 1-2〉).

이제 가와사키의 형성사를 살펴보자. 도쿄―가와사키―요코하마로 이어지는 간토(關東)의 게이힌(京浜) 공업지대는 오사카를 중심으로 한 간사이(關西)의 한신(阪神) 공업지대와 더불어 근대 일본 산업혁명의 양대 심장부에 해당한다. 게이힌 공업지대는 섬유나 종이와 같은 경공업을 제외한 거의 모든 공업 제품의 생산지로서, 전후 50년간 경제 기적을 이룩한 일본 경제의 급성장이 이 공업지대를 근간으로 전개되었음은 주지의 사실이다. 가와사키는 게이힌의 중심부, 도쿄와 요코하마 사이에 위치한 인

---

[3] 1928년 추진하기 시작해 1931년 11월에 준공한 오사카성 천수각 재건 사업은 이러한 자긍심의 표출로 볼 수 있다.

그림 1-2 _ 오사카 환상선 철도망과 JR쓰루하시역 위치도

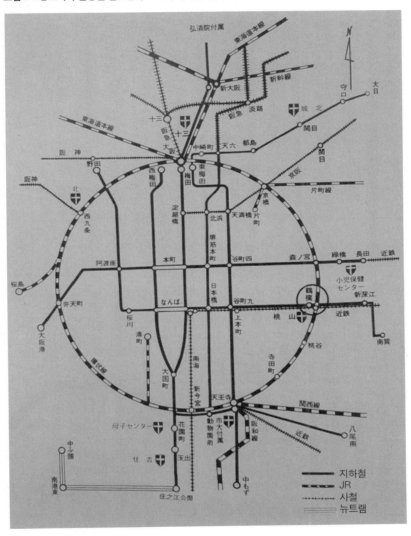

자료: 大阪市(1989: 237).

그림 1-3 _ 가와사키시의 7개 구와 가와사키구의 위치

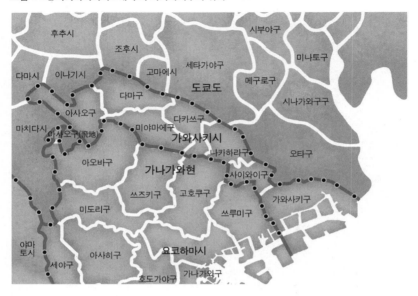

구 120만 명규모의 공업 도시다. 도시바(東芝), 일본강관(NKK)과 같은 유명한 대기업을 비롯해, 도쿄의 시나가와구(品川区)에서부터 연속되는 수많은 마치고바(町工場, 소규모 공장)들이 밀집해 있는 도시이며, 해방 전부터 공장 노동자로 이주하거나 징용 노무자로 강제 연행된 재일한인들이 집거지를 형성한 곳으로, 오늘날에도 약 9000명 이상의 재일한인들이 한국인촌을 형성하고 있다.

도쿄도와 요코하마시의 경계를 형성하는 긴 띠 형상을 하고 있는 가와사키시의 행정구역은 7개 구로 구성되어 있는데, 서로 다른 성격을 띠는 네 개의 지역으로 뚜렷하게 공간적으로 구분된다(〈그림 1-3〉). 이들 네 지역을 임해 지역 쪽에서 내륙 지역 쪽의 순서로 차례로 소개해 보자면, 첫째는 철강, 석유, 화학공업 중심의 남부 임해 공업지구로, 가와사키구의 다이시(大師)지구와 다지마(田島)지구가 해당된다. 둘째, 금융·상업·서비스가 집중되어 있는 가와사키역 주변 상업지역이 가와사키구의 주오(中央)지구를 형성하고 있는데, 이 구역은 도쿄와 요코하마를 잇는 여러 갈래의 철로망을 통해 가와사키구와 사이와이구(幸区)의 경계 지대를 형성하고 있기도 하다. 셋째, 전기 전자·정밀기계 산업 중심의 내륙 공업지구로, 사이와이구와 나카하라구(中原区) 지역이 이에 속한다. 넷째, 1950년대까지는 농촌 지역이었으나 1960년대 고도성장기에 도쿄의 베드타운으로 개발된 북부의 신흥 주택지구로, 다카쓰구(高津区), 미야마에구(宮前区), 다마구(多摩区), 아사오구(麻生区)가 이에 해당된다. 이상 네 지역의 역사적 특징을 요약해 보면, 대체로 남부의 공업 및 상업지역은 20세기 초부터 1960년대에 걸쳐 각지의 농촌에서 유입된 공업 노동자들이 정착한 곳으로 1970년대부터 인구가 감소하는 추세를 띠게 되었음에 반해, 북부는 1960년대 이후 도쿄로부터 유입된 화이트칼라층 위주의 신시가지로 20세기 후반에 새롭게 형성된 공간이다(이시재 외, 2001: 22).

전근대 시기로 역사를 거슬러 올라가 보면, 전통적으로 교통의 요지에 위치한 가와사키는 에도시대 도카이도(東海道)의 슈쿠바마치(宿場町)로 번성했으나, 메이지유신 이후 슈쿠에키(宿駅) 제도가 폐지되면서 쇠퇴하기 시작해 1905년까지 인구는 6621명에 불과했으며, 1914년 이후에야 인구가 1만 명을 넘어서게 되었다. 제1차 세계대전을 계기로 대공장 건설이 본격화되면서 급격한 도시화가 진행되어 1910년 인구 8200여 명에서 1920년에는 2만 4000여 명으로 10년간 3배가량 급증세를 기록했다. 가와사키의 초기 공업 도시화에는 도쿄와 요코하마라는 대도시와 인접한 지리적 이점과 다마강(多摩川)의 풍부한 수자원이 호조건으로 작용했다. 특히 제1차 세계대전기 공장의 신·증설이 가와사키시 탄생의 큰 원동력이었으며, 이후로도 공장의 신규 건설이 곧 시역 확대로 이어졌다. 공장 지대의 급격한 확산과 더불어 가와사키 지역은 1924년에 시로 승격되었는데, 특히 1920년대 중반부터 이미 중화학공업 도시로 발전했다는 점은 주목할 만하다. 이 지역의 인구 변동에서 제1차 세계대전기에는 여성 노동력 유입이 특징적이었던 반면, 1920년대 후반 이후로는 젊은 남성 노동력의 인구 비중이 지속적으로 늘어난 것은 이러한 변화와 관련이 크다.

가와사키는 근대 일본에서 제철, 조선, 전기, 자동차, 석유 콤비나트의 건설이 가장 먼저 시작된 곳이다. 메이지기에 이미 요코하마제당(1906), 일본전선(1907), 도쿄전기(1908, 현재의 도시바)가 진출했으며, 1912년에 당시 가와사키초(町)에서는 공장 유치를 기본 방침(町是)으로 결의해 가와사키 최대의 제철 회사인 일본강관(NKK, 1914), 스즈키상점 [현 아지노모토(味の素), 1914], 후지(富士)가스방직(1915), 아사노(淺野)시멘트(1917) 등이 차례로 공장을 건설했다. 1920년대 이후에는 수도권 지역에 전기를 공급하기 위해 도쿄전력, 일본전력 등이 화력발전소를 건설했으며, 1930년대에는 석유정제 공장도 들어섰다. 이상과 같은 전전 시기 가와사키의 공업도시화 과정을 단계별로 도식화해 보면, 러일전쟁 직후 근대적 공장의 설립, 제1차 세계대전기 근대적 공장의 신·증설, 쇼와(昭和) 공황 전후~1930년대 중반 중공업 도시의 탄생, 중일전쟁기 군수공업 도시의 형성, 태평양전쟁기 군수공업 도시의 전개 등으로 각 시기별 특징을 요약할 수 있다.

이처럼 가와사키시의 도시화 과정은 철강, 석유화학, 기계, 전력 등 일본 중화학공업의 중심지로 자리매김하는 과정에 다름 아니다. 1934년 제정된 가와사키 시가(市歌)의 "검게 솟아오르는 연기의 불꽃은 하늘에 기록하는 일본"이라는 가사를 통해 잘 드러나듯이,[4] 당시 가와사키 시민들에게 '굴뚝 공업'은 지역의 발전과 번영을 상징하는 것이었다. 전전의 가와사키 시

---

4) 가와사키 시가(市歌)의 이 구절은 전후 시민들이 악명 높은 '공해 도시'의 피해에 시달리게 되면서 시의원들의 항의로 1969년에 개정되어 사라졌다.

민들에게 긍지와 자부심의 대상이었던 바로 이 굴뚝 산업이 전후 악명 높은 '공해 도시'의 오명을 낳게 되었으며, 결과적으로 전후 가와사키를 국제적으로 널리 알리게 될 혁신 지자체와 시민사회의 활력과 지속성을 벼려낸 시금석이 되었음은 역사의 아이러니라고 할 수 있다.

3. 이주민 인구 집단의 성격

그렇다면 20세기 전반 일본판 산업혁명의 현장이었던 이들 공업 대도시에 이주해 온 조선인들은 어떤 사람들이었을까? 이들 이주민 인구 집단에 대한 본격적인 분석에 앞서 우선 한 가지 전제되어야 할 것은 당시 한반도가 제국 일본의 영토였다는 점이다. 조선인은 '외지인(外地人)'으로서 '내지인(內地人)'과 구분되기는 했고, 때로는 이주 인구 조절을 위한 도항 허가의 제한이나 검문검색 등 당국의 관리·통제 체제가 작동하기는 했으나, 식민지 제국 체제하에서 한반도와 일본열도는 본질적으로 국경의 장벽이 없는 '매끄러운 평면'으로 통합되어 있었다. 식민지 조선의 농촌 사회가 해체되면서 고향으로부터 뿌리 뽑힌 농민들은 당장 절박한 생계 문제를 해결하고자 한반도 각지의 도시는 물론, 한반도 바깥 머나먼 이국땅으로도 이주하기를 마다하지 않았다. 1930년대 이른바 '만주 붐' 현상이 본격화되면서 한반도는 열도와 대륙을 잇는 매개 공간으로서 제국 팽창의 지정학·지경학적 연결고리 역할을 떠맡게 되었다. 철도와 항운이 발달하면서 여객과 물류의 이동량과 이동 거리는 비약적으로 늘어났고, 수많은 조선인들이 새로운 일자리와 삶의 터전을 찾아 제국의 지리적 판도 각지로 흘러들어 갔다.

제국 일본에서 일어난 농업 공황의 여파로 인해 식민지 조선의 농촌 지역도 큰 타격을 받았는데, 이 악영향의 증가 추세에 비례하여 한반도로부

표 1-4 _ 주요 지역별 재일한인 인구의 변화 추이(1910~1964)   (단위: 명)

지역 (都道府県)	1910년	1920년	1930년	1935년	1940년	1945년	1947년	1959년	1964년
홋카이도 (北海道)	26	1,710	7,672	9,414	38,273	96,206	6,594	10,938	9,220
도쿄	348	2,053	33,742	53,556	87,497	101,236	21,440	60,085	65,682
가나가와 (神奈川)	50	514	9,794	14,410	24,842	64,494	14,019	23,845	24,419
아이치 (愛知)	42	405	23,543	51,461	77,951	142,484	29,569	40,792	44,331
교토	53	856	17,317	42,128	67,698	69,900	41,773	40,264	38,713
오사카	206	4,494	73,622	202,311	321,269	333,354	104,982	133,069	151,448
효고 (兵庫)	75	2,562	15,964	46,589	115,154	144,318	58,416	55,193	57,034
후쿠오카 (福岡)	335	6,798	25,838	39,865	116,864	205,452	37,825	33,661	27,793
전국 합계	2,246	30,149	298,091	625,678	1,190,444	1,968,807	529,907	607,532	578,572

자료: 도노무라 마사루(2010: 62, 398)에서 재구성.

터 일본열도로 생계 수단을 찾아 이주하는 조선인 인구 집단의 규모도 점점 더 커졌다. 재일조선인 노동자들은 근대 일본의 저임금 노동력시장의 수요와 공급의 원리에 따라 팽창하는 일본열도의 산업 현장 곳곳으로 스며들어 갔는데, 가장 많은 인구가 모여든 곳은 일용직이나 단순 노무직 노동력 수요가 풍부한 대도시나 항만, 탄광, 공단 등지였다. 〈표 1-4〉는 각 지역별 재일한인 인구의 시계열적 변화 양상을 보여주는데, 이를 통해서 우리는 한반도로 오가는 교통의 요지이자 일자리가 풍부한 오사카(및 그에 인접한 효고와 교토를 포함한 간사이) 일대에 압도적으로 큰 규모의 재일조선인 인구 집단이 이주·정착해 왔음을 확인할 수 있다. 경성이 70만 명에 가까운 인구로 '제국 일본 7대 도시'의 반열에 올랐던 1930년대 중후반, 오사카는 제국 전역을 통틀어 경성 다음으로 많은 30만 명의 조선인들이 모여 사

표 1-5 _ 출신 도별 재일조선인 인구(1940년)(단위: 명)

출신 도명	재일조선인 인구
경상남도	441,148
경상북도	292,664
전라남도	228,307
전라북도	77,718
충청남도	46,739
충청북도	34,097
경기도	18,486
평안북도	11,415
강원도	11,346
함경남도	8,082
황해도	7,538
평안남도	6,595
함경북도	4,807
합계	1,190,444

는 '현해탄 건너편의 작은 조선'이 되어가고 있었다.[5]

당시 재일조선인 노동자들은 대부분 농촌 파산자이자 반(半)실업자라는 극히 불안정한 상황에 놓여 있었다.[6] 1940년 재일조선인 인구를 출신 도별로 분류한 〈표 1-5〉를 통해서 우리는 그 압도적 다수가 영남 또는 호남 지역 출신임을 확인할 수 있다. 식민지 시기 한반도를 떠난 조선인 디아스포라 인구 집단은 출신 지역별 이동 경로에 따라 두 가지 도식적인 흐름으로

---

5) "大阪의 半島人은 平壤의 人口보다 많다", 高權三, 『大阪と半島人』, 大阪: 東光商會(1938).
6) 1931년 현재 재일조선인 63만여 명 중 52만여 명은 '실업 및 半실업자'이고, 이들 대부분은 '농촌 파산자'라는 분석 참조(金重政, 在日朝鮮勞動者の現狀, ≪中央公論≫, 1931년 7월 호(中央公論社, 1931: 347~354).

대별해 볼 수 있다. 즉 한반도 북부 지역 출신 조선인들이 주로 철도를 타고 만주 대륙으로 향했다면, 남부 지역 출신들은 주로 배를 타고 일본열도로 이주했던 것이다. 이 글의 분석 대상인 간사이의 이쿠노구와 간토의 가와사키구는 전전 재일한인 1세대들이 형성한 집주지의 대표적 사례로서, 당시 이주민 인구 집단의 전반적 특성과 더불어 게이힌 공업지대와 한신 공업지대라는 일본 산업혁명의 중핵 지대에 해당하는 초거대도시 권역에 위치해 있다는 전반적인 광역지리적인 입지상의 공통점을 공유하고 있다. 하지만 이주민 인구 집단의 형성 과정 및 그로부터 유래하는 집단 내적 구성에 있어서 두 지역 간에 결코 간과할 수 없는 중요한 차이점이 있음을 지적할 필요가 있다.

우선 오사카에 조선인들이 대규모로 모여들기 시작한 것은 1923년 오사카~제주도 간에 취항을 개시한 기미가요마루(君が代丸)를 비롯해, 여러 해운 회사들이 간사이 지역과 한반도를 연결하는 연락선을 운행하면서부터이다. 이쿠노구는 1930년대부터 출신 지역별 지연(地緣) 공동체 형성이 확고해졌다고 볼 수 있는데, 특히 1948년 4·3사건을 거치면서 제주도 사람들의 일본 이주, 특히 오사카 지역으로의 이주는 더욱 늘어나게 되었다. 그 결과 〈표 1-6〉에서 확인할 수 있듯이 전전에 비해 전후에 들면서 재오사카 한인 인구에서 제주도 출신자가 차지하는 비율은 더욱 높아졌다. 그 결과 이들의 내적 결속력과 응집력도 더욱 강해지게 되었다. 이쿠노구 일대가 제주인들에게는 '제2의 고향'으로까지 불리게 된 것은 이러한 연유에서다.

이처럼 이쿠노구 한인 사회가 제주도 출신자들을 중심으로 하는 혈연·지연 공동체적 동질성을 강하게 띠고 있음에 비해, 가와사키의 한인 인구는 훨씬 더 다양한 사회적 이력과 복잡한 공간적 경로를 거쳐 이주한 사람들로 구성되었다. 가와사키 한인 1세대의 경우, 출신 지역도 훨씬 다양할 뿐만 아니라, 일자리를 찾아 혈혈단신으로 고국을 떠나와 홋카이도 등 일

표 1-6 _ 재일·재오사카 한인 인구와 제주도 출신자 인구의 전전·전후 비율 변화　　　(단위: 명, %)

구분	재일(在日) 한인		재오사카 한인		B/A	C/A	D/C	D/B
	전체 인구(A)	제주도 출신자(B)	전체 인구(C)	제주도 출신자(D)				
1934년	537,695	50,053	171,160	37,938	9.3	31.8	22.2	75.8
1974년	638,806	101,378	178,720	63,972	15.9	28.0	35.8	63.1

자료: 杉原達·玉井金吾 編(1986: 216)에서 재구성.

본열도 각지를 돌아다니며 다양한 노동 현장을 경험한 하층 노동자들의 비중이 상당히 높은 편이었다. 때문에 오사카의 한인 인구에 비하면 가와사키의 경우는 출신 지역이나 배경의 이질성은 상대적으로 더 강한 반면, 정착지에서의 사회경제적 지위상의 동질성이 비교적 강하게 나타난다. 이러한 이주민 커뮤니티의 형성사적 차이는 거주 인구의 계층적 구성이나 집거지 주거 문화에 있어서도 차이를 낳았다. 오사카라는 굴지의 대도시와 쓰루하시라는 상업과 교통의 중심지를 배경으로 다양한 계층의 사람들이 섞여 살았던 이쿠노구의 사례에 비해, 가와사키의 경우에는 조선인들의 압도적 다수가 주거 환경이 극히 열악한 해안 매립지 슬럼 지대의 불량 주거지에 모여 살았던 것이다. 그 결과 이쿠노구 커뮤니티의 경우는 '동향(同鄉) 출신'이라는 동질성이나, 가족 동반 이주자들이 많았다는 점에서의 인구의 안정성과 내적 응집성이 매우 강했음에 비해, 가와사키구 커뮤니티의 경우는 인구의 유동성이 더 크고 계층적 동질성이 상대적으로 더 강한 특징을 띠게 되었다.

　이러한 이주민 커뮤니티의 집단적 주체성 면에서의 차이는 이들 두 집거지의 중장기적인 변화 경로의 차이를 초래한 주요한 변수 중 하나라고 볼 수 있다. 물론 '주체성'만이 유일한 변수는 아니다. 이들 서로 다른 특성을 띤 인구 집단이 뿌리내린 지역의 입지 조건과 같은 공간적 특성도 그에 못

지않게 중요한 변수로 검토할 필요가 있다. 이제 이처럼 '같으면서도 다른' 두 이주민 집단이 집거지를 형성한 두 도시 지역의 초기 환경이 어떠했는지, 그 '공간성'에 대해 살펴볼 차례다. 과연 전전 일본 공업 대도시의 시가지 팽창은 어떤 특징적 양상을 띠면서 전개되었으며, 신시가지로 편입된 변두리 지역의 공간 환경은 어떠했을까? 이주 초기 조선인들이 집단적으로 거주지를 마련한 공간은 어떤 곳이었으며, 이들의 집거지는 어떤 특성을 띠게 되었을까?

4. 정착지의 초기 환경과 집주지 형성 양상

전전 일본에서 재일한인 집주 공간을 부르는 일반적 호칭으로는 '조선인 부락(部落)', '조선인 집주지', '조선인촌', '조선정(朝鮮町)', '조선인 이주 지구' 등이 있었는데, 일본인들 가운데에는 이 지역을 '더러운 곳', '사회악을 낳는 온상(溫床)'으로 여기는 사람들이 적지 않았다(西成田豊, 1998: 69). 당시 일본인들의 조선인에 대한 민족적 차별 의식은 조선인 거주지에 대한 공간적 차별 의식과 동전의 양면을 이루고 있었던 것이다. 그것은 당시 평범한 일본인들의 삶에 비해 훨씬 더 힘들고 고달픈 삶을 살아야만 했던 대다수 이주 한인들의 총체적으로 열악한 생활수준을 통해서 실제로 체감되는 것이기도 했다. 1934년 ≪조선일보≫의 르포 기사에 따르면 당시 오사카에 16만 명, 교토와 고베에 각각 3~4만 명의 조선인들이 살고 있었는데,[7] 대부분 "무지, 빈곤, 불결" 속에서 삶을 영위하고 있는 상황이었다. 이

---

7) 洪鍾仁, 「大阪地方在留朝鮮人問題」, ≪조선일보≫(1934년 10월 8일). 단, 같은 기사에 오사카의 성별 인구를 남자 9만 1500여 명, 여자 6만 8690여 명, 합계 14만 279여 명으로 기술하고 있는 점으로 볼 때 이 기사의 인구 통계는 다소 부정확하다.

들 중 대다수는 기껏해야 단돈 10엔 정도의 소액 현금만을 소지한 채 적수 공권(赤手空拳)으로 현해탄을 건너온 사람들이었다.[8] 따라서 초창기 조선인 이주민들은 대개 안정적인 일자리나 주거 환경보다는 우선 '하루 벌어 하루 먹는' 일용직 일자리를 얻기에 급급한 상황에 놓여 있었다. 이들의 구직 활동도 초기에는 직업소개소와 같은 공식적·제도적 장치를 활용하기보다는 개개인이 알음알음으로 현장에 찾아가 부딪히는 경우가 압도적으로 많았다.[9] 이들은 대개 고향에서는 돈을 구경하기조차 힘들었던 빈농 출신으로, 도시로 이주해 들어와 노동자가 되면서 비로소 임금노동과 화폐경제라는 새로운 세계를 접하게 되었다. 산업혁명기 공업 도시의 밑바닥 계층의 삶이라는 비참하고 절박한 체험을 바탕으로 이들은 '쌀과 밥과 화폐'에 강하게 집착하면서 새로운 환경에 적응해 살아남는 법을 터득하게 되었다.

초창기 이들의 주거 공간이 대부분 임시변통으로 마련된 절대적으로 열악한 원시적 주거 환경에 불과했던 것도 이 때문이다. 이들의 주거지는 직장에서 가깝고 생활비가 저렴한 공장 지대 인근에 자리 잡기 마련이었는데, 공장 지대는 대체로 저습지에 구질구질하고 비위생적인 장소에 위치해 있었다. 이들은 대개 헛간(物置小屋)이나 직접 지은 바라크(バラック)[10]에서 거주했으

---

8) 10엔 이하의 돈을 갖고 온 사람이 2057세대, 20엔 이하 소지자 621세대, 30엔 이하 소지자 286세대로 평균 소지금액은 15엔 29전이다. 돈이나 직업은 물론 거주할 집도 마련하지 않은 채 적수공권으로 현해탄을 건너온 이들은 우선은 일할 곳을 찾을 수밖에 없었다. 洪鍾仁, 「大阪地方在留朝鮮人問題」, ≪조선일보≫(1934년 10월 12일).

9) 1930년대 중반 조선인들이 직업을 찾는 경로에 대한 당시의 한 조사 결과를 살펴보면, 1만 534명의 조사자 가운데 '개인의 소개'가 5420명, '스스로 지원함'이 2753명, '자발적 영업'이 1434명, '직업소개소'가 906명, 그리고 '기타/무응답'이 21명이었다. 이를 통해 조선인과 직업소개소의 거리가 멀다는 사실을 확인할 수 있다. 참고로 하루 임금은 '1엔~1엔 50전 이상'을 받는다는 사람이, 노동시간은 '한 달에 21일 이상 일한다'고 대답한 사람이 가장 많았다. 洪鍾仁, 「大阪地方在留朝鮮人問題」, ≪조선일보≫(1934년 10월 17일).

10) 군대식 막사 또는 병영형 간이 숙사를 뜻하는 영어 'barracks'에서 유래한 용어로, 널빤지 등 주변에서 손쉽게 구할 수 있는 재료로 허술하게 지은 불량 주택을 말한다.

며, 방 한 칸에 4~5명 내지 5~6명이 함께 거주하는 경우도 적지 않았다. 이러한 조선인 집주지가 형성된 지역은 대체로 이른바 '3K 직종'[11]의 대명사였던 고무 공장을 비롯해 다양한 종류의 영세 공장들이 밀집한 도시 외곽 변두리 지역이었다. 산업혁명기에 계급별 주거 공간의 양극화 현상이 노골화되고, 그로 인해 빈부격차나 도시 빈민 문제가 심각한 도시문제로 대두되는 것은 이 시기 일본에서도 마찬가지였다. 다만 1930년대 '현해탄 건너편의 작은 조선'인 오사카 지역과 관련해 특기할 점은 최하층 도시 빈민 가운데 일본인보다 조선인이 더 많았다는 점이다. 극빈층 조선인들은 대규모 불량 주거지를 조성해 모여 살았기에 특히 태풍이나 집중호우와 같은 풍수해에 매우 취약했다. 일례로 1934년 여름 수재 당시에 오사카의 조선인 피해자는 약 4만 명에 달했는데, 이는 오사카 전체 조선인 인구의 1/4 내지 1/3에 해당할 정도로 큰 비중을 차지하는 것이었다. 1930년대 오사카의 조선인 노동자 집주지에서는 계급 모순과 민족 모순이 중첩되어 나타나고 있었던 것이다.

이 글의 분석 대상인 이쿠노구는 당시에는 '이카이노마치(猪飼野町)'라는 명칭의 행정구역에 속했다.[12] 이카이노 일대에 조선인 마을이 형성된 것은 1920년대 쓰루하시 부근 히라노(平野) 운하 건설에 동원된 조선인 인부들이 공사장 부근에 모여 살게 되면서부터의 일이다. 이후 1923년에 제주~오사카 지역에 소재한 직항로가 개설되면서 제주도 출신자들을 중심으로 혈연과 지연을 통해 형성된 도일 한인들의 집주지가 되었다. 1930년대 이카이노가 속한 히가시나리구에는 오사카 고무 제품 공장 전체의 약 50%가 집

---

11) 일본에서 '힘들고(きつい), 더럽고(汚ない), 위험한(危険) 직종'을 뜻하는 속어로, 'difficult, dirty, dangerous'의 첫 글자를 따서 만들어진 한국의 '3D 업종'과 같은 말이다.

12) 이 일대의 고대 지명은 구다라군(百済郡)으로 이 일대를 흐르는 히라노(平野)강도 과거에는 구다라강으로 불렸다. 1943년 히가시나리구(東成区)에서 신설·분리된 이쿠노구에 편입되고, 1973년 이후 구획 변경으로 쓰루하시, 모모타니(桃谷), 나카가와(中川), 다지마 등으로 분할되면서 '이카이노'라는 지명은 소멸되었다.

표 1-7 _ 1920년대 후반 오사카 소재 주요 한인 집주 지역

지역		형성 경위	주민 수
히가시 나리구 (東成区)	히가시코바시초 (東小橋町)	오래된 나가야(長屋)를 임대해 형성	1938년 현재 55호, 585명 거주
	이카이노마치 (猪飼野町)	오래된 나가야를 임대해 형성	1928년 현재 162호, 1577명 거주
	이쿠노 고쿠부초 (生野國分町)	1924년 양계장을 개조해 성립	1928년 현재 15호, 117명 거주
니시나리구 (西成区)	사기스초 (鷺州町)	불경기로 시장 건물에 빈집이 늘어나면서 1922년 형성	1924년 현재 13호, 44인 거주
센보쿠구 (泉北区)	기타카모리무라 (北掃村)	1922년 봄 기시와다(岸和田) 방적에서 조선인 직공용으로 건축	1924년 현재 19호, 76명 거주
미나토구 (港区)	후나마치 (船町)	빈터에 가건물을 세워 1923년 성립	1928년 현재 45호, 347명 거주
	고바야시초 (小林町)	빈터에 가건물을 세워 1923년 성립	1928년 현재 45호, 333명 거주, 1933년에는 1000여 명으로 증가

자료: 樋口雄一(1978: 551~552); 崔碩義(1990: 49)에서 재구성.

중되어 있었다. 다수의 조선인들은 고무공업의 하청 노동에 종사했으며, 그밖에 토목 노동자, 노점상 등도 적지 않았다.

분석의 범위를 오사카시 전역으로 넓혀보면, 1928년에 조선인 집거지는 대략 24곳 정도에 형성되어 있었는데, 그중 주요 지역 현황을 간단히 요약한 것이 〈표 1-7〉이다. 오사카 시내 조선인 집거지는 1933년에는 89곳으로 증가했으며, 거주 인구도 1928년 882호, 8776명에서 1933년 5602호, 2만 9739명으로 5년 사이에 3배 이상 급증하는 추세를 보여준다. 그 결과 오사카시 거주 조선인 인구 전체에서 밀집지 거주 인구가 차지하는 비율은 1928년 19.4%에서 1933년 26.6%로 증가하는데, 곳곳에 흩어져 있던 조선인들이 점차 모여들어 집거지를 형성하는 경향이 나타나고 있음을 알 수 있다. 또한 각 구별 인구 전체에서 조선인 인구가 차지하는 비율도 상당히 높은 편이다. 1935년의 자료를 확인해 보면, 오사카시에서 조선인 인구가

5%를 초과하는 지역만 하더라도 히가시나리구, 히가시요가와구, 니시요도가와구, 나니와구, 고노하나구, 아사히구, 니시나리구 등을 들 수 있다. 특히 당시 히가시나리구에서는 조선인 인구가 13.2%를 차지했다. 1937년 효고현 무코무라(武庫村)나 가미쓰무라(神津村)의 경우는 30% 전후에까지 이르기도 했다(도노무라 마사루, 2010: 148~151).[13]

반면, 같은 시기 도쿄나 요코하마를 비롯한 게이힌 공업지대에서는 이 정도로 조선인 인구 비율이 높은 지역을 찾아보기 어렵다는 점에서 한신 공업지대와는 큰 차이점을 띤다.[14] 비교 대상인 가와사키시 일대는 도쿄도(東京都), 요코하마(横浜)시, 다마(多摩)강, 도쿄만으로 둘러싸인 지역으로, 메이지 초기 도카이도(東海道) 본선 철도 부설과 더불어 중공업 중심지로 발전했음은 앞서 살펴본 바와 같다. 1920년대 가와사키 소재 주요 공장을 열거한 〈표 1-8〉에서 확인할 수 있듯이, 국책성 대공장이 밀집하게 된 가와사키 공단 지대에는 다양한 형태의 일자리들이 급증했다. 특히 1930년대에는 호경기의 영향으로 임시공(臨時工)과 인부(人夫)의 고용이 급증해 직공 100명 이상의 대공장 가운데 약 30%가 임시공을 사용했다. 1934년 당시 가와사키 시내 주요 업체들의 임시공 고용 현황을 살펴보면, 후지전기 448명(상비직공 969명), 일본축음기 357명(상비직공 390명), 도쿄전기 219명(상비직공 3149명), 쇼와강관 501명(상비직공 441명), 도쿄제강 162명(상비직공 749명), 동양강재 182명(상비직공 616명), 가와사키요업 192명(상비직공 101명), 메이지제과 198명(상비직공 852명) 등 유례없는 임시직 노동시장의 확대 현상이 나타나게 되었다.[15] 이에 따라 거시적으로는 노동시장 분화가 전면화

---

13) 전시 체제를 거치면서 조선인 밀집 거주지가 해소되는 경향도 일부 발견되지만 대부분의 경우는 유지되었다. 오사카 히가시나리구의 경우 전 인구의 24%가 조선인이었다.
14) 1937년 도쿄시 구별 인구 구성에서 조선인 인구 비율이 가장 높은 후카가와구(深川区)가 2.37%에 불과했다.

표 1-8 _ 가와사키 소재 주요 공장 일람(1927년, 종업원 수 400명 이상)　　　　　(단위: 명)

공장명	소재지	주요 사업	종업원 총수	직공 수	사업개시연월
후지가스방적(富士瓦斯紡績) 가와사키공장	호리노우치 (堀ノ內)	면사 방적	4,008	3,729	1915.04
일본강관(日本鋼管) 가와사키공장	아사다 (浅田)	제철업	2,614	2,378	1913.12
도쿄전기(東京電氣) 가와사키공장	호리가와초 (堀川町)	전구 등 제조	1,523	1,167	1909.12
도쿄제강(東京製鋼) 가와사키공장	토데 (戶手)	강철와이어 제조	1,188	1,110	1924.02
아사노시멘트(浅野セメント) 가와사키공장	오시마 (大島)	시멘트 제조	1,008	890	1917.06
후지전기제조(富士電氣製造) 가와사키공장	다나베신덴 (田辺新田)	전기기계 기구 제조	825	649	1925.04
메이지제과(明治製菓) 가와사키공장	미나미가와라(南河原)	과자 제조	633	591	1925.11
스즈키상점(鈴木商店) 가와사키공장	하치반즈카 (八幡塚)	아지노모도(味の素), 전분 제조	420	347	1907.05

자료: 川崎市役所 編, 『川崎市勢要覽』(1928: 34~35); 大石嘉一郎·金澤史男(2003: 538)에서 재인용.

되어 대공장의 전국 노동시장, 주변적 노동시장, 잡업적(雜業的) 노동시장
이라는 세 가지 노동시장이 뚜렷이 구분되어 나타났으며, 미시적으로 보면
기업 조직 내부에서 '사원(社員)—본공(本工)—임시공—인부'라는 신분 질서
에 따른 격차가 엄연히 존재했다. 결국 임시공이나 인부의 지위는 경기변
동에 종속된 가변적이고 잉여적인 존재였다. 오키나와나 조선에서 이주해
온 노동자들이 산업혁명기 일본의 공업 대도시에서 처한 사회적 위치는 이
처럼 급격히 확산된 일본 사회의 가변적 노동시장 구조의 하층 또는 주변
부에 놓여 있었다.

　　조선인 집거지는 가와사키구 해안 매립지 공단 인근의 사쿠라모토초(桜本

---

15) 당시 총동맹계 조합에서는 이러한 임시공 제도에 대해 '쇼와의 노예제도, 비인도적 악(惡)제
　　도'라고 주장하며 철폐 운동을 전개하기도 했다(大石嘉一郎·金澤史男, 2003: 512).

그림 1-4 _ 1930년대 가와사키의 해안 매립지 공단 지대와 조선인 집거지 형성 개요도

1921년부터 1963년까지 시행된 임해 지역 매립공사의 전개 양상을 보여준다. 그림 가운데 부분에
위치한 일본강관(日本鋼管) 위쪽이 이케가미초(池上町) 지역이다.

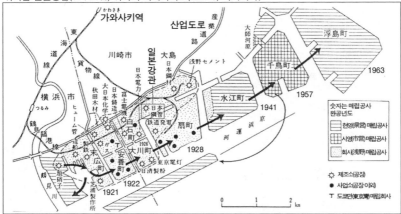

자료: 가와사키시 후레아이칸(ふれあい館) 제공.

그림 1-5 _ 1930년대 가와사키의 해안 매립지 공단 지대와 조선인 집거지 형성 개요도

그림 한가운데를 좌우로 가로지르고 있는 것이 도쿄(하네다)와 요코하마를 연결하는 산업도로이다.
이 도로를 경계로 아래(내륙)쪽이 사쿠라모토초(桜本町), 위(해안)쪽이 이케가미초(池上町)이다.

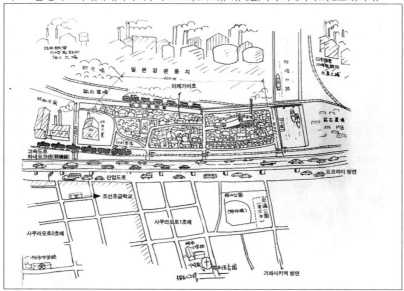

자료: 가와사키시 후레아이칸(ふれあい館) 제공.

町)와 이케가미초(池上町) 일대에 형성되었는데, 이는 게이힌 공업지대 조성 사업의 일환으로 1937년에 결정된 면적 약 150만 평의 다이시(大師) 임해지대 토지구획 정리사업이 실행되면서 비롯되었다(大石嘉一郎·金澤史男, 2003: 558). 전간기 신흥 공업 도시로서 성장을 시작한 가와사키시의 산업 기반 시설 확충은 대부분 중앙정부의 재정 투자에 의해 이루어졌지만, 그것은 사적 이익을 추구하는 토건 자본과 지주들의 요구에 따른 것이었다. 따라서 1930년대 급격한 공업화와 인구 증가에 따라 점차 지방행정 기구나 관료 기구가 확충되었음에도 불구하고, 도시민 대다수의 생활환경 개선을 위한 투자는 거의 이루어지지 않은 채 자본가와 지주들의 사적인 이해관계에 따라 시행되는 산업 기반 정비 사업이 지속적으로 전개되었다(大石嘉一郎·金澤史男, 2003: 567).

가와사키시에서 재일한인 1세 집거지가 형성된 지역은 광대한 해안 매립지를 중심으로 조성된 공단 지대이다. 이 지역은 흔히 '오오힌지구(おおひん 地区)'라는 지명으로 알려진 곳으로, 사쿠라모토(櫻本) 1·2정목(丁目), 하마초(浜町) 3·4정목, 오오시마(大島) 1정목, 이케가미초(池上町)를 포함하는 지역이다. 조선인 이민자들이 이곳에 처음 모여들기 시작한 시기는 1920년대 초로 거슬러 올라간다. 남겨진 기록에 따르면, 당시 대공장이 들어선 다지마초(田島町) 일대를 중심으로 많은 조선인들의 모습이 눈에 띄며, 1923년 간토대지진 당시 자경단의 습격을 피해 다지마초의 신사에 조선인 약 180명이 수용되었다고 한다. 1924년 2월 국세조사에 따르면 가와사키 방면의 조선인 인구는 569명이었는데, 1930년 국세조사에는 조선 출생 인구가 1433명으로 시 전체 인구의 1.4%까지 늘어났다. 〈그림 1-4, 1-5〉을 통해서 대략적인 공간의 변화 과정을 파악할 수 있듯이, 사쿠라모토초와 이케가미초의 조선인 집거지는 1930년대 해안 매립지에 공단이 조성되면서 본격적으로 형성되기 시작했다. 이는 1930년대 이후 조선인 도항자 수가 급격히

증가해 1939년에는 가와사키시 조선인 인구가 5343명으로 늘어났다는 사실을 통해서도 확인할 수 있다(大石嘉一郎·金澤史男, 2003: 513).

1930년대 가와사키로 조선인들이 몰려든 가장 큰 원인은 일자리였을 것이다. 간사이 지역의 경우와 마찬가지로, 간토에서도 조선인 이주자 개개인이 직면한 가장 큰 문제는 '구직'이었다. 당시 가와사키시 당국에서는 실업 구제사업을 시행하기도 했으나, 등록 문제로 인해 조선인들에게는 해당사항이 없었으므로 대다수 조선인들은 토목 작업이나 일고(日雇) 노동, 잡업 및 저변 노동 등으로 생계를 유지할 수밖에 없었다. 1920년대 후반부터 하마초와 사쿠라모토초 일대의 운하를 따라 군수공장이 건설되기 시작하면서 그 주변에 다수의 기숙사나 함바(飯場)16) 또는 바라크 등이 형성되기 시작했다. 오늘날 사쿠라모토의 한인 집거지는 1939년 일본강관에서 사쿠라모토 일대의 토지를 매입해 1941년부터 사쿠라모토 3정목에 군수공장17)을 건설하면서 5~6동의 함바가 조성된 데서 비롯되었다. 이곳에서 수백 명의 노무자와 인부가 숙박하면서 일했는데, 그 대부분이 외국인, 특히 조선인 노동자들이었다. 이들은 1941~1942년에 급격히 늘어났으며, 1943년에 최대치에 도달한 것으로 파악된다. 이들에 의해 슬럼가가 대규모로 형성되어 1920년대 후반 30호 정도에 불과했던 조선인 부락이 종전기에 이르기까지 급격히 팽창했다. 이후 일본강관 부지에 있던 함바나 바라크 밀집 지역에 거주하던 주민들까지 합류하면서 오늘날의 사쿠라모토 슬럼가가 형성되었다.

일반적으로 슬럼은 하천부지, 항만 매립지, 저습지, 달동네, 축대 밑, 불법점거지, 빈 터(空地), 황폐지 등 열악한 입지 조건에 형성되는 경우가 대부분이다. 사쿠라모토 슬럼의 경우, 주택지구와 공업지구가 교착(交錯)된

---

16) 함바(飯場)란 광산이나 건축·토목 노동자들을 위한 휴게소나 식당을 겸한 임시 숙소를 일컫는다.
17) 현재의 '로쿠칸(六管) 공장'에 해당한다.

지대에 형성된 불법 점거지에 이주 노동자들에 의해 일종의 '특수사회'가 창출되면서 형성된 것으로 알려져 있다. 가와사키 오오힌지구에서도 가장 열악한 주거지로 알려진 곳은 이케가미초(池上町)다. 전시 체제 말기 일본강관이 군수공장을 설립하고 수백 명의 조선인 노동자를 연행해 이곳에 숙박시킨 것이 이케가미초의 효시인데(桐山, 1992), 이 지역은 현재까지도 가와사키에서 외국인 노동자 인구 비율이 가장 높은 지역이자 생활수준이 극히 낮은 지역으로 알려져 있다.[18)]

이처럼 당시 조선인 거주지는 비위생적인 환경, 통일되지 못한 경관 등 원시적 수준의 주거 생활을 보여준다. 배수, 식수, 유수 모든 면에서 극도의 비위생성을 드러내어 1943년 1월 가와사키에 이질(赤痢)이 크게 발병했을 때 사태의 원흉으로 지목당해 단속 대상이 되기도 했다. 이 지역 슬럼의 열악한 거주환경은 전후에도 지속되었는데, 1960년대에도 매연, 과밀 주거, 소음, 유독가스, 오폐수, 악취 등으로 인해 사람이 살 수 없는 지역으로 평가되었다. 1960년대 자료에 따르면, 당시 슬럼가는 대부분 일본강관 소유지에 위치해 있었는데, 이곳 슬럼가 부근에는 일본강관, 가와사키화성(化成), 쇼와석유, 제일시멘트, 일본석유, 아사히(旭)화성 등의 대공장과 쇼와냉장, 일본연화기(燃化機), 치요다(千代)화공건설, 산키(三機)공업 등 중견 공장이 밀집해 있으며, 슬럼가 한가운데에는 악취와 매연으로 악명 높은 가와사키시의 쓰레기 소각장이 위치해 있었다. 그 측면에는 산업도로인 도시고속도로 1호선이 통과하고, 해안으로는 이케가미(池上) 운하와 게이힌 운하라는 두 개의 산업 물류용 운하가 합류하는 지점이 위치해 있는 등 주거지로는 최악의 조건을 갖춘 지역이었음을 알 수 있다.

---

18) 현재 이케가미초 거주 한인의 경우는 대부분 오랜 기간 정착한 사람들인 반면, 일본인의 경우는 인구 이동이 심하고 사회적 지위가 낮거나 불안한 사람이 대부분이다.

5. 코리아타운의 장소성 형성 과정

마지막으로 전전 재일한인 1세 집거지였던 이쿠노구와 가와사키구에 전후 코리아타운이 형성되기까지의 장소성의 변화 과정을 이주민 커뮤니티의 집단 정체성의 변화 양상과 관련해 살펴보자. 1930년대 제국 일본 최대의 공업 도시 오사카의 도심부를 둘러싸고 주변부 곳곳에 무수히 많은 조선인 공동체를 형성해 서울(경성)에 버금가는 대규모 도시 사회를 형성했던 오사카의 한인촌이 겪은 전후의 변화는 매우 독특한 경로적 변화의 사례로 볼 수 있다. 앞서 〈표 1-1〉에서 살펴보았듯이, 일본의 패전 이후 오사카의 조선인 인구는 크게 줄어들었지만, 이쿠노구와 같은 몇몇 집거지의 경우에는 1975년 전체 인구의 20%를 상회할 정도로 여전히 상당한 수의 조선인들이 강고한 커뮤니티를 형성하고 있었기 때문이다. 더구나 정착 초기 이 지역은 오사카시 변두리에 위치한 히라노강 부근의 저습지에 불과했는데, 오사카 환상선(環狀線)에 연결되고 전후 암시장이 크게 발달한 쓰루하시 일대를 중심으로 대규모 상권이 형성되면서 전전과는 다른 지역적 위상을 확보하게 되었던 것이다.

오늘날 쓰루하시 일대에 전후에 형성된 상점가는 JR쓰루하시역의 동서와 긴테츠(近鉄)쓰루하시역의 남북 주변으로 미로와 같이 오밀조밀하게 짜여진 골목길과 그 사이로 모자이크 형태로 펼쳐진 다종다양한 업종의 소규모 점포들로 특징지어진다. 이 지역 상점들이 결성한 상점 단체로는 쓰루하시 상점가진흥조합(약 180점, 주로 복식·재일한인 관련 상품), 마루코(丸小)쓰루하시 시장상점진흥조합(약 150점, 주로 식품·잡화), 히가시코바시미나미(東小橋南) 상점가진흥조합(약 30점, 복식·잡화 등), 오사카쓰루하시 도매(御売)시장협동조합(약 190점, 주로 식품), 쓰루하시 고려시장(약 40점, 주로 한국·조선요리식재), 쓰루하시니시(西) 상점가(약 70점, 주로 음식점) 등이 있다. 이 가운데 재일한인들이 압도적 다수를 차지하고 있는 것으로는 쓰루하시 고려시장, 쓰루하시 상점가진흥조합, 쓰루하시니시 상점가 정도를 들 수 있는데, 그 대부분을 차지하고 있는 것은 뉴커머들이 경영하는 점포들이다. 이들은 비교적 근래에 급격히 증가했는데, 이들의 주력 업종은 여성복·가방 등의 의류 잡화점이다(藤田綾子, 2005: 10~11, 177~178).

이처럼 쓰루하시 일대의 한인 상권은 뉴커머들이 주도하고 있다는 점에서 전전의 올드커머 이주자들이 형성한 커뮤니티와는 그 역사성이나 정체성에서 단절적 측면이 적지 않다. 실제로 쓰루하시 일대에 현재와 같은 대규모 상점가가 형성된 것은 태평양전쟁 말기에 단행된 대대적인 건물 소개(疏開)에서 비롯된 것으로 전전과의 연속성이 그렇게 크지 않다. 전전 시기 이 일대 유일한 상점가는 JR쓰루하시역의 약 300미터 동쪽을 남북으로 관통하는 '쓰루하시혼도리(本通)'에 위치해 있었다. 이 거리는 과거 '히라노가도(平野街道)'로 불렸던 길로 남쪽으로 히라노쿄(平野郷)까지 이르는 통행로였는데 1914년 개업한 긴키(近畿)일본철도[19] 쓰루하시역이 설치되고 주변으로 '다이키(大軌)시장'이라 불리는 소규모 시장이 형성되면서부터 상업이 발전하기 시작했다. 하지만 오늘날과 같은 대규모 시장이 형성된 것은 전시 체제 말기 소개공지대(疏開空地帶)가 조성된 곳에 전후에 암시장이 들어서면서부터 비롯된 일이다. 쓰루하시 이외에도 북구의 오사카역 앞(梅田), 텐신바시스지(天神橋筋) 6정목, 텐노지구(天王寺区) 우에혼마찌(上本町)의 암시장 등이 소개공지에 형성된 것이다(藤田綾子, 2005: 21).[20]

물론 전전 시기 이 일대에 조선인들의 독자적 상권이나 생활세계가 전혀

---

19) 당시 정식 명칭은 '오사카전기궤도(大阪電氣軌道)'로서 약칭 '다이키(大軌)'로 불렸다.

20) 이는 도쿄의 경우에도 대동소이하다. 전쟁 폐허 위에 자리 잡은 신주쿠의 암시장의 사례를 제외하면, 도쿄 최대 규모였던 신바시를 비롯해 시부야, 이케부쿠로, 우에노 등 다수의 암시장이 소개공지에 형성되었다.

형성되지 않은 것은 아니다. 실제로 오늘날 이쿠노구 코리아타운의 메인 스트리트에 해당하는 미유키도리(御幸通り)는 1926년 개설된 쓰루하시 공설 시장을 핵심으로 하는 상점가가 확장되면서 형성되기 시작했다.[21] 이카이노 일대에 조선인 집주지가 형성되면서 1930년대부터 조선인들을 위한 상거래 공간이 자리 잡았으며, 주로 노점상들을 중심으로 1930년대 말 이카이노 일대에 '조선시장'이 형성되었다. 조선시장에는 갈비집이나 천엽집과 같은 조선식당은 물론이거니와 조선인들이 생활하기에 불편함이 없을 정도로 풍부한 상품 시장이 조성되어 있었다. 이 일대에는 식료품부터 혼수용품까지 한인 생활용품을 판매하는 점포 약 200개가 모여 있어 오사카 한인들이 운집하는 상업적·문화적 중심지가 형성되었다. 이미 1931년에 오사카시 히가시나리구의 이마자토(今里) 극장에 '조선배우 신흥극단'이 출연한 것을 비롯해, 1933년에는 영화 〈장한가(長恨歌)〉와 〈아리랑〉 등이 상영되기도 했다(도노무라 마사루, 2010: 209~212).[22] 당시 이카이노 일대의 거리 풍경을 고권삼(高權三)은 다음과 같이 기술하고 있다.

"가게 앞에는 여러 가지 조선산 물건이 진열되어 있다. 특히 조선인들이 항상 신는 고무신, 조선인의 식료품 중 가장 좋아하는 명태 더미는 그리운 조선을 생각나게 하기에 충분했다. 바깥쪽 길에는 내지인의 가게도 있어 경성의 남대문시장까지는 아니더라도 분명 동대문시장 정도는 될 것

21) 현재 이쿠노구 코리아타운 상점가는 미유키도리(御幸通) 니시(西)·주오(中央)·히가시(東)라는 3개의 상점 단체 산하에 합계 약 130개의 상점들이 성업 중이다. 김치 등의 식품점, 저고리점, 야키니쿠점 등이 주종을 차지하고 있는 가운데 일본인들이 영업하는 고후쿠텐(吳服店)이나 잡화점 등도 혼재해 있어 한국적 색채 일색인 쓰루하시의 '조선시장'과는 사뭇 다른 분위기를 연출하고 있다.
22) 당시 일본에서는 무용가인 배귀자와 최승희, 작가 장혁주와 김사량, 성악가 김영길 등이 활약하는 등 대중문화 영역에서도 조선인들이 두각을 나타내기 시작했다.

으로 생각된다. 안쪽 길에는 갓 삶아낸 돼지고기, 순대, 돼지머리 등이 나와 있고, 개성의 시장과 비슷하여 식료품뿐 아니라 포목점, 잡화점, 생선가게, 푸줏간 등 각종 가게가 섞여 있는 것은 해주의 시장과 비슷하다." (高權三, 1938: 33)[23]

1930년대 '저사야(猪飼野)'는 일본 최대의 한인 시장으로, 그 일대에는 크고 작은 조선 요리점들이 밀집해 있었다. 당시 유명세를 누렸던 대표적인 식당으로 식도원(食道園), 영주관(榮州館), 평화식당(平和食堂), 동성관(東城館) 등이 있었으며, 특히 숯불고깃집(燒肉屋)이라는 새로운 형태의 한식당이 출현하기도 했다.[24] 또 한 가지 지적할 점은 전시하의 경제 상황이 재일조선인들에게 꼭 불리한 것만은 아니었다는 것이다. 전시 특수라는 호조건 하에서 경제적 성공을 거두어 재산을 모은 조선인도 늘어났다. 오사카에는 "조선인이 경영하는 공장이 약 400개, 그중에서는 직공 100명 이상을 사용하는 공장이 80여 곳이나 된다. 100만 엔 이상의 재산을 모은 사람이 3명, 10만 엔대 이상이 약 4백 명, 1만 엔 이상이 약 3천 명에 달했"[25]을 정도로 전시 체제를 거치면서 대부분의 조선인들은 이전에 비해 나쁘지 않은 경제생활을 누리게 된 것이다. 그 결과 전전 시기 일본 최대의 한인촌이었던 이카이노의 규모와 명성은 종전 이후 한인들이 한반도로 대거 귀환한 이후에

---

23) 같은 책에서 고권삼은 오사카에는 고대부터 한반도 도래인들이 많이 살아서 오사카 출신 사람들 중에는 조선인의 피를 이어받지 않은 사람이 거의 없으며, 구다라역(百濟驛)이나 고라이바시(高麗橋) 같은 지명이나 조선인이 세운 것으로 알려진 시텐노지(四天王寺) 등을 통해 오사카에서 조선인의 역사성과 정체성을 찾아내려는 흥미로운 시도를 보여준다(도노무라 마사루, 2010: 306).
24) 1930년대 오사카 이카이노 조선인 집거지에서 야키니쿠 요리점이 생겨나 한반도·만주 등 당시 제국 일본 전역으로 확산되었다는 주장도 있다. 이에 대해서는 猪飼野の歷史と文化を教える会 編, 2011: 223~237의 설명을 참조.
25) 沈貞燮, 「大阪通信」, ≪朝光≫, 1942년 5월호.

도 잔류한 한인들에 의해 면면히 이어졌으며, 전쟁 말기 쓰루하시 일대의 공간적 변화와 전후 암시장 시기를 거치면서 이 지역 상권이 활성화된 과정은 앞서 살펴본 바와 같다.

그렇다면 이 일대를 '코리아타운'이라는 일종의 에스닉 관광지로 조성하려는 움직임은 언제 어떻게 형성되었을까? 일본에서 코리아타운이라는 명칭이 최초로 공표된 것은 1993년 12월 이쿠노구 모모타니(桃谷)에 위치한 미유키도리에 한국 전통 양식의 문을 세우고 보도를 포장하고 주변 환경을 새롭게 꾸미는 등 과거의 '조선시장'을 대폭 리뉴얼하면서 '코리아타운'이라고 표시한 데서 비롯되었다. 이 일대에 '코리아타운'이라는 관광 명소를 만들고자 하는 움직임은 한국의 대외적 이미지가 크게 쇄신된 1988년 서울올림픽 이후 한인 뉴커머들이 일본의 대도시 지역으로 대거 유입되면서 가시화되었다. 이후 재일한인 2세, 3세 상인과 사업가들을 중심으로 이쿠노 조선시장을 활성화하려는 움직임이 나타났으며, 마침내 1993년에 미유키도리의 세 군데 상점가를 연결해 동쪽 상점가에 '백제문(百濟門)'을, 중앙상점가에 '미유키도리중앙문'을 설치하면서 코리아타운이 조성되기에 이른다.

이처럼 이쿠노구의 사례는 오사카라는 초거대 국제도시의 배후 상권, 쓰루하시라는 연계 교통 거점지의 유동 인구, 일본 최대의 재일한인 집거지라는 역사성과 장소성 등과 같은 우호적인 경제적·지리적·역사적 조건이 복합적으로 결합되면서 '코리아타운'이라는 장소 마케팅 프로젝트의 길로 나아간 것으로 볼 수 있다. 그렇다면 이쿠노구와는 사뭇 다른 조건 속에서 형성된 가와사키의 사례는 어떤 우여곡절을 거쳐 코리아타운을 조성하게 되었을까?

공업 도시 가와사키의 명성이 전후에도 이어졌음은 앞서 살펴본 바와 같다. 1953년 가와사키시의 제조업 출하액은 도쿄, 오사카, 나고야에 이어 전국 4위 규모였으며, 1960년대 초에는 나고야를 추월해 3위를 유지했다. 그런데 1960년대 후반부터 1970년대까지 정부의 공장 재배치 정책과 오일쇼크 이후 임해부에 입지한 기업에 대한 재구조화 전략이 적용됨에 따라 가와사키의 고용 인구는 크게 감소하게 된다. 또한 1960년대 초에 중공업화가 확대되고 공업 에너지원이 석탄 중심에서 석유 중심으로 옮겨감에 따라 대기 오염, 수질 오염 등 공해 문제가 본격적인 사회문제로 대두되기 시작했다. 그 결과 60년대 말부터 '가와사키에서 공해를 없애는 모임'과 같은 주민들의 공해 반대 운동이 일어났다.[26] 1971년 사회당과 공산당이 연합해 혁신 지자체가 실현되면서 공해 문제를 해결하고 시민 참가를 바탕으로 한 복지행정, 정보 공개, 평화도시 선언 등 선진적인 자치도시로서 두각을 나타내기 시작했다. 그 결과 공해 규제, 지가와 노임의 상승 등으로 인해 공장이 이전하고 축소되면서 공장 수와 종업원 수는 급격히 감소하게 된다. 1964년 30만 명을 넘었던 가와사키구의 인구는 젊은 층과 중산층이 교외로 전출하면서 감소하게 된다. 1968년 22만 6309명으로 최대 규모를 기록한 가와사키시의 공장 노동자 수는 그 후 점점 감소해 1986년 사업자 통계에 따르면 가와사키시 제조업 종사자 수는 17만 5000명 정도로 줄어들었다.

이러한 변화에도 불구하고 전후 시기에도 가와사키에서 외국인 노동력이 차지하는 비중은 전전에 비해 크게 바뀌지 않았다. 외국인 노동자 가운데 한국인이 점하는 비율도 1952년 전체 외국인의 96.1%에서 1985년 86.6%로 크게 줄어들지 않았다. 전시 체제기 이주 인구의 급증과 전후 급감을 겪으면서도 오오힌지구의 조선인들은 한편으로는 독자적인 '에스닉

---

26) 전후 일본 사회운동의 주요 흐름은 1950년대의 노동운동, 1960년대 후반의 학생운동과 평화운동, 1970년대의 반공해주민운동과 여성운동으로 이어진다. 1960~1970년대에 등장한 혁신계 지방자치단체는 이러한 사회운동의 영향하에 탄생한 것으로 볼 수 있다. 이러한 시민운동들은 1980년대를 거치면서 쇠퇴 일로를 걸었는데, 그 대신에 지역사회에 뿌리를 내리는 소비자운동, 사회교육운동, 일본 기업의 해외 진출과 일본 정부의 해외 원조를 둘러싼 국제연대운동 등이 활발하게 전개되었다.

엔클레이브'를 구축하면서 집단적 정체성을 유지했다고 볼 수 있다.27) 이처럼 지역사회에서 꾸준히 지속된 한인들의 영향력을 바탕으로 지역 한인들은 세이큐샤(靑丘社)를 중심으로 지역사회 운동을 전개했다.28) 이 운동은 70년대 후반 가와사키 혁신 지자체를 배경으로 발전한 볼런티어운동으로, 적지 않은 성과를 거두었다. 1980년 중앙정부의 방침에 반대해 지문 날인을 거부한 재일한인을 고발하지 않기로 결정했으며, 1995년에는 외국인의 일반 공무원 임용을 금지하는 이른바 '국적 조항'을 일본 최초로 철폐한 것은 대표적인 성과라고 볼 수 있다.

가와사키구에 코리아타운을 관광지로 조성하자는 움직임은 이러한 한인 지역 네트워크를 바탕으로 일어난 것으로, 시기적으로는 이쿠노구에 코리아타운이 조성된 것과 거의 같은 시기에 나타났다. 사쿠라모토 지역 인근의 하마초에 재일한인들이 경영하는 불고기집, 민족음식점, 식품점 등이 약 20여 개 늘어서 있는 '세멘트도리 거리(セメント通り)'29)에 요코하마의 차이나타운(中華街)과 같은 관광지를 조성하자는 제안이 처음 제기된 것은 1992년 여름이었다. 그해 10월 불고기집 주인 11명이 모여 '코리아타운 실현을 목표로 하는 불고기집 업자들의 모임(コリアタウン實現を目指す焼肉料食業者の會)'을 결성했는데, 이후 조직이 확대되어 일본인 주민도 포함된 가와사키 코리아타운 협회 설립을 검토하게 되었다(≪朝日新聞≫,

---

27) 1940년 징용으로 홋카이도까지 끌려갔다가 5일 만에 도주해 가와사키의 함바로 흘러들어와 정착한 1909년생 남성인 李○○씨의 증언에 따르면, 탁주(ドブロク)를 제조해서 하루 40~50 캔까지 판매하기도 했다. 가와사키시 후레아이칸 소장 면담 녹취자료('李貴名さんと聞き取りの記録', 2000.09.20) 참조.
28) 세이큐샤는 재일한인 아동을 위한 보육원을 경영해 온 사쿠라모토의 가와사키 교회가 중심이 되어 1973년 사회복지법인 설립 인가를 받았다. 세이큐샤의 활동가들은 1970년대 후반 가와사키에서 전개된 히타치(日立)의 재일 한국·조선인 취직 차별 시정을 요구하는 운동에서 출발한 '민투련(民鬪連; 民族差別と鬪う連絡協議會)' 운동의 주력이기도 하다.
29) 이 도로명은 인근의 아사노(浅野) 시멘트 공장으로 인해 붙여진 것이라 한다.

그림 1-6 _ 가와사키 세멘트도리 코리아타운 입구 전경

자료: 2017년 1월 20일 필자 촬영.

1993.2.11). 이 계획은 당시 "민족문화와 만날 수 있는 함께 사는 마치즈 쿠리(民族文化にふれあえる共生まちづくり)"를 지향했던 가와사키시 당국 으로부터도 표면적 지지를 획득하면서 현실화되기에 이른다(이시재 외, 2001: 98).

가와사키 코리아타운 조성 사업은 가와사키 공단 지대에서 근무하는 생 산직 노동자들의 출퇴근길 일대에 자생적으로 형성된 불고기 식당 거리를 집객의 유인(誘因)으로 활용해 관광지화하고자 한 시도로 요약된다. 〈그림 1-6〉의 가와사키 코리아타운의 한산한 정경을 통해 확인할 수 있듯이 이 기획은 상업적 성공을 거두지는 못했다. 이 거리가 이쿠노구나 신오쿠보의 코리아타운 혹은 요코하마의 차이나타운에 비할 만한 성과를 얻지 못한 것 은 어쩌면 당연한 결과일 것이다. 그 주된 원인으로 우리는 배후지의 상업 적 조건, 즉 도쿄의 마루노우치선(丸の内線)이나 오사카환상선과 같이 다수 의 유동 인구를 끌어들일 수 있는 편리한 대중교통편이 부족한 점이나 쓰

루하시나 신주쿠, 요코하마 차이나타운 일대와 같이 인근의 집객 시설이나 부대 관광자원이 결여되어 있는 점 등과 같은 외적 요인을 어렵지 않게 떠올릴 수 있다. 하지만 이 글의 분석 내용을 바탕으로 우리는 그것과는 구분되는 내적 요인, 즉 역사적 형성 경로의 측면에서 이쿠노구와 가와사키구의 코리아타운 프로젝트에 내재된 차이점을 추론해 낼 수 있다. 그것은 크게 다음 두 가지로 요약할 수 있다.

하나는 인구 집단의 성격과 관련된 것으로, 가와사키의 한인 커뮤니티가 혈연과 지연의 공통성보다는 계층적 공통성을 바탕으로 형성되었다는 점이다. 다른 하나는 집주 지역의 공간 환경과 관련된 것으로, 가와사키 코리아타운이 초거대도시의 대규모 유동 인구를 대상으로 하는 상업과 교통의 요지가 아니라 매연과 폐수와 같은 유해 물질의 배출소로 악명 높은 대규모 중화학공업단지 부근의 슬럼가에 조성되었다는 점이다. 이쿠노구의 한인 상인협회에서 장소의 역사성과 에스닉 정체성을 상업적으로 활용해 지역 상권을 개발하려는 전략을 구상하고 있을 때, 가와사키의 한인들은 세이큐샤를 조직적 구심으로 열악한 공단 슬럼가의 주거 여건을 개선할 수 있는 풀뿌리 생활공동체를 만드는 데 주력해 왔던 것이다. 이쿠노구와 신오쿠보에서 코리아타운 장소 마케팅의 상업적 성공을 주도한 뉴커머 한국인들과 같은 움직임이 가와사키의 코리아타운 만들기 프로젝트에서는 나타나지 않은 원인을 역사적 변수에서 찾자면 결국 이러한 에스닉 커뮤니티 형성의 경로 의존적 차이점에서 기인하는 것으로 볼 수 있지 않을까.

6. 망국 디아스포라의 공간에서 한류 문화의 체험 공간으로

전전의 일본 사회에 '조선인은 비위생적이고 나태하고 교양이 없다'는 인식이 팽배해 있었음은 부인할 수 없는 사실이다. 당시 재일조선인은 "대부분 일정한 주소조차 갖지 못하고 단지 일자리를 찾아서 떠돌아다니는", "물과 풀을 따라 옮겨 다니는 데 익숙한", "동가식서가숙(東家食西家宿)"하는(도노무라 마사루, 2010: 326에서 재인용) 부평초 같은 존재라는 것이 일반적인 사회적 인식이었다. 따라서 정착 초기에 이들은 경제적·문화적·민족적인 삼중적 차원에서의 차별과 배제의 상황에 놓여 있었다. 즉, 경제적 차원에서는 빈민촌이라는 점, 문화적 차원에서는 비위생·비문명적인 하층민 거주지라는 점, 민족적 차원에서는 '외지인', '이민족'이라는 점이 주된 차별과 배제의 요인으로 작용한 것이다. 이는 이들의 집주 공간에 내포된 삼차원적인 속성(물리적 환경, 담론적 장소성, 소수민족 커뮤니티)에 중첩적으로 배태되어 있었다. 하지만 재일한인은 일본의 전시 체제의 틈바구니와 일본 경제의 전후 부흥의 과정에서 괄목상대할 만한 성장과 성공을 이룩했다. 더 나아가 근래에는 한국의 경제성장과 '한류 열풍'을 배경으로 '망국 디아스포라의 생존 공간'으로 형성된 재일한인 집거지가 '에스닉 문화 체험의 관광 명소'로 탈바꿈하는 장소성의 전환 현상이 일어나기도 했다.

이 연구는 이처럼 식민지 제국 체제하에서 모국으로부터 뿌리뽑힘을 경험한 '대지의 저주받은 자들'이었던 피식민 재일한인 1세들이 어떻게 낯선 제국 본토의 심장부에 집단적 정체성의 공간을 만들어냈는지 그 과정과 양상을 살펴보고자 했다. 특히 이 연구에서는 이쿠노구와 가와사키구의 사례에 대한 비교 분석을 통해 한인 이주민 1세들이 제국 일본의 공업 대도시에 집단적으로 정착하는 과정에서 발현된 서로 다른 두 지역의 변화 양상을 주체·공간·장소라는 세 가지 측면에 초점을 맞춰 밝혀내고자 했다.

이 글에서 제기한 핵심적 질문은 다음과 같이 세 가지로 요약해 볼 수 있다. 첫째, 서로 다른 지역에 이주한 재일한인 1세 인구 집단의 속성은 어떤 공통점과 차이점을 띠며, 그것은 초창기 정착지 커뮤니티 형성 과정에 어떤 변수로 작용했는가? 둘째, 형성 초기 재일한인 1세 집주 공간의 공간적 환경과 사회적 여건은 어떠했으며, 형성 이후 이들 공간의 성격은 지역 사회와의 상호작용 과정에서 어떻게 변화했는가? 셋째, 근현대 일본 도시·지역사의 시계열적 변천 과정에서 이들 집주지의 장소성은 어떤 다른 변화 양상을 띠게 되며, 결과적으로 지역에 따른 장소성의 차이를 초래한 주된 요인은 무엇인가?

이러한 세 가지 측면에 주목해, 경로 의존적 변화라는 중장기적 관점에서 두 지역의 사례를 비교한 결과, 우선 주체의 측면에서는 이쿠노구에서는 민족적 동질성과 지연 공동체적 성격이 상대적으로 강하게 나타났다면, 가와사키에서는 계층적 동질성과 생활 공동체적 성격이 두드러지게 나타났음을 알 수 있었다. 이러한 이주민 인구 집단의 속성은 집주 공간의 입지 여건과 주변 지역 도시환경의 변화 양상과도 긴밀한 상관성을 띠고 있었으며, 결과적으로 코리아타운이라는 장소성이 창출되는 중장기적 과정에도 중요한 변수로 작용했음을 알 수 있다.

1940년의 재일조선인 취업 구조*

국세조사 통계 원표의 분석을 중심으로

정진성

1. 전시경제하의 재일조선인

전시하의 조선인 기업가들은 앞다투어 군수산업의 하청 또는 기타 시국
산업에 투자하여 그들 일류의 교묘한 소기업 운영에 성공하여 단시일에
재산을 이룬 자가 속출하는 경향이 있으며 …… 일부를 제외하고는 생활
의 안정을 획득함에 이르렀고 더욱 은성하여 내지인을 능가하는 자 상당
수에 이르고 어떤 지구에서는 중산계급을 이루기에 이르는 우려가 있으
며 …… 또 노동자 방면에서도 시국 산업의 격증과 노동력 부족의 영향
으로 갑자기 활기를 띠고 종래의 부동성을 던져버리고 실업자의 격감을
보는 실정으로 그들의 사상 상태를 그대로 방치한 채 경제적 능력을 증

---

* 이 글은 ≪사회와 역사≫(제113집, 2017a)와 ≪일본비평≫(제17권, 2017b)을 수정, 보완한 것
이다. 내용상에 큰 변화는 없으나, ≪사회와 역사≫(제113집, 2017a)에서 1940년 시점의 대표
적인 재일조선인의 취업 형태를 '공장 노동자'로서 파악한 것을 '공업 부문 취업자'로 수정했
다. 그 이유는 본문에 설명되어 있는 바와 같이, 공업 부문에서 취업하고 있던 재일조선인의
대다수는 근대적 공장에서 일하는 '공장 노동자'가 아니라 가족경영을 포함하는 영세한 경영
에서 일하는 노동자였기 때문이다.

장시킴은 장래 심히 걱정하지 않을 수 없다(朝鮮人强制連行調査団 編, 1993: 223).

이 기술은 1941년 오사카부지사의 인계서 중 경찰부 특고과가 제출한 오사카 재주 조선인의 직업 및 경제 상황에 관한 보고의 일부이다. 이에 따르면, 당시의 전시경제하에 군수산업의 성장과 노동력 부족이라는 상황을 이용해 재일조선인 기업가와 노동자가 성장하고 있으며 경찰 당국은 이러한 조선인의 경제적 성장에 대해 위구심을 가지고 바라보고 있음을 알 수 있다.

이와 같은 재일조선인의 모습은 종래의 발전 가능성이 닫힌 채 최하층 노동자로서 일본 사회 저변에 퇴적하고 있던 존재로 그려져 왔던 모습과는 다른 것이다. 예를 들면 재일조선인에 관한 고전적 연구인 박재일(朴在一, 1957: 59)에 따르면 재일조선인의 대부분은 최하층 노동자 또는 실업자에 가까운 주변적 노동자로 존재했으며, 전시기에 비록 "실업자적 업종에서 산업적 노동으로의 전환과 조선인 노동력의 광공업으로의 집중"이 보이긴 하나, 그럼에도 불구하고 "도래 조선인 노동자가 전전의 오랜 일본 생활에서 결국 미숙련한 근육노동의 값싼 판매자로서의 입장에서 한 발자국도 앞으로 나가지 못"했다.

그렇다면 위에서 인용한 1941년 오사카부의 재일조선인 경제 상황에 대한 보고는 예외적 현상에 대한 과장된 보고일까, 아니면 사실에 가까운 것일까? 만일에 사실을 비교적 정확히 보고한 것이라면 그런 변화를 가져온 요인은 무엇일까? 이 글은 이러한 질문에 답하기 위해 재일조선인 취업 구조상의 변화를 국세조사라는 통계 자료를 통해 객관적 수치로서 확인하는 것을 일차적인 목적으로 한다. 또한 취업 구조상의 유의미한 변화가 있다면 그러한 변화를 가져온 요인이 무엇이었는지를 탐구하고자 한다.

앞의 인용문이 보고하고 있는 재일조선인 경제 상황의 변화는 1930년대에서 전시경제까지의 재일조선인 취업 구조에 관한 비교적 최근의 연구에서도 이미 주목되고 있다. 내무성 경보국 자료를 이용한 니시나리타 유타카(西成田豊)는 재일조선인의 직업 구성은 1920년의 토공 중심에서 1930년 대에는 공업·상업 중심으로 이동했으며, 공업 노동자 중의 금속·기계공업 부문 노동자 비중이 증가하는 등 '산업구조의 고도화'가 나타나지만 그와 함께 잡역 노동자의 비율이 높고 증가하는 '노동의 희석화'를 수반하고 있음을 지적하고, 1930년대에는 경영자로 상승하는 조선인, 공장직공, 공장의 잡역적 노동자, 도시 잡업적 상인, 그리고 피차별 부락의 최저변으로 유입되는 궁민과 같이, 재일조선인 내부에서의 계층 분화가 더욱 진행되고 있는 것으로 보았다(西成田 1997: 121~123). 그러나 니시나리타가 1930년대 재일조선인 취업 구조의 최대의 특징을 '공장 노동자로서의 재일조선인'으로 파악한 것에는 공업 부분의 취업자를 공장 노동자로 파악하는 개념상의 혼란이 있으며, 잡역 노동자의 증가를 '노동의 희석화'로 이해하는 데에도 난점이 있다. 이에 대해서는 후술한다.

도노무라 마사루(外村大) 역시 내무성 경보국 자료를 이용해 제2차 세계대전 전의 재일조선인 대부분이 최하위 노동자였다는 결론을 도출하면서(도노무라 마사루, 2010: 103), 재일조선인의 수입 및 자산에 대한 단편적인 자료 등을 이용해 내무성 자료의 최하위 노동자로 나타나는 사람들 중에서도 상위 계층의 경영자가 포함되어 있을 가능성을 제기했으며(도노무라 마사루, 2010: 104), 비록 규모는 영세하나 상공업에서 어느 정도 기반을 잡은 사람들이 조선인 사회의 리더로서 등장하고 있음을 밝혔다(도노무라 마사루 2010: 218~233).

이와사 가즈유키(岩佐和幸)는 상기의 두 연구자와는 달리 1940년 국세조사 통계 원표의 오사카시 부분을 이용해 오사카시의 재일조선인 직업 구성을 밝혔다. 그에 따르면 1940년 오사카 재주 조선인의 공업 집중도가 높아졌고, 공업 부문에서 금속, 기계 부문의 비중이 높았으며, 짐꾼이나 급사,

견습공 같은 보조적 작업자가 다수를 점하고 있다는 점, 그리고 경영자층이 출현하고 있음을 지적하고, 이민 노동자 내부에 체재 기간의 장기화에 수반하여 점차 지위 향상을 이룩한 자가 등장해 조선인 내부에서의 자본축적과 계급분화가 진전하고 있는 것으로 보았다(岩佐和幸, 2005: 7).

이처럼 기존 연구에서 1930년대 후반에 전시경제가 진전되는 가운데 재일조선인 취업 구조에서 유의미한 변화(재일조선인의 대다수가 여전히 최하위 노동자층을 형성하면서도, 공업 부문으로의 집중 및 경영자층의 출현)가 일어나고 있음을 이미 밝혔음에도, 이 글에서 다시 1940년의 재일조선인 취업 구조를 분석하고자 하는 것은 기존 연구에는 자료의 제약으로 다음과 같은 문제점이 있기 때문이다.

첫째, 국세조사 자료를 이용한 기존 연구는 이와사(岩佐和幸, 2005)를 제외하고는 산업 대분류 차원에서의 분석에 그쳐서 산업 중분류 또는 산업 소분류 차원에서의 상세한 취업 구조를 밝히지 못했다.

둘째, 내무성 경보국 자료는 재일조선인 취업 구조에 관한 보다 상세한 정보를 알려주고 있으나, 산업 분류와 직업 분류가 혼재되어 있다는 문제가 있다. 예를 들면, 농업, 어업, 상업과 같은 산업적 분류와 유식적(有識的) 직업, 노동자와 같은 직업적 분류가 혼재되어 있다.

셋째, 재일조선인의 성별 및 연령별 취업 구조를 분석한 연구는 없다. 예를 들면, 방적공업 등에서는 나이 어린 재일조선인 여성들이 저렴한 노동력으로 사용되었다는 보고가 있으며(松下松次, 1977; 후지나가 다케시, 2011) 재일조선인의 회상이나 신문 기사를 통해 어린이들도 폐품 수집을 돕거나 공장의 소년공을 비롯해 가계를 돕기 위한 여러 가지 노동에 종사했음을 알 수 있으나(도노무라 마사루, 2010: 137), 그와 같은 유소년자 및 여성 노동자들이 재일조선인 전체의 취업 구조에서 어떤 위치를 차지하는 것인지는 밝혀지지 않았다.

넷째, 재일조선인의 지역별 취업 구조에 대해서는 단편적인 자료를 통해 주요 지역의 특징을 파악해 왔다.[1] 그러나 자료마다 조사 시기가 다르며 분류 기준도 다르기 때문에 통일적 기준에 따른 지역별 취업 구조의 비교에 제약이 있었다.

이와 같은 기존 연구의 문제점은 일본의 1940년 국세조사 자료 중「昭和 15年 国勢調査統計原票 第21表(内地全体)」를 이용해 해결할 수 있다. 이 통계 원표는 도부현(道府県)별로 재일조선인을 497개의 산업 소분류마다 439항목의 직업 소분류에 대해 연령별로 파악하고 있어, 종래에는 알 수 없었던 식민지기 재일조선인에 관한 산업 소분류별, 직업 소분류별, 성별, 연령별, 지역별 취업 정보를 알 수 있다.[2]

이 통계 원표는 집계 처리가 되지 않아 그 이용이 용이하지 않기 때문인지 오랫동안 연구자들의 주목을 받지 못했으나, 시모노세키(下関)시의 재일조선인 고물상에 대한 분석을 시도한 기무라 겐지(木村健二, 1992), 오사카(大阪)시의 재일조선인의 취업 구조를 밝힌 이와사(岩佐, 2005)가 이 자료의 일부를 이용했다.[3] 이 글에서는 이 통계 원표를 분석함으로써 1940년 시점에서 일본 '내지'에 거주하는 재일조선인 취업 구조의 총체적인 모습, 즉 산

---

1) 재일조선인의 지역별 취업 구조에 관한 기존 연구에 대해서는 이 장의 3절을 참고.
2) 이 국세조사표는 1만 페이지가 넘는 방대한 양에 달하며 일본의 통계도서관(국립국회도서관의 지부 도서관)에서 마이크로필름 상태로 열람이 가능하다. 원표의 통계 처리를 위한 엑셀 작업에 도움을 준 장은정 씨께 감사드린다.
3) 이 원표를 가장 먼저 이용한 문헌은 필자가 아는 한에서는 박재일(朴在一, 1957: 54~55)이 최초이다. 박재일은 1940년의 원표를 이용해, "산업별 대분류를 중심으로 하여 중분류와 소분류의 항목을 일부 가미하여 직업별 구분"을 했다. 이러한 작업을 한 것은 1920년과 1930년의 국세조사 자료와 비교하기 위함이지만, 원래의 의미의 직업별 분류는 아니다. 또한 박재일은 "원표에서 본인이 직접 집계한 것이기 때문에 정확하다고는 말하기 어렵다"라고 하고 있는데, 실제로 박재일이 집계한 수치는 필자가 집계한 것과 약간 차이가 난다. 한편, 모리타 요시오 (森田芳夫)도 1968년에 발표한「戦後における在日朝鮮人の人口現象」에서 1940년의 국세조사 원표를 이용해 재일조선인의 산업별(대분류) 구성을 산출하였다(森田, 1996: 127, 〈표 2-15〉).

국세조사(國稅調査)는 서구 국가의 포퓰레이션 센서스(population census)의 일본어 역이다. 직역한다면 인구센서스가 되겠는데, 이로부터 알 수 있는 바와 같이, 국세조사의 조사 대상으로 되는 것은 다양한 성질(성별, 연령, 직업, 거주지 등의 속성)을 갖는 사람, 그리고 사람들을 묶는 최소의 사회 단위로서의 세대(世帶)이다. '센서스'란 '전수 조사' 또는 '실개(悉皆) 조사' 등으로 번역된다.

일본에서의 국세조사는 미국(1790년)이나 영국, 프랑스(1801년)에 비해 크게 늦은 1920년에 처음 실시되었다. 이후 5년 마다 국세조사가 실시되었으나, 1945년에는 패전에 따른 사회적 혼란으로 실시되지 못하고 간이 인구조사만이 실시되었다. 제2차 세계대전 이후의 최초의 국세조사는 1947년의 임시 국세조사이며 1950년 이후 현재까지 5년마다 조사가 실시되고 있다.

1940년 국세조사는 중일전쟁의 확대와 전시경제 체제로 이행하는 상황에서 총력전 체제의 강화를 강하게 의식하면서 실시되었다. 이 조사의 특징으로서 현재 소속하는 산업 및 직업 외에 1937년 7월 1일 소속의 산업 및 직업에 대해 조사하고 있는 점, 그리고 지정 기능(指定技能)에 대해 조사하고 있는 점이 주목된다.

전자는 전시 체제하에서 응소(應召)나 그 외의 이유로 산업 간에 인구가 이동하고 있는 상황을 고려해 그 이전 즉 중일전쟁 발발 직전의 노동력 배치에 대해 조사한 것이다. 이 때 439항목으로 이루어진 직업명이 발표되어 피조사자는 이에 기초해서 신고하도록 했다. 후자는 이 직명표에서 따로 발췌한 388종의 지정 기능에 기초해 신고하도록 한 것이다. 이러한 조사는 군사적 필요에 대응해 어떤 기능을 가진 사람들이 어느 정도 동원할 수 있는가를 조사한 것이며 총동원 체제하에서 절실히 요구된 정보였다. 그러나 재일조선인에 대해서는 이러한 정보를 알 수 없다.

한편 1940년 국세조사는 산업 분류와 직업 분류가 명확히 분리되어 실시된 최초의 국세조사였다. 그 이전의 조사에서는 '직업 및 직업상의 지위' 또는 '직업'에 관한 항목만이 있었으나, 1940년 국세조사에는 '직명'과 함께 '사업소의 사업 종목', '자신이 근무하는 부문의 사업 종목'의 항목이 설치되어 있었다. 이와 같은 직업과 산업의 구분이 피조사자에게 충분히 이해가 되지 않아 조사 현장에서는 혼란도 있었다고 한다.

업별, 직업별, 성별, 연령별, 지역별 취업 구조를 밝히고자 한다.

  마지막으로 국세조사 결과를 이용할 때 피조사자의 리터러시(literacy) 문제에 주의할 필요가 있음을 언급해 둔다. 국세조사에서 항상 문제가 되는 점의 하나는 과연 피조사자가 국세조사가 의도한 대로의 회답을 할 수 있는가에 대한 판단이다. 일본의 국세조사는 일관되게 자계주의(自計主義)[5]를 취하고 있었는데 이 경우 피조사자의 조사에 대한 리터러시의 문제가 중요하다. 1920년에 일본 최초로 실시된 국세조사에서는 자계주의에 부수되는 조사의 곤란성, 예를 들면 피조사자가 글을 모르는 경우, 조사원에 의한 대필이나 용어의 이해 능력 결여 등에서 오는 문제점이 보고되고 있었으며 이의 해결을 위해 교육과 계몽을 통해 주민 지식수준을 높일 필요성이 강조되고 있었다(佐藤正広, 2015: 82).

1940년 국세조사의 조사 사항은 〈그림 2-1〉에서 알 수 있는 바와 같이 이전의 조사보다 훨씬 복잡해졌다. 주민들에게 439항목이나 되는 복잡한 직명표로부터 자신의 직업을 회답하도록 하는 등, 1920년 국세조사보다 주민들에게는 훨씬 어려운 조사였다. 그러나 1920년 국세조사 이후 1940년의 국세조사 실시까지 3번의 국세조사가 실시되었고 일본 국민들의 교육 수준도 향상되었기 때문에 1940년의 국세조사에서는 적어도 일본인의 리터러시 문제는 상당히 해결된 상태라고 할 수 있다(佐藤正広, 2015: 104). 그러나 일본어도 제대로 해득하지 못하고 무학이 많았던 재일조선인의 경우 역시 리터러시의 문제는 조사의 난점이었을 것으로 생각된다. 따라서 조사원이 대리 작성을 하거나 세대주가 일괄 작성하는 사례는 상당히 존재했을 것으로 판단하는 것이 무리는 아닐 것이다. 이러한 피조사자의 리터러시 문제는 특히 여성의 조사에서 두드러지게 나타날 가능성이 있다. 후술하는 바와 같이, 재일조선인 여성의 유업률은 일본인 여성의 유업률보다 크게 낮은데, 리터러시 문제가 이러한 조사 결과에 영향을 미쳤을 개연성은 크다고 생각된다.

---

4) 佐藤正広(2015)에 의거했다.
5) 조사표에 조사 대상이 되는 사람이 스스로 기입하는 방식을 자계식(自計式), 조사원이 조사 대상으로부터 조사 사항에 관해 듣고 기입하는 방식을 타계식(他計式)이라고 한다.

그림 2-1 _ 1940년 국세조사 신고서

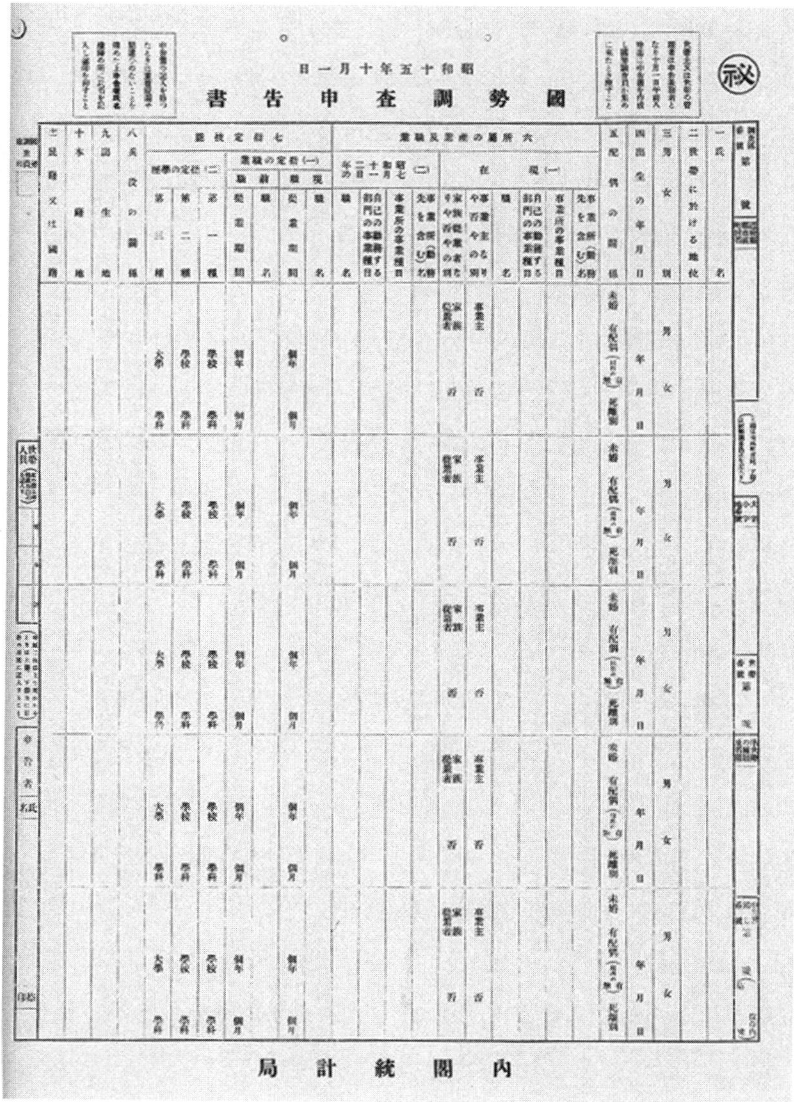

자료: 佐藤正広(2015).

2. 전국(일본 본토) 차원에서 본 재일조선인의 취업 구조

1) 식민지기 재일조선인의 인구, 성비, 유업률,[6] 산업별 구성의 추이

1940년의 재일조선인 취업 구조를 검토하기 전에 우선 식민지기의 재일조선인 수, 성별, 연령별 구성, 유업률 및 산업별 구성의 추이를 먼저 보기로 한다.

재일조선인 수의 추이를 보면 1910년대 후반에서 20년대 전반까지 높은 증가율을 보이다 20년대 후반에서 30년대 전반은 증가 추세가 약화되고 있다(〈그림 2-2〉). 여기에는 일본 정부의 조선인에 대한 도항 정책이 크게 작용하고 있다(丁振聲·吉仁成, 1998). 재일조선인은 1939년부터 다시 크게 증가하기 시작하는데 이것은 전시경제의 돌입에 따라 탄광 등에서 부족한 노동력을 충당하기 위한 조선인의 노무 동원이 1939년 7월부터 실시되었기 때문이다.[7]

1940년의 재일조선인 수는 124만 1315명으로 이는 노무 동원이 시작되기 직전인 1938년의 재일조선인 수보다 약 44만 4000여 명 증가한 숫자이

---

6) 제2차 세계대전 전에는 유업자 조사를 평상의 직업 유무에 의해 전 인구를 유업자와 무업자로 구분하는 이른바 '유업자 방식'을 따르고 있으며, 전후 조사에서 보이는 조사기일 전 1주간의 상태에 의해 노동력과 비노동력으로 구분하는 방식과는 상이하다. 유업 인구에는 연령의 제한이 없고 연소의 유업자를 포함하고 있는 점도 전후의 노동력 인구와 다르다(『昭和15年 国勢調査報告』의 「用語の解説」을 참조). 따라서 유업률은 전 인구에 대한 유업자의 비율로 계산된다. 한편 이 글에서는 '유업자'와 '취업자'를 병용하고 있다. 국제조사표의 데이터를 직접 설명하고 있는 부분에서는 '유업자'로 통일했으나, 국세조사표의 데이터를 직접 설명하고 있지 않은 부분에서는 취업자라는 용어도 함께 사용했다.

7) 일본 정부는 1939년 7월 후생차관, 내무차관의 연명으로 지방장관 앞으로 「朝鮮人労務者内地移住ニ関スル件」을 발출하는 한편, 조선총독부는 「朝鮮人労務者募集並渡航取扱要綱」을 제정하고 동년 9월부터 정무총감으로부터 도지사 앞으로 발출해 조선인 노무 동원이 시작되었다.

그림 2-2 _ 식민지기 재일조선인의 인구, 성비, 연령 구성, 유업률의 추이(1915~1945)

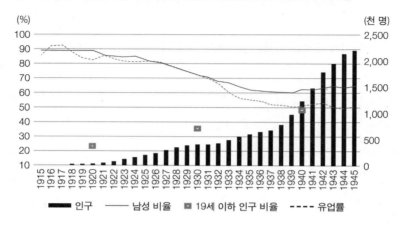

주: 인구는 국세조사를 베이스로 한 다무라 노리유키(田村紀之)의 추계이며, 남성 비율 및 유업률은 내무성 경보국
    (內務省警保局) 자료를 베이스로 한 다무라 노리유키의 추계임.
자료: 인구와 남성 비율은 田村紀之(1981), 유업률은 田村紀之(1982). 19세 이하 인구 비율은 국세조사(国勢調査,
    각 년).

다. 이 시기에 일본 본토로 노무 동원된 조선인 수는 1939년에 5만 3120명, 1940년에 5만 9398명으로 합계 약 11만 2000여 명 정도(이들의 약 65%가 탄광에 배치)로(西成田, 1997: 256)[8] 이것은 이 기간 중 증가한 재일조선인 수의 약 25% 정도이다. 따라서 1938년에서 1940년에 이르는 기간의 재일조선인 증가는, 노무 동원보다도 전시경제에 따른 일본 본토에서의 노동력 수요 증대에 따른 자발적 이주자의 증가에 의한 부분이 더 컸다고 생각된다.

성별 구성을 보면, 식민지 초기에는 압도적으로 남성의 비율이 높았지만, 점차 여성의 비율이 증가했다. 국세조사에 따르면, 1920년의 남성의 비율은 88.43%였지만, 1940년은 59.96%로 떨어졌다. 연차별 통계를 알 수 있는 내무성 자료에 따르면, 남성 비율은 1938~1939년에 60.7%까지 낮아진

---

8) 원 자료는 大藏省管理局, ≪日本人海外活動に關する歷史的調査≫, 통권 제10책, 조선편 제9분책.

후 1940년부터는 다시 증가해 1943년에는 64%를 넘어선다. 1930년대 말까지의 남성 비율 하락은 가족이 있는 재일조선인의 증대를, 1940년부터의 남성 비율 상승은 전시 노무 동원에 따른 독신 남성 이주의 증대를 반영하는 것이다.

연령별 구성을 보면 식민지 초기에는 20대가 압도적으로 많았으나 점차 20세 미만 연령층이 증가해, 1940년에는 19세 이하가 48.4%로 거의 절반을 차지하고 있다. 20세 미만의 연령층 증가 역시 가족이 있는 재일조선인의 증가를 반영하는 것이다.

유업률은 내무성 자료에 따르면 1920년대 중반까지 80% 이상의 매우 높은 수준이었지만, 1920년대 후반부터 하락해 1940년에는 51.48%까지 떨어졌다(국세조사에 따르면 42.2%). 유업률의 하락 역시 성별·연령별 구성의 움직임과 마찬가지로 가족을 형성한 재일조선인의 증가를 반영하는 것이라고 생각된다. 유업률은 1940년부터 1942년까지 다시 증가하는데 이것은 전시 노무 동원에 의한 단신 노동자의 이주가 증가했기 때문이다.

산업별 구성의 추이는 앞에서 언급한 내무성 자료를 통해 개략적인 내용은 알 수 있다. 그러나 내무성 자료의 이용 시에는 농업, 어업, 상업과 같은 산업적 분류와 유식적(有識的) 직업, 노동자와 같은 직업적 분류가 혼재되어 있다는 점, 그리고 시기에 따라 분류 항목이 다르기 때문에 시계열 자료로서 이용하기 곤란하다는 점에 유의해야 한다. 단, 1934년부터는 비교적 일관된 분류에 따라 집계되고 있다.

〈표 2-1〉은 내무성 경보국 자료를 이용해 정리한 재일조선인의 산업별 구성비의 추이를 보여주고 있다. 이에 따르면 노무 동원이 시작되기 전인 1938년까지는 선행 연구가 지적하고 있는 바와 같이 후기가 될수록 노동자의 비율은 감소하고 상업 부문 취업자는 증가하고 있다. 그러나 1938년 이후는 이러한 움직임이 역전되어 노동자의 비율은 증가하고 상업 부문 취업

표 2-1 _ 재일조선인의 산업별 구성 추이(1): 내무성 자료 (단위: %)

		1920년	1925년	1930년	1935년	1938년	1940년
관리/사무/전문직		0.42	0.19	0.17	0.35	0.46	0.59
농업		1.21	1.51	0.85	1.07	1.20	1.26
어업					0.10	0.05	0.06
상업	계	0.34	1.68	5.70	10.19	14.62	11.26
	각종 행상	0.01					
	각종 상업	0.33					
	보통 상인				1.49	1.60	1.64
	인삼·과자류·잡품				2.32	1.78	1.32
	노점·행상						
	폐품 회수업					11.25	8.29
	기타 잡업				6.37		
노동자	계	89.16	94.09	93.26	82.82	77.84	81.78
	탄광·광산	22.09	9.67	5.38	2.81	4.23	12.73
	각종 직공	26.47	22.85	21.62	28.08	29.19	25.91
	섬유				10.59	9.04	6.74
	금속·기계				6.56	8.71	9.40
	화학				10.93	9.14	7.87
	토목건축	16.66			24.82	22.87	23.56
	일용직·인부	20.54	52.67	58.35			
	운수·교통		0.55	0.55	2.12	2.25	2.26
	짐꾼(仲仕)				3.01	3.98	4.15
	수상 취업자		1.63	1.49			
	일반 사용인				7.77	6.26	4.57
	각종 고용인	3.40	6.71	5.88			
	기타 노동자				12.20	9.07	8.61
요리점 및 하숙업		0.13					
접객업			0.77		1.62	1.11	0.80
토건청부		0.71					
예창기(藝娼妓)			0.14	0.02			
기타 유업자		8.03	1.82		3.87	1.71	4.18
유업자 합계		100.00	100.00	100.00	100.00	100.00	100.00

주: 1) 비어 있는 칸은 당해년의 자료에 그 항목이 없음을 의미.
　　2) 운수·교통업은 통신업도 포함.
　　3) 일반 사용인은 점원, 가사 사용인 등임.
자료: 1920~1935년은 도노무라(2010: 100), 1938, 1940년은 필자 작성.
　　원자료는 内務省警保局(1920), 『朝鮮人槪況』, 内務省警保局(1925), 『大正14年中に於ける在留朝鮮人の狀況』.
　　1930년 이후는 内務省警保局, 『社會運動の狀況』.

자의 비율은 감소했다. 이러한 역전은 1939년부터 시작된 노무 동원에 따른 탄광 및 광산 노동자의 급격한 증가 때문이다. 1938~1940년 사이에 탄광 및 광산 노동자의 구성비는 4.2%에서 12.7%로 무려 8.5% 포인트나 증가했다.

1930년대에 들어와서 1938년까지 전체 노동자 비율이 감소한 것은 주로 토공이나 광산 노동자의 비중이 감소했기 때문이며, 공업 부문에 종사하는 노동자로 생각되는 '각종 직공'의 구성비는 증가했다. '각종 직공'의 부문별 내용을 보면, 섬유, 화학공업의 구성비가 감소한 반면, 금속·기계공업은 증가하고 있는데, 이것은 중화학공업의 발전 및 전시경제의 진전을 반영하고 있는 것으로 생각된다. 1940년에 '각종 직공'의 구성비가 하락한 것은 1938~1940년 중에 3만 7000명의 직공이 증가했음에도 불구하고, 광산 및 탄광노동자가 크게 증가했기 때문이다.

산업별 구성의 추이를 알 수 있는 자료는 내무성 자료 외에 국세조사 자료가 있다. 〈표2-2〉는 모리타 요시오(森田芳夫)가 국세조사를 이용해 산출한 산업별 구성인데, 여기에는 1920년, 1930년 국세조사 자료가 직업별 분류에 따른 것인 반면, 1940년 조사는 산업별 분류에 따른 것이어서, 동일한 기준으로 산출된 구성비가 아니라는 문제가 있다. 예를 들어 1930년 이전의 기타 유업자란 급사, 잡역부, 일용 노동자 등을 포함하는 직업별 분류의 '기타 유업자' 수치인 반면, 1940년의 기타 유업자는 산업별 분류의 '기타 산업에 취업하고 있는 유업자' 수치이다. 그런데 '기타 산업'이란 다른 산업 분류 항목에 들어맞지 않는 산업을 의미하는 것으로 '기타 산업에 취업하고 있는 유업자'는 1930년 조사의 '기타 유업자'와는 전혀 다른 개념이다. 즉 〈표 2-2〉의 기타 유업자의 항목은 1930년 이전과 1940년의 내용이 전혀 다른 것이기 때문에 이들을 함께 비교하는 것은 의미가 없다.

이런 문제점에도 불구하고 〈표 2-2〉를 통해서도 광업의 비중은 1930년

표 2-2 _ 재일조선인의 산업별 구성 추이(2): 국세조사   (단위: 명, %)

	인원			구성비		
	1920년	1930년	1940년	1920년	1930년	1940년
농업	1,287	20,058	27,584	3.7	7.7	5.3
수산업	594	1,444	4,115	1.7	0.6	0.8
광업	5,534	16,304	68,883	15.7	6.3	13.1
공업	19,428	138,144	272,495	55.2	53.1	51.9
상업	1,773	26,848	83,075	5.0	10.3	15.8
교통업	4,113	20,986	38,101	11.7	8.1	7.3
공무 자유업	372	1,474	12,474	1.1	0.6	2.4
기타 유업자	2,109	31,372	14,841	6.0	12.1	2.8
가사 사용인	4	3,368	3,310	0.0	1.3	0.6
합계	35,214	259,998	524,878	100.0	100.0	100.0

주: 1) 토목건축업은 공업에 포함.
　　2) 1920년과 1930년의 기타 유업자는 직업별 분류의 기타 유업자 항목의 수치이며, 1940년은 산업별 분류의
　　　 기타 산업의 수치이다.
자료: 森田(1996), 제25표. 원자료는 1920년은 内閣統計局, 「大正9 年国勢調査記述編」, 1930년은 内閣統計局,
　　　「昭和5年国勢調査最終報告書」, 1940年은 総理府統計局, 「昭和15年国勢調査統計原票」.

에 크게 감소하지만, 1939년부터 시작된 전시 노무 동원의 영향으로 1940
년에는 다시 크게 증가했다는 점, 그리고 상업의 비중이 뚜렷하게 일관되
게 증가하고 있음을 알 수 있다. 그러나 공업 부문에 제조업 부문과 토목건
축업이 함께 포함되어 있어 제조업 부문의 비중과 토목건축업 부문의 비중
의 추이는 알 수 없다.

　이상에서 살펴본 바와 같이 기존 연구를 통해 재일조선인의 개략적인 취
업 구조 상황을 파악할 수는 있으나, 정확한 산업별, 직업별 취업 구조는 여
전히 명확하게 밝혀져 있지 않다. 이하에서는 1940년 국세조사 통계 원표를
이용해 당시 재일조선인의 산업별, 직업별의 취업 구조를 소분류의 수준까지
내려가 밝히고자 한다. 단, 1940년 국세조사 통계 원표는 일 시점의 통계이

기 때문에 시계열적인 움직임을 알 수 없다는 단점이 있다. 이를 보완하기 위해서 한정된 범위에서이지만 1930년 국세조사 자료와의 비교도 시도했다.

2) 산업별 구성

1940년 국세조사에 따르면, 1940년의 재일조선인 인구는 124만 1315명이며 이 중 유업자는 52만 3292명으로 유업률은 42.2%였다(〈표 2-3〉). 우선 유업자의 산업 대분류별 구성을 보면, 재일조선인 유업자가 가장 많이 취업하고 있던 산업은 전 유업자의 32.9%가 취업하고 있던 공업 부문이었다. 그다음으로 토목건축업 19.2%, 상업 15.9%, 광업 13.2%, 교통업 7.3%, 농업 5.3% 순이다.[9] 기존 연구가 이미 지적한 바와 같이 1940년의 재일조선인의 주된 취업 부문은 토목건축업이나 광업이 아닌 공업 부문임을 다시한 번 확인할 수 있다.

농업 부문에서의 주요 업종은 도작(稻作)과 숯 제조였으며, 광업 부문에서는 석탄 광업의 비중이 압도적이었다. 이것은 1939년부터 노무 동원된 조선인의 과반수가 탄광에 배치되었다는 것을 반영하고 있다.

공업 부문에서는 금속 7.0%, 방직 6.5%, 기계 기구 5.9%, 요업 및 토석업 3.7%, 화학 3.6%의 순으로 많다. 이 역시 기존 연구가 이미 밝힌 바와 같이 방직이나 요업·토석업보다 금속·기계 부문의 취업이 더 많았음을 확인할 수 있다. 이하에서는 산업 중분류 및 소분류별 구성까지 내려가서 재일조선인이 구체적으로 어떤 산업 부문에 종사하고 있었는지를 살펴보기로 한다.

---

9) 1940년 국세조사의 산업 대분류에는 토목건축업이 공업에 포함되어 있지만, 이 글에서는 토목건축업을 공업에 포함시키지 않고 별도로 표시했다.

표 2-3 _ 재일조선인의 산업별 취업 구조(1940년)

(단위: 명, %)

대분류 산업	총수	남자	여자	중분류 산업	총수	여자	소분류 산업	총수	여자
농업	27,586 (5,3)	20,925 (4,5) [75,9]	6,661 (12,5) [24,1]	농경업	13,327	4,116	도작	9,570	3,054
				임업	11,756	2,350	술 제조업	9,206	2,199
							삼림업	2,469	
수산업	4,115 (0,8)	3,591 (0,8) [87,3]	524 (1,0) [12,7]	어로 제조(採藻)업	4,080	520	어로 제조업	3,900	519
광업	68,883 (13,2)	66,645 (14,2) [96,8]	2,238 (4,2) [3,2]	채광업	61,440	1,747	석탄(이탄 포함) 광업	51,011	1,549
							금속 광업	9,258	
				토석 채취업	7,443	491		7,443	491
공업	172,237 (32,9)	143,142 (30,5) [83,1]	29,095 (54,6) [16,9]						
금속	36,856 (7,0)	34,808 (7,4) [94,4]	2,048 (3,8) [5,6]	기타 금속공업	16,768	1,679	볼트, 너트, 도금 및 제조업	2,648	141
							금속판 제품 제조업	3,038	257
							기타 금속제품 제조 가공업	2,276	606
							건축용 및 가구용 철물 제조업	1,707	324
				금속 정련 및 제료품 제조업	10,965		철 정련업 및 제료품 제조업	8,540	
				주물	7,793		선철 주물업	5,392	
기계 기구	30,714 (5,9)	29,465 (6,3) [95,9]	1,249 (2,3) [4,1]	공작기계 기구 제조업	6,912		절삭 연마용 금속 공작기계 제조업	3,174	
				총포, 탄환, 병기류 제조업	2,531		철포, 탄환, 병기 제조업	2,531	
				선박 제조업	2,610		강선(鋼船) 제조업	2,473	
				전기기계 기구류 제조업	2,828		전기기계 기구 제조업	2,300	
화학	18,595	16,279	2,316	고무 제품류 제조업	3,499	738	고무 제품 제조업	3,269	723

산업 (대분류)	총수	남자	여자	산업 (중분류)	총수	여자	산업 (소분류)	총수	여자
	(3.6)	(3.5) [87.5]	(4.3) [12.5]	기타 화학공업	3,457	337	광물질 및 배합비료 제조업	1,510	
가스, 전기 및 수도	1,741 (0.3)	1,718 (0.4) [98.7]	23 (0.0) [1.3]						
요업 및 토석업	19,535 (3.7)	15,713 (3.3) [80.4]	3,822 (7.2) [19.6]	도자기 제조 및 그림붙이기(絵付)업	3,961	151	도자기 제조업	3,750	1,475
				유리 및 유리 제품 제조업	7,814	989	유리 및 유리 제품 제조업	7,814	989
				기타 요업	3,621	791	벽돌 및 내화물 제조업	1,852	443
방직	33,836 (6.5)	19,513 (4.2) [57.7]	14,323 (26.9) [42.3]	기타 방직공업	8,889	3,614	제품업	7,747	3,153
							기타 날염업	1,842	
				염색 및 정리업	7,930	1,046	표백 정리	1,617	351
				직물업	6,781	4,456	순면직물 제조업	1,737	1,329
							순인조견 직물 제조업		1,079
							순견직물 제조업		636
				편물 조물업	3,463	1,180	메리야스 제품 제조업	1,703	704
				방직업	3,212	2,180	연사방직업	1,952	1,385
제재 및 목제품	7,761 (1.5)	7,105 (1.5) [91.5]	656 (1.2) [8.5]	목제품 공업	3,881	488	기타 목제품 제조업	1,487	
				제재 및 합판업	3,880		제재업	3,480	
식료품	4,721	3,900	821						

산업	대분류 총수	대분류 남자	대분류 여자	중분류 산업	중분류 총수	중분류 여자	소분류 산업	소분류 총수	소분류 여자
	(0.9)	(0.8) [82.6]	(1.5) [17.4]						
인쇄 및 제본	1,807 (0.3)	1,608 (0.3) [89.0]	199 (0.4) [11.0]						
기타 공업	16,671 (3.2)	13,033 (2.8) [78.2]	3,638 (6.8) [21.8]	기타 잡공업	3,560	813			
				종이 제품 제조업	1,816	643			
				다타미, 짚, 종려, 사나다(真田)류 제품 제조업	1,510	716			
				피혁 제품 제조업	3,344		피혁 제품 제조업	2,297	
토목건축업	100,258 (19.2)	99,591 (21.2) [99.3]	667 (1.3) [0.7]						
상업	83,080 (15.9)	73,714 (15.7) [88.7]	9,366 (17.6) [11.3]	물품 판매업	73,651	5,442	고물상	38,104	3,156
							신문 발행 판매업	5,224	
							철재, 강재 판매업	2,572	
				접객업	6,768	3,772	요리점, 음식점업	5,947	3,440
교통업	38,101 (7.3)	37,530 (8.0) [98.5]	571 (1.1) [1.5]	운수업	37,694	513	기타 육상 운수업	18,640	318
							화물자동차 운송업	6,033	
							선박 운수업	5,422	
							소 운송업	3,413	
공무, 자유업	10,882 (2.1)	10,097 (2.1) [92.8]	785 (1.5) [7.2]	의료, 위생	6,870	537	청소업	3,417	

산업	대분류			중분류			소분류		
	총수	남자	여자	산업	총수	여자	산업	총수	여자
가사업	3,310 (0.6)	944 (0.2) [28.5]	2,366 (4.4) [71.5]						
기타 산업	14,841 (2.8)	13,799 (2.9) [93.0]	1,042 (2.0) [7.0]						
유업자 수	523,293 (100.0) [100.0]	469,978 (100.0) [89.8]	53,315 (100.0) [10.2]						
유업률	42.2	63.1	10.7						

주: 대분류의 ( )의 수치는 당해 산업 유업자의 전체 유업자에 대한 비율이며, [ ]의 수치는 당해 산업 부문 내에서의 남성과 여성 유업자의 비율이다.
자료: 総理府統計局(1940), 「昭和15年 国勢調査統計原票 第21表(内地全体)」.

금속 부문의 주요 업종은 기타 금속공업, 금속 정련 및 재료품 제조업, 주물업 등이었으며, 기계 기구 부문의 주요 업종은 공작기계 기구 제조업, 전기기계 기구류 제조업, 선박 제조업, 총포·탄환·병기 제조업 등이었다. 화학 부문의 주요 업종은 고무 제품 제조업이며 요업에서는 유리, 도자기업의 비중이 컸다. 방직 부문은 방적업 부문보다도 직물업이나 염색 및 정리업, 기타 방적공업(재봉업 등)과 같은 부문의 비중이 컸다.

상업에서는 물품 판매업이 가장 큰 비중을 차지하고 있는데 그 절반이 고물상이다. 그다음으로 접객업이 많은데 그 대개는 요리점·음식점업이다. 고물상만으로 유업자 전체의 7.3%를 차지하고 있는데, 이 시기에는 전시경제의 영향으로 금속 관련 폐기물 등의 처리 수요가 많아지면서 이 부문에서의 취업이 더 많아졌다고 생각된다(木村健二, 1992).

교통업에서는 운수업의 비중이 가장 큰데 그중에서도 기타 육상 운수업이 가장 많으며 그다음이 화물자동차 운송업이다. 공무 자유업에서 가장 큰 비중을 차지하고 있는 것은 의료 위생업인데 그 절반은 청소업(주로 분뇨 처리)이다.

이상으로부터 산업별 구성의 특징으로 다음과 같은 점을 지적할 수 있다.

첫째, 공업 부문에 가장 많은 재일조선인들이 취업하고 있었다. 공업 부문 중에서는 금속 및 기계 기구 부문이 큰 비중을 차지하고 있었는데 이것은 1930년대에 진행된 중화학공업의 발전과 전시경제의 영향이라고 생각된다.

둘째, 영세 경영적 성격의 업종 비중이 컸다. 섬유 부문의 재봉업이나 메리야스 제조업, 고무 제품 제조업, 요업 부문의 도자기 및 유리 제조업, 기타 공업의 피혁 제품 제조업이나 기타 잡공업 등은 대표적인 영세 공업 부문이라고 할 수 있다. 기계 기구나 금속 부문도 그 소분류의 내용을 보면, 볼트·너트 제조업, 금속판 제품 제조업, 기계 기구 제조업과 같은 영세한 경영이 다수 존재하는 부문에 많은 재일조선인이 취업하고 있다. 공업 부문 이외의 고물상, 요리점·음식점, 기타 육상 운수업, 청소업 등도 영세한 경영이 많은 부문이다.

셋째, 작업환경이 나쁜 이른바 3D 업종의 비중이 크다. 고무, 피혁, 염색, 탄광업, 토목건축업, 청소업 등은 대표적인 3D 업종이라고 할 수 있다.

3) 직업별 구성

전체 유업자에 대한 직업 대분류별 구성을 보면, 경영자·사무자, 기술자, 작업자, 공무자·자유직업자·기타 직업이 각각 1.40%, 0.22%, 98.13%, 0.25%로, 작업자의 비중이 압도적으로 크고 작업자 이외의 직업군은 불과 1.87%를 차지하고 있을 뿐이다(〈표 2-4〉). 이하에서는 1940년의 재일조선인 경영자, 기술자, 작업자에 대해 1930년 조사와 비교하면서 그 특징을 보기로 한다.

표 2-4 _ 재일조선인이 직업별(대분류) 구성(1940년)　　　　　　　　　　　(단위: 명, %)

직업	합계		남		여	
	(명)	(%)	(명)	(%)	(명)	(%)
경영자	1,042	0.20	977	0.21	65	0.12
사무자	6,274	1.20	5,864	1.25	410	0.77
기술자	1,157	0.22	1,141	0.24	16	0.03
작업자	513,508	98.13	460,869	98.06	52,639	98.73
공무자, 자유직업자, 기타	1,311	0.25	1,126	0.24	185	0.35
유업자 계	523,292	100.00	469,977	100.00	53,315	100.00

자료: 総理府統計局(1940),「昭和15年 国勢調査統計原票 第21表(内地全体)」.

(1) 경영자

경영자는 1042명으로 전체 유업자의 0.19%에 불과하지만, 재일조선인의 신분적 상승의 도달점이라는 의미에서 검토할 가치가 있다.

산업별로 경영자의 구성비를 보면 공업 부문과 상업 부문이 높으며, 이 두 부문이 전 경영자의 80% 이상을 차지하고 있다(〈표 2-5〉). 공업 부문의 경영자는 436명(전 경영자의 41.8%)인데, 금속, 기계 기구, 섬유, 화학공업에 많다. 조선인 경영자가 많은 업종은 볼트, 너트, 좌금(座金, 따리쇠) 및 못 제조업(26명), 고무 제품 제조업(22명), 유리 및 유리 제품 제조업(13명), 재봉업(34명) 등 영세 공업 부문에 속하는 것들이 많은 것으로 보아 공업 부문 경영자의 대부분이 영세한 경영 규모의 경영자였을 것으로 생각된다. 그러나 대경영으로의 발전이 가능한 면사방적업에도 경영자의 존재가 확인된다.

상업 부문의 경영자 수는 417명(전 경영자의 40.0%)으로, 물품 판매업 148명(14.2%), 접객업 232명(22.3%), 매개 주선업 25명(2.4%)이 대부분을 차지하고 있다. 물품 판매업에서의 주요 업종은 고물상(35명), 무역업(12명), 매개 주선업의 주요 업종은 노무 공급업(20명)이며, 접객업의 주요 업종은 요리점·음식점업(164명), 여관·하숙업(63명)이다. 여성 경영자는 거의 대부분이 접객업에 종사하고 있다(65명 중 53명).

이 외에 토목건축업에 88명(8.4%), 광업에 34명의 경영자가 있었다. 경영자가 등장하고 있는 산업은 조선인 유업 인구가 많은 부문이며 또한 영세 경영이 주된 경영 형태인 부문이었음을 알 수 있다.

재일조선인 경영자가 식민지기에 어떤 성장을 해왔는지는 통계 자료를 통해 확인하기 어렵다. 1930년 국세조사에는 경영자라는 항목은 나타나지 않고 대신 업주라는 항목이 있지만, 1940년의 경영자와 1930년의 업주는 그 인원수나 업종별 분포에서 큰 차이가 나고 있다.

1930년의 업주는 1만 1458명, 그 구성비는 4.41%로 1940년의 경영자보

표 2-5 _ 재일조선인 경영자의 산업별 구성   (단위: 명, %)

1940년의 경영자					1930년의 업주		
산업		합계		남	여	산업	(명)	(%)
		(명)	(%)	(명)	(명)			
농림		14	1.3	13	1	농림 축산	1,572	13.7
수산		6	0.6	6		어업	208	1.8
광업		34	3.3	34	0	채취업	514	4.5
공업	금속	112	10.7	112	0	제조업		
	기계 기구	92	8.8	91	1			
	화학	55	5.3	55	0			
	요업 토석업	21	2.0	21	0			
	방직	82	7.9	79	3			
	제재/목제품	10	1.0	10	0			
	식료품	16	1.5	15	1			
	인쇄	3	0.3	3	0			
	기타 잡공업	45	4.3	45	0			
	소계	436	41.8	431	5		891	7.8
토목건축		88	8.4	87	1	토목건축업, 청부업자	1,409	12.3
상업	물품 판매	148	14.2	147	1	물품 판매업주	3,323	29.0
	매개 주선업	25	2.4	23	2			
	금융 보험업	5	0.5	4	1			
	예금·임대업	3	0.3	3	0			
	오락 흥업	3	0.3	3	0			
	접객업	232	22.3	179	53	여관, 하숙업자	567	5.0
						요리점, 음식점, 유흥업(貸席業, 置屋)주	706	6.2
	기타 상업	1	0.1	1	0			
	소계	417	40.0	360	57			
교통업		33	3.2	32	1			
통신업		2	0.2	2	0			
공무 자유업	기타 교육	1	0.1	1	0	목욕탕업자, 사용인	1,971	17.2
	이발 이용	1	0.1	1	0			
	청소업	10	1.0	10	0			
						기타	297	2.6
합계		1,042	100.0	977	65	합계	11,458	100.0

자료: 総理府統計局(1940), 「昭和15年 国勢調査統計原票 第21表(内地全体)」. 1930년의 수치는 『昭和5年国勢調査報告』.

다 10배 이상 많다. 또 업주의 직업별 분류를 보면 물품 판매업 29.0%, 욕장(浴場) 업주·사용인 17.2%, 농림 축산 13.7%, 토목건축업부·청부업자 12.3%이다. 요리점·여관이 11.1%이며, 제조업은 7.8%에 불과하다. 이러한 차이는 '업주'와 '경영자' 정의의 차이에 의한 것으로 생각된다.

「소화15년 국세조사에서의 직명기입 상의 주의」(內閣統計局, 1942)에 따르면 경영자는 다음과 같이 정의되고 있다.

> ① 경영자: 스스로 직접 기사의 일이나 작업적 또는 사무적인 작업도 하지 않고 단지 경영 조직이나 인원 배치 기타 경영 방침을 정하고 사업을 관리하는 것만을 일로 하는 자. 예를 들면 사무는 담당하지 않는 회사의 중역 또는 극장 호텔, 식당 등의 경영자가 이에 해당한다.
> ② 보통 사업 또는 경영주로 불리는 자도 직접, 구매나 판매, 설계, 제조, 농경, 목축 등에 종사하는 자는 '① 경영자'가 아니다. 반대로 지점장, 공장장 등이어도 사무나 작업과 같은 실제의 일을 하지 않는 자는 '① 경영자'이다.

한편 작업자에 대해서는 "독립적인 사업의 주재자여도 스스로 실제로 제조, 가공, 판매, 구매 등에 종사하고 있는 자는 작업자"로 한다고 정의되어 있다.

당시 재일조선인이 경영하는 사업체는 대체로 영세하기 때문에 경영자가 경영관리만이 아니라 실제의 업무도 함께 하고 있는 경우가 많을 것으로 예상되는데, 위와 같은 정의에 따라 집계하게 되면 이러한 사람들이 경영자가 아니라 작업자로 분류될 가능성이 크다. 따라서 1940년 국세조사는 경영자 정의의 특성상, 실제의 경영자 수를 과소 집계했을 가능성에 있다.

실제로 1940년의 국세조사에 따르면 고물상 부문의 재일조선인 경영자는 야마구치(山口)현에서 2명에 불과(모두 시모노세키시)하지만, 기무라 겐지(木村健二, 1992)에 따르면, 1939년에 야마구치현에 34명, 시모노세키시에서 15명이 확인된다고 한다. 1940년 국세조사에서 야마구치현의 재일조선인 고물상 업종의 작업자(물품 매매업자, 중매인)는 292명인데 이 중의 일부는 판매나 구매 업무를 스스로 하면서 영업점을 경영하는 경영자일 가능성이 많다.

반면, 1930년 국세조사는 독립적인 사업의 주재자를 업주로 파악했기 때문에 그 인원이 많게 되고, 1인 경영이 많을 것으로 생각되는 물품 판매업, 농림 축산업 등의 비중이 크게 나타났다고 생각된다.

(2) 기술자

기술자는 경영자와 함께 재일조선인이 도달할 수 있는 가장 상위 계층이라고 할 수 있는데, 국세조사에서 기술자로 집계된 재일조선인은 1157명으로 전체 유업 인구의 0.22%에 불과했다.

기술특성에 따라 분류하면 광공 기술자가 689명으로 전체 기술자의 약 60%를 차지하고 있다(〈표 2-6〉). 그다음으로 교통·통신 기술자(190명), 의사·약제사(173명) 순이다.

광공 기술자 중에 가장 큰 비중을 차지하고 있는 것은 토목 기술자(235명)이며 건축 기술자(34명)를 포함하면 토목건축 분야의 기술자가 전체 기술자의 23.2%가 된다. 그다음으로 기계 분야(기계 기술자 96명, 전기기계 기술자 24명, 계 120명), 전기 분야의 기술자(82명)가 많다. 그 외에 광산 기술자와 염색 기술자, 화학 기술자가 많은데, 방직 기술자보다 염색 기술자가 훨씬 많은 것이 주목된다. 제조업 분야의 기술자를 따로 집계해 보면 모두 273명으로 전체 기술자의 23.6%이다.

교통·통신 기술자는 선박 관계 기술자(153명, 9.9%)가 대부분이며, 의사·

표 2-6 _ 재일조선인 기술자의 기술 특성별 구성비   (단위: 명, %)

1940년의 기술자					1930년의 기술자, 직원, 감독		
기술 특성	계 (명)	계 (%)	남 (명)	여 (명)	기술 특성	(명)	(%)
농림 수산 기술자	27	2.3	27	0	잠업·어업 기술자 및 직원	8	1.2
광공 기술자					광공 기술자		
광산 기술자	32	2.8	32	0	채탄, 및 광산 기술자, 직원, 감독	39	6.0
야금 기술자	7		7	0	정련 기술자, 감독	1	
기계 기술자	96	8.3	95	1	기계 관련 기술자, 직원	4	
전기기계 기술자	24	2.1	24	0			
전기통신기계 기술자	31	2.7	31	0			
항공기 기술자	3		3	0			
조선 기술자	6		6		조선 기계 기술자, 감독	4	
화학 기술자	31	2.7	30	1	화학공업 기술자, 직원, 감독	13	2.0
전기화학 기술자	6		6	0			
화약 기술자	4		4				
요업 기술자	7		7	0	요업, 토석 가공 기술자, 직원, 감독	17	2.6
렌즈 기술자	1		1				
식료품 기술자	7		7	0			
양조 기술자	4		4	0			
방직 기술자	9		8	1	방적, 방적품 제조 기술자, 직원, 감독	51	7.8
					피복, 장신품 제조 기술자, 직원	2	
염색 기술자	33	2.9	33	0			
목공 기술자	11	1.0	11	0			
(제조업 부문 소계)	273	23.6	270	3			
토목 기술자	235	20.3	235	0	토목건축 기술자, 직원, 감독	340	52.3
건축 기술자	34	2.9	34	0			
전기 기술자	82	7.1	82	0	전기 기술자	3	
기타 공업 기술자	26	2.2	25	1	기타 기술자, 직원	1	
소계	689	59.6	685	4	소계	475	73.1
교통, 통신 기술자	190	16.4	190	0	선장, 선박 운전수, 선박 기관사	131	20.2
의사, 약제사	173	15.0	165	8	의사, 약제사	36	5.5
기상 기술자, 기상수	2		2	0			
이과학 연구원	76	6.6	72	4			
합계	1,157	100.0	1,141	16	합계	650	100.0

자료: 総理府統計局(1940), 「昭和15年 国勢調査統計原票 第21表(内地全体)」. 1930년의 수치는 『昭和5年国勢調査報告』.

약제사는 의사, 치과 의사, 약제사이다. 이과학 연구원의 절반은 의학연구원이며 광공학 연구원은 11명에 불과하다.

1930년 국세조사에서는 기술자가 650명, 전체 유업 인구의 0.25%이다. 기술 특성별로 보면 토목건축 기술자가 전체 기술자의 52.3%, 선박 관계 기술자가 20.2%를 차지하고 있으며, 공업 부문의 기술자는 11.5%에 불과하다. 1930년에서 1940년 사이에 재일조선인 기술자는 약 1.8배 증가했으며, 제조업 부문의 비중이 크게 증가했음을 알 수 있다. 특히 1930년에는 거의 나타나지 않았던 기계 분야의 기술자와 전기 기술자가 1940년에는 다수 등장하고 있음이 주목된다. 한편 방직 부문의 기술자는 염색 기술자를 포함해도 1940년에는 오히려 줄어들었는데, 그 이유는 확실하지 않으나 1930년에는 기술자 외에 직원도 포함되어 있기 때문일 가능성도 있다.

1940년의 기술자를 산업별로 분류해 보면, 공업 부문이 365명으로 전체의 31.5%를 점하고 있으며, 다음으로 토목건축업, 공무·자유업, 교통업의 순이다. 공업 부문에서는 기계 기구 제조업이 178명으로 가장 많다. 상업 부문에는 물품 판매업에 77명의 기술자가 있는데 이 중 66명이 약제사이다. 운수업에 147명의 기술자는 선박 기관사 84명 등 대부분이 선박 관계의 기술자이다.

(3) 작업자

재일조선인 유업 인구의 압도적 비중을 차지하고 있는 작업자에 대해 살펴보기로 한다(〈표 2-7〉).

작업자 중에서 가장 큰 비중을 차지하는 것은 제조 관련 작업자로 전체 작업자의 25.3%를 차지하고 있다. 그다음으로 토목건축 작업자(18.7%), 상업적 작업자(12.2%), 채취 작업자(12.2%), 운반 운수 작업자(11.8%), 기타 작업자(10.6%)가 많다.

표 2-7_ 작업자의 직업별 구성

(단위: 명, %)

직업 (1940년)	총수 (명)	(%)	남 (명)	(%)	여 (명)	(%)	직업 (1930년)	(명)	(%)
농·림·축산 작업자	26,995	5.3	20,367	4.4	6,628	12.6	농·림·축산 작업자	18,440	7.5
수산 작업자	3,244	0.6	2,687	0.6	557	1.1	수산 작업자	1,233	0.5
광물, 토석 등의 채취 작업자	62,761	12.2	61,041	13.2	1,720	3.3	광물, 토석 등의 채취 작업자	15,751	6.4
제련 작업자	1,741	0.3	1,720	0.4	21	0.0			
제도, 현도 작업자	224	0.0	220	0.0	4	0.0			
제조업 부문 작업자	129,976	25.3	104,295	22.6	25,681	48.8	제조업 부문 작업자	69,549	28.3
금속 기계 관련 작업자*	47,463	9.2	45,268	9.8	2,195	4.2	금속기계	12,916	5.3
화학제품 제조 작업자	11,338	2.2	9,743	2.1	1,595	3.0	화학	5,934	2.4
요업, 토석류의 가공 작업자	13,143	2.6	10,322	2.2	2,821	5.4	요업토석업	8,416	3.4
방직품 제조 작업자	22,943	4.5	12,455	2.7	10,488	19.9	섬유	26,728	10.9
피복, 일상용품 제조 작업자	11,392	2.2	7,056	1.5	4,336	8.2			
토목건축 작업자	96,016	18.7	95,563	20.7	453	0.9	토목건축 작업자	62,021	25.2
전기 관련 작업자	632	0.1	609	0.1	23	0.0	전기 관련 작업자	360	0.1
그림, 도장, 메기 작업자	4,923	1.0	4,617	1.0	306	0.6			

분류	실수	%	남	%	여	%	분류	실수	%
실험, 시험, 검사 작업자	694	0.1	438	0.1	256	0.5			
운수, 운반 작업자	60,535	11.8	59,668	12.9	867	1.6	운수, 운반 작업자	20,518	8.3
점간, 배달부(荷扱夫, 仲仕, 倉庫夫, 運搬夫, 配達夫)	45,294	8.8	44,553	9.7	741	1.4	점간(仲仕, 荷扱夫, 運搬夫)	10,805	4.4
통신 작업자	238	0.0	183	0.0	55	0.1	통신 작업자	47	0.0
의료, 이용 종사자	1,463	0.3	1,238	0.3	225	0.4	의료, 이용 종사자	1,119	0.5
상업적 작업자	62,843	12.2	58,076	12.6	4,767	9.1	상업적 작업자	14,556	5.9
물품 매매업자, 중개인	42,643	8.3	41,306	9.0	1,337	2.5	점원, 판매원	5,119	2.1
점원, 판매원, 주문 받기, 수금원	20,200	3.9	16,770	3.6	3,430	6.5	노점(포장마차를 포함)	7,639	3.1
접객자	3,338	0.7	427	0.1	2,911	5.5	접객자	4,741	1.9
가사 사용인	3,280	0.6	912	0.2	2,368	4.5	가사 사용인	3,368	1.4
기타 작업자	54,596	10.6	48,801	10.6	5,795	11.0	기타 작업자	34,310	13.9
소사, 급사, 접역자	23,270	4.5	20,288	4.4	2,982	5.7	접역부	8,708	3.5
기타 작업자	22,119	4.3	20,170	4.4	1,949	3.7	일용(日傭, 일용이라고만 신고한 자)	19,125	7.8
불명	9	0.0	7	0.0	2				
합계	513,508	100.0	460,869	100.0	52,639	100.0	합계	246,013	100.0

주: *는 금속 재료의 제조 가공 작업자, 기구 기구 제작 작업자, 기계 기구 마무리, 조립, 수선 작업자의 합계.
자료: 総理府統計局(1940), 「昭和15年 国勢調査統計原票 第21表(内地全体)」. 1930년의 수치는 「昭和5年 国勢調査報告」.

제조 관련 작업자 중에서 큰 비중을 차지하는 직종은 방직품 제조 작업자(4.5%), 금속·기계 부문 작업자(9.2%), 요업 토석류 가공 작업자(2.5%), 피복·일상용품 제조 작업자(2.2%), 화학제품 제조 작업자(2.2%) 등이다.

토목건축 작업자의 압도적 부분(90%)은 기타 토목건축 작업자로 이들은 목수나 미장이, 석공 등의 기능자가 아닌 단순 육체노동자들이다. 상업적 작업자는 물품 매매업자와 점원 등이며, 운반 운수 작업자의 대다수는 짐꾼이나 배달부(荷扱夫, 仲仕, 倉庫夫, 運搬夫, 配達夫)이다. 기타 작업자의 약 절반은 심부름꾼과 같은 잡역자(小使, 給仕, 雜役者)이다.

이처럼 전체 작업자 중에 제조 관련 작업자는 약 1/4밖에 되지 않으며, 단순 육체노동자이거나 점원, 급사와 같은 보조적 업무에 종사하는 사람들이 과반을 차지하고 있음을 알 수 있다.

제조 관련 작업자의 숙련 정도를 국세조사 자료로서는 판단할 수 없으나, 일정한 숙련을 필요로 하는 작업자의 축적도 진행되고 있었다고 생각된다.[10] 예를 들면, 일정한 숙련을 요할 것으로 생각되는 공작기계 운전공(선반공 등)은 9696명에 달하고 있었다.

1930년과 비교하면 1940년은 전체 작업자 수가 2배 이상 증가했는데, 그 작업자별 구성비를 보면 채취 작업자의 비율이 크게 늘고 제조업 관련 작업자 비율은 근소하게 감소했으며, 토목건축업자의 비율은 크게 감소했다.

---

10) 『社会運動の状況』은 재일조선인 노동자 상황에 대한 보고 중에 재일조선인 노동자는 토건 노동자나 짐꾼(仲仕)과 같은 불숙련 노동자가 다수이고, 각종 공업에 종사하는 사람도 대개 불숙련공으로서 잡역에 종사하고 있음을 강조하고 있으나, 1934년부터는 도쿄, 오사카, 효고(兵庫), 아이치(愛知)의 각 부현(府県)에 있는 화학, 전기, 출판, 식료품 산업의 노동자, 교토, 오사카, 효고, 아이치, 기후(岐阜), 후쿠이(福井), 오카야마(岡山), 히로시마(広島), 시가(滋賀)의 각 부현의 방적, 직물, 제사업에 종사하는 여공, 후쿠오카(福岡), 홋카이도(北海道), 나가사키(長崎)의 광산에서 일하는 상용 광부의 일부에 숙련공이 존재하고 있다는 사실을 특례로서 보고하고 있다. 그러나 1938년부터는 이런 지적은 없어지고 조선인 노동자의 대부분이 토목건축, 짐꾼, 광산 노동자와 같은 육체노동자로서 그 소질이 극히 저열하다는 것만 강조하고 있다.

채취 작업자의 비율이 상승한 것은 노무 동원의 영향을 반영하는 것이며, 토목건축 관련 작업자의 비율 감소는 1920년대의 토목업 비중의 감소 경향이 1930년대에도 계속되고 있음을 보여주고 있다. 제조업 관련 작업자의 구성을 보면 금속·기계 부문 비율의 증가와 섬유 부문 비율의 감소가 뚜렷이 나타나고 있으며, 화학제품 제조 작업자의 비율은 큰 변화가 없다.

운수 작업자의 비율은 증가하고 기타 작업자의 비율은 감소했는데, 여기에는 분류 항목의 차이에 의한 부분이 크다고 생각된다. 즉 1930년에는 기타 작업자에 심부름꾼과 일용 노동자가 포함되어 있으나 1940년의 기타 작업자에는 일용 노동자의 항목이 없어 일용 노동자는 기타 작업자가 아닌 운수 운반이나 토목건축 작업자에 포함되어 있을 가능성이 크다. 1940년의 기타 작업자와 운수 운반 작업자를 합계해 보면 1930년과 1940년 사이에 큰 변화가 없다.

4) 공업, 운수업, 물품 판매업의 직업별 구성

국세조사 자료는 산업별로 각 직업별 종사자 수를 기재하고 있어 산업별의 직업 구성을 알 수 있다. 여기서는 취업 인구가 많은 공업, 운수업, 상업의 물품 판매업에 대해 그 직업 구성을 보도록 하겠다.

공업 부문의 직업별 구성을 보면, 작업자로 분류된 16만 9884명 중 제조 관련 작업자의 비중은 74.1%이며, 그 외의 작업자가 25.9%이다(〈표 2-8〉). 제조 관련 외의 작업자 중에는 원동기 운전공이라든가 기관사도 포함되어 있지만, 보조적 작업자라고 할 수 있는 짐꾼(荷扱夫, 仲仕, 倉庫夫, 運搬夫, 配達夫)이 5.6%, 심부름꾼(小使, 給仕, 雜役者)이 7.3%, 토목건축 작업자가 2.1%, 견습공이 2.1% 등 큰 비중을 차지하고 있다.

앞에서 본 내무성 자료에 따르면 1940년 '각종 직공'의 약 40%가 잡역 노

표 2-8 _ 공업, 운수업 및 물품 판매업 부문 작업자의 직업별 구성(1940년)　　　　　(단위: 명, %)

산업	직업		인원, 총수	구성비, 총수
공업	농수산 작업자		453	0.3
	광물, 토석 등의 채취 작업자		1,266	0.7
	제조업 부문 작업자		125,886	74.1
	토목건축		3,586	2.1
	전기 관련 작업자		469	0.3
	그림, 도장, 메키 작업자		4,803	2.8
	실험, 시험, 검사 작업자		629	0.4
	운수, 운반 작업자		10,390	6.1
		짐꾼, 배달부	9,430	5.6
	통신 작업자		14	0.0
	의료, 이용 종사자		22	0.0
	상업적 작업자		2,240	1.3
	접객자		1	0.0
	가사 사용인		3	0.0
	기타 작업자		20,122	11.8
		소사, 급사, 잡역자	12,317	7.3
		견습공, 양성공	3,475	2.1
		기타 작업자	2,006	1.2
	작업자 합계		169,884	100.0
운수업	운수, 운반 작업자		32,794	88.4
		짐꾼, 배달부	22,082	59.5
		자동차 운전수	5,584	15.1
	작업자 합계		37,086	100.0
물품 판매업	상업적 작업자		59,906	83.3
		물품 판매업, 중개인	42,015	58.4
		점원, 판매원, 주문 받기, 수금원	17,891	24.9
	작업자 합계		71,923	100.0

자료: 総理府統計局(1940), 「昭和15年 国勢調査統計原票 第21表(内地全体)」.

동자로 분류되어 있었다. 국세조사의 공업 부문 작업자 중 제조 관련 이외의 작업자를 모두 잡역 노동자로 간주해서 이들의 공업 부문 전체 작업자에 대한 비율을 계산하면 26% 정도로, 내무성 자료와 차이가 크다. 내무성 자료의 잡역 노동자가 구체적으로 무엇을 의미하는지 알 수 없기 때문에 이 차이를 현재로서는 설명하기 곤란하다. 또 제조 관련 이외의 작업자 비중이 26% 정도라는 것이 보조적 노동자의 비중이 지나치게 큰 것을 의미하는지도 확실하지 않다.

참고로 1940년의 일본인의 경우, 공업 부문 작업자의 약 79.0%가 제조 부문의 작업자로 재일조선인의 74.1%보다 약간 더 많다. 재일조선인과 차이가 크게 나는 부분은 운수 운반 작업자의 비중인데, 재일조선인이 6.1%인데, 일본인은 2.2%에 불과하다. 기타 작업자의 비중도 일본인이 9.3%, 재일조선인이 11.8%로 일본인 쪽이 더 작다. 공업 부문의 작업자 중 제조 관련 작업자의 비중은 일본인에 비해 상대적으로 작고 반면 운수 운반 작업자나 기타 작업자의 비중은 더 컸음을 알 수 있다.

운수업 작업자의 88.4%는 운수·운반 작업자로서 짐꾼이 59.5%, 수부(水夫) 등이 7.2%, 인력차부 및 마부가 6.6%를 차지하고 있으며 자동차 운전수는 15.1%에 불과하다. 운수업 종사자의 대부분이 단순 육체노동자였음을 알 수 있다.

물품 판매업의 작업자의 83.3%가 상업적 작업자로, 그중에서 물품 매매업 및 중개인이 58.4%, 점원 등이 24.9%를 점하고 있다. 물품 매매업 및 중개인은 거의 대부분이 고물상이다. 물품 매매업 및 중개인이 작업자로 분류되었다는 것은 이들이 독립적인 사업의 주체라고 해도 노점이나 행상과 같은 극히 영세한 형태였을 것임을 의미한다.

5) 여성의 취업 구조

여성 유업자는 전체 유업자의 약 10%에 해당하는 5만 3000여 명이었다. 앞에서 게재한 〈표 2-3〉~〈표 2-7〉에 의거해 여성의 취업 구조를 살펴보면 다음과 같다.

(1) 산업별 구성

여성 유업자의 산업별 구성을 보면, 여성은 남성에 비해 공업 부문 (54.6%), 상업 부문(17.6%), 가사업(4.4%), 농업(12.5%)의 비중이 높고, 격한 육체노동을 요하는 광업 부문과 토목건축 부문은 대단히 낮다(〈표 2-3〉). 공업 부문에 종사하는 여성이 전체 여성 유업자의 절반 이상이었다는 점은 인상적이다.

공업 부문에서는 방직공업(26.9%), 요업 및 토석업(7.2%), 화학공업(4.3%), 기타 공업(6.8%)의 비율이 높다. 특히 방직공업의 높은 비중이 주목된다. 방직공업 중에서는 직물업, 기타 방적공업(재봉업과 기타 방직품 제조 가공업), 편물조물(編物組物)업과 같은 전형적인 영세 공업 분야에 주로 취업하고 있으며, 경영 규모가 큰 방적업에는 상대적으로 적은 인원(2180명, 15%)이 취업하고 있었다(방적 여공에 대해서는 본서 제4장 참조). 염색 및 정리업 등은 남자 유업자가 많고 여성 유업자의 비중은 크지 않다. 요업 및 토석업에서는 도자기 제조나 유리 제품 제조업에, 화학공업에서는 고무 제품 제조업에 많이 취업하고 있었다.

상업 부문에도 다수의 여성이 취업하고 있는데(17.6%), 주로 물품 판매업과 접객업에 종사하고 있었다. 물품 판매업은 고물상, 접객업은 요리점·음식점업이 많다. 농업 부문(12.5%)은 도작과 숯 제조가 많다.

여성이 다수 취업하고 있는 산업 부문에서는 대체로 여성 유업자의 비율이 높다. 여성 유업자의 비율이 20%를 넘는 산업에는 가사업(71.5%), 접객업(55.7%), 방직공업(42.3%), 농업(24.1%), 기타 공업(21.8%)이 있으며, 방직공업 중 방적업과 직물업에서는 60%를 넘는다. 그러나 물품 판매업의 여성 유업자 비율은 7.4%(고물상은 8.2%)에 불과하다.

(2) 직업별 구성

여성 유업자의 직업별 구성을 보면 작업자가 98.73%로 압도적 부분을 차지하고 있으며, 경영자·사무자(0.89%), 기술자(0.03%)는 남성보다 그 비율이 더욱 작다(〈표 2-4〉). 여성 경영자는 65명인데, 그 대부분인 53명이 접객업 경영주였다(〈표 2-5〉). 여성 기술자는 16명에 불과하며, 그 절반이 8명이 의사 또는 약제사였다(〈표 2-6〉).

여성 작업자의 경우는 제조 관련 작업자가 전체 여성 작업자의 48.8%로 가장 많은 비중을 차지하고 있으며, 특히 방직품 제조 작업자(19.9%), 피복·일상용품 제조 작업자(8.2%)에 집중되고 있음을 알 수 있다(〈표 2-7〉). 그러나 금속·기계 관련 작업이나 요업 토석류 가공 작업처럼 남성의 일로 생각되는 작업에도 여성들이 상당수 취업하고 있음이 주목된다. 이밖에 점원·판매원(6.5%), 접객업(5.5%), 소사·급사(4.4%), 가사 사용인(4.5%) 등도 여성이 많이 취업하는 직종이었다.

6) 연령별 구성과 유소년 취업자

(1) 연령별 유업률

재일조선인 유업자의 연령별 구성을 보기 전에 먼저 재일조선인의 유업률에 대해 보기로 한다. 1940년의 재일조선인 남자의 유업률은 63.1%, 여자의 유업률은 10.7%였는데, 같은 해의 일본인 남자 유업률은 54.4%, 여

그림 2-3 _ 재일조선인의 연령별 유업률(1940년)

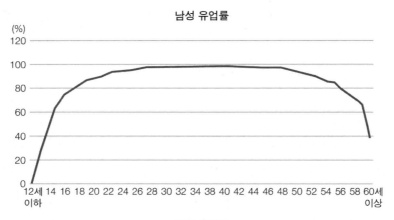

남성 유업률

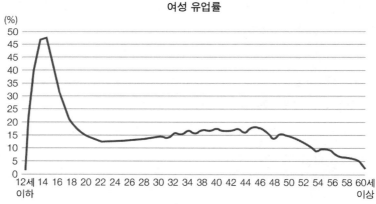

여성 유업률

자료: 総理府統計局(1940),「昭和15年 国勢調査統計原票 第21表(内地全体)」.

자 유업률은 35.2%였다. 재일조선인의 유업률은 일본인에 비해 남자는 7%
포인트 정도 높고 여자는 25% 포인트나 낮았다.

여자 유업률이 일본인 여자 유업률보다 크게 낮은 이유로서 농업 부문의
유업자 비중의 차이를 생각할 수 있다. 1940년 당시 재일조선인의 농업 부
문 유업자의 비율은 5.3%에 불과하지만, 일본의 경우는 42.6%나 된다. 농

업 부문에서는 대개 부부가 함께 농업에 종사하고 있기 때문에 배우자도 유업자로 분류되므로, 농업 부문의 유업자 비중이 높으면 여성의 유업 비율이 올라가게 된다.

연령별 유업률을 보면, 남성은 전형적인 역U자형을 그리고 있다(〈그림 2-3〉). 한편 여성의 연령별 유업률은 전후의 한국이나 일본에서 보이는 M자형 커브와는 달리 두 번째 피크점이 명확하게 나타나지 않는다. 즉 여성의 유업률은 15세에 47.4%의 정점에 도달한 후 급속히 하락하다가 26세에 12.7%의 저점을 통과한 후 다시 완만히 상승하지만 40대 중반에 17% 정도에 도달할 뿐이다. 재일조선인 여성은 출산과 육아가 끝난 뒤에 다시 노동 시장에 나오는 일은 드물었던 것으로 생각된다.

재일조선인의 연령별 유업률에서 가장 주목되는 점은 15세 이하의 유소년 유업률이 높다는 점이다. 남성의 경우 13~14세의 유업률이 35.8%에 이르며, 15세의 유업률은 62.8%이나 된다. 여성의 경우 13~14세의 유업률이 40.9%나 되고, 15세에 47.4%로 가장 높은 유업률을 기록한다. 같은 시기의 일본인 10~14세의 유업률이 남성이 10.1%, 여성이 12.1%였음과 비교하면 대단히 높은 수치였다.[11]

여성 유업률이 10대 중반에 피크를 보인 후 10%대로 급격히 하락하는 것은 여성의 낮은 중등학교 취학률과 결혼 등에 의한 것으로 보인다. 재일조선인의 12세 이하의 취학률은 남성 68.1%, 여성 61.7%로 남녀 사이에 큰 차이가 없다(〈표 2-9〉).[12] 그러나 13~19세의 '학생, 생도(그 외에 직업 없는

---

11) 10~14세의 유업률은 0~14세 유업 인구를 10~14세 전체 인구로 나누어 구했음.

12) 1940년 당시의 식민지 조선의 보통학교 취학률은 6~11세를 기준으로 한 경우 남자 60.8%, 여자 22.2%였다(『朝鮮総督府統計年報』). 재일조선인 여자의 소학교 취학률이 식민지 조선의 여자 보통학교 취학률보다 대단히 높았다는 점은 흥미롭다. 단, 취학률이 높다는 것이 반드시 학교에 정상적으로 다녔음을 의미하는 것이 아님에는 주의할 필요가 있다.

표 2-9 _ 재일조선인의 취학률(1940년)   (단위: 명, %)

		인원		취학률	
		12세 이하	13~19세	12세 이하	13~19세
소학교 아동	남	72,955	9,872	68.1	10.0
	여	61,934	3,420	61.7	4.9
학생·생도	남	439	15,013		15.1
	여	153	2,064		3.0

주: 소학교 취학률은 5~12세 인구에 대한 12세 이하의 소학교 아동 수의 비율. 13~19세 취학률은 13~19세 인구
   에 대한 소학교 아동 수와 학생 생도 수의 비율.
자료: 소학교 아동 및 학생 생도 수는 總理府統計局(1940), 「昭和15年 国勢調査統計原票 第21表(内地全体)」.
   5~12세 인구는 總理府統計局(1940)의 자료와 森田(1996).

자)'의 비율은 남성이 15%인 데 반해 여성은 3%에 불과하다. 13~15세의 여
성 유업률이 높은 것은 이 연령대의 낮은 취학률과 관계가 있다. 재일조선
인 여성이 소학교 졸업 후 상위 학교에 진학하기는 대단히 어려웠기 때문
에 대다수는 집에서 가사를 돌보거나 취업해 돈을 벌었을 것으로 추측된
다. 그렇지만 여성들이 10대 후반부터 점차 결혼하게 되면서[13] 노동시장
에서 이탈하게 됨에 따라 유업률이 빠르게 낮아지는 것으로 생각된다.

　그런데 여성의 유업률이 10대 후반부터 10%대의 낮은 수준에서 추이하
는 것은 당시의 재일조선인 여성의 활발한 노동 참여에 대한 기록과 정합
적이지 않다. 본서 제3장의 내용에 따르면, 재일조선인 1세 여성은 '일하고
일하고 또 일하는 존재'로서 그들이 했던 일은 밀주나 엿 제조, 보따리장수,
돼지 사육, 넝마주이, 행상 등 실로 다양했다. 또 당시의 신문은 오사카의
재일조선인 여성에 대해 다음과 같이 묘사하고 있다.

---

13) 1940년의 식민지 조선 여성의 평균 초혼 연령은 17~18세로 추정되고 있다(권태환·김두섭,
   2002: 306).

이들은 한번 고향을 뒤에 두고 남편을 따라 생활을 구하야 찾아들어 온 만큼 조선 내의 부녀들은 상상도 하지 못하리라 만큼 근로를 아끼지 안코 있다. 현재 대판에 자리를 잡고 거주하는 약 25만의 동포 중 약 10만은 부녀들이고, 그 약 8할 5부까지가 공장 혹은 수공업에 종사하고, 하다못 하면 남편이 끄으는 '구루마' 뒤라도 밀어주어 그야말로 여기 와서 잇는 부녀들은 버서노코 활동하고 잇다(≪동아일보≫, 1939년 7월 6일 자, 郭福山, 「100만도항 동포생활보고②」).

통계 숫자와 당시의 신문 기사나 사람의 기억에서 나타나는 이미지 사이에 이처럼 큰 간격이 나타나는 이유로서 재일조선인의 국세조사에 대한 리터러시의 문제를 생각할 수 있다. 직업조사의 경우, 무려 439항목이나 되는 직명표에서 본인이 직접 자신의 직업을 기입해야 하는데, 일본어가 부자유스러운 재일조선인이 직업의 개념을 명확히 이해하고 정확히 기입하기는 용이하지 않았을 것으로 추정된다. 특히 여성에 대한 조사는 직접적으로 이루어지지 않고 세대주를 통해 이루어졌을 가능성이 높은데, 직업 개념에 대한 확실한 인식이 없다면, 결혼한 뒤 부업이나 내직을 하거나 남편의 일을 도와 일하는 여성들의 일을 직업으로 인식하지 않아 무업자로 기입했을 가능성이 높다.[14]

(2) 19세 이하 유업자의 취업 구조

19세 이하 유업자는 전체 유업자의 17.8%에 달하는데, 19세 이하 유업

---

14) 재일조선인 세대주의 배우자가 일자리를 갖고 있는 비율은 1932년 시점의 오사카 시내 거주자 중에서 12.2%, 1935년의 교토시 거주자의 경우 15.1%로 그다지 높지 않은데, 도노무라 마사루는 이 숫자가 명확하게 '직업'이라고 간주되는 노동에 종사했던 유직자만의 숫자일 것으로 추측하고 있다(도노무라 마사루, 2010: 136).

표 2-10 _ 재일조선인 19세 이하 유업자의 취업 구조   (단위: 명, %)

산업 분류		19세 이하	당해 산업 유업자 중 19세 이하의 비율	당해 산업 유업자 중 여성 유업자 비율	당해 산업 유업자 중 19세 이하 여성 유업자의 비율
농림업		3,697	13.40	24.1	2.9
수산업		721	17.52	12.7	2.6
광업		7,125	10.34	3.2	1.0
공업		53,198	30.89	16.9	9.9
	금속	9,190	24.93	5.6	3.6
	기계 기구	11,404	37.13	4.1	3.0
	화학	4,336	23.32	12.5	7.4
	요업, 토석업	5,082	26.01	19.6	8.3
	방직공업	13,982	41.32	42.3	26.8
	기타 잡공업	4,743	28.45	21.8	11.0
토목건축업		6,826	6.81	0.7	0.1
상업		30,633	14.62	11.3	2.8
	물품 판매업	9,789	13.29	7.4	1.0
	접객업	2,050	30.29	55.7	23.4
교통업		4,463	11.71	1.5	0.6
	운수업	4,250	11.28		0.5
가사업		2,253	68.07	71.5	53.2
합계		93,121	17.80	10.2	4.6

자료: 総理府統計局(1940), 「昭和15年 国勢調査統計原票 第21表(内地全体)」.

자 비율이 20% 이상인 산업으로는 공업(금속, 기계 기구, 금속, 요업 및 토석업, 방직, 제재 및 목재품, 식료품, 기타 공업), 접객업, 가사업이 높다(〈표 2-10〉). 가사업이나 접객업에 나이 어린 재일조선인이 많이 취업하고 있음은 예상되었지만, 공업 부문 재일조선인 유업자의 30% 이상이 19세 이하였음은 주목된다. 특히 19세 이하 유업자가 가장 많이 취업하고 있던 방직공업의 경우, 유업자의 41.3%가 19세 이하이고 14세 이하도 13.5%된다. 한편, 재일조선인의 대표적인 취업 부문인 광업, 토목건축, 운수업에서의 유년 유업자의 비율은 그다지 높지 않다. 이 부문은 과격한 육체노동을 필요로 하는 부문이기 때문인 것으로 생각된다.

19세 이하의 유업 인구 비율이 높은 업종은 여성 취업자의 비율이 높은 업종과 일치한다. 전술한 바와 같이 여성 유업자의 비율이 높은 산업은 농업, 화학, 요업 및 토석업, 방직공업, 기타 공업, 상업(접객업), 가사업이었는데, 이들 산업 부문은 모두 19세 이하 유업자의 비율이 높은 부문이다. 그러나 금속, 기계 기구는 19세 이하 유업자의 비율은 높은 편이지만, 여성 유업자의 비율은 그다지 높지 않다.

19세 이하의 유업 인구 비율이 높으면서, 동시에 여성 유업자의 비율도 높게 나타나는 것은 당해 산업의 주된 노동력이 19세 이하의 나이 어린 여성이었음을 의미한다. 방직공업을 예로 들면, 방직공업 전체로는 유업자의 26.8%가 19세 이하 여성이었으며, 특히 직물 제조업과 메리야스업에서 어린 여성 유업자의 비중이 높아, 순면직물 제조업은 57.7%, 순견직물 제조업은 30.7%, 순인조견 직물 제조업은 44.6%에 이르렀다. 이 업종에서는 14세 이하 여성 유업자도 많이 취업하고 있어 순면직물 제조업은 전체 재일조선인 유업자의 1/4 이상이 14세 이하의 여성이었다.

7) 1940년의 재일조선인 취업 구조의 특징

1940년 국세조사 통계 원표를 이용해 1940년의 재일조선인의 취업 구조를 다양한 측면에서 살펴보았다. 이로부터 취업하고 있는 재일조선인의 가장 전형적인 모습을 떠올린다면 그것은 공업 부문에서 종사하는 노동자일 것이다. 재일조선인 취업자의 30% 이상이 공업 부문에서 주로 노동자로 일하고 있었다. 더구나 그들이 가장 많이 취업하고 있는 업종은 기능 수준이 낮은 섬유공업이나 고무공업, 유리공업, 기타 잡업이 아니라 금속, 기계 기구 업종이었다. 일본의 중화학공업화, 그리고 전시경제의 진전에 따른 군수공업의 확대 속에 재일조선인은 이러한 산업을 저변에서 지지하는 공업 부문의 노동자로서 존재했으며, 일본의 공업은 전시 노동력이 부족한 상황에서 재일조선인의 존재 없이 성립되지 않는 상태였다.

그렇다면 공업 노동자로서의 재일조선인이란 이미지는 '최하위 노동자'로서의 재일조선인의 이미지에 대한 도전이 될 수 있을까? 결론을 먼저 말한다면 그렇지는 못했다.

'최하위 노동자'로서의 이미지는 재일조선인이 탄광부, 토공, 인부, 급사·소사, 고물상과 같은 행상, 청소부(특히 분뇨 처리)와 같은 주변적 직종이나 기피 직종에 많이 취업했기 때문에 형성된 것이다. 1930년대를 통해서 토공이나 인부의 비중이 감소 추세이긴 하나 1940년 시점에서도 이러한 직종의 취업자는 여전히 공업 부문의 취업자를 능가하는 비중을 차지하고 있었으며, 크게 증가한 상업 부문의 취업자는 그 태반이 고물상과 같은 영세한 행상이었다.

재일조선인 공업 노동자들도 반드시 근대적 공장에서 일하는 '공장 노동자'였다고는 할 수 없었다. 방적 공장이나 제철소, 조선소 등에서 노동하던 일부의 노동자를 제외하면 재일조선인 공업 노동자의 대부분은 '공장'이라고 할 수 없는 극히 영세한 작업장에서 일하고 있었다. 또한 공업 부문 취업자 중의 1/4 이상은 제조업 관련 작업자가 아니라 짐꾼이나 급사와 같은 잡다한 잡역에 종사하는 작업자였다. 앞에서 언급한 바와 같이 니시나리타는 재일조선인 공업 부문 취업자의 증대를 '공장 노동자로서의 재일조선인'이란 말로 표현했지만, 전시경제의 진전과 함께 근대적 공장에서 일하는 재일조선인 공장 노동자가 증가했으리라는 것은 예상할 수 있으나, 여전히 재일조선인 공업 부문 취업자의 다수는 '공장 노동자'가 아니었다.

그럼에도 불구하고 공업 부문에 취업하고 있던 재일조선인은 비록 숙련 정도는 낮았을지 몰라도 단순 작업자는 아니었으며 그들 중에는 선반공과 같이 상당한 숙련을 갖춘 노동자도 적지 않게 존재하고 있었음은 주목할 가치가 있다. 그렇다면 공업 부문에서의 취업자 증가는 재일조선인이 점차 일용직 인부, 심부름꾼, 짐꾼과 같은 잡다한 잡역층에서 공장 노동자로서 성장해 가는 경로를 보여주는 것이라고 볼 수 있을까?

이 질문과 관련해, 니시나리타가 내무성 자료에서 나타나는 재일조선인 '각종 직공' 중에서 직공이 아닌 잡역 노동자의 증가 추세를 '노동의 희석화 (dilution)'로 파악한 것은 흥미롭다(西成田, 1997: 121~123). '노동의 희석화'는 일반적으로 전시경제에 숙련공이 병사로 징집됨에 따라 그 빈자리가 불숙 련공으로 대체되는 현상을 말하는데, 재일조선인 공장 노동자에서 노동의 희석화가 일어나는 이유는 어떻게 설명할 수 있을까? 유감스럽게도 니시나 리타는 이에 대한 아무런 설명을 하고 있지 않다.

전시경제 상황에서의 '노동의 희석화'는 일본인 공장 노동자에서 실제로 나타나고 있었으나, 조선인 공장 노동자에서도 나타나야 할 논리적 근거는 취약하다고 생각된다. 왜냐하면, 조선인이 병사로 징집되기 시작하는 것은 전쟁 말기이므로 1930년대에 재일조선인 공장 노동자에서 관찰된다고 니 시나리타가 주장하는 '노동의 희석화'를 전시경제와 관련해 설명하는 것은 설득력이 떨어진다. 오히려 전쟁의 진전에 따라 일본인 숙련공이 징집되어 숙련공 부족 현상이 심화되면 재일조선인 노동자들이 이 부문의 공백을 메 울 수 있는 가능성이 있다. 즉 노동의 희석화의 반대 현상이 일어날 수 있 는 가능성이 더 높을 수 있다.

따라서 공업 부문에 종사하는 잡다한 잡역층의 광범위한 존재는 다른 논 리로 설명되어야 하지만, 이 글에서도 이 점에 대한 해명은 하지 못했다. 다만 가설적으로 다음 두 가지를 생각해 볼 수 있다. 첫째, 노동력이 부족 한 전시경제 상황에서 숙련의 축적이 없는 재일조선인 노동자들이 주로 잡역 부문의 노동력 부족을 우선적으로 메워갔을 것으로 생각된다. 노동력 수급이란 점에서의 설명이다. 둘째, '잡다한 잡역층에서 공장 노동자로서 성장해 가는 경로'가 아직 확실하게 자리 잡히지 않았음을, 혹은 그 경로에 차별과 같은 어떤 제도적, 문화적 장벽이 있었을 가능성을 의미하는 것이 될 수 있다. 이 점에 대해서는 앞으로 더욱 연구가 필요한 부분이다.

　1940년경의 재일조선인 여성들은 어떠한 일을 하고 있었을까? 우선 지적해야 할 것은 여성의 유업률이 대단히 낮다는 것, 그리고 여성 유업 인구의 절반 가까이가 19세 이하의 유소년층이었다는 점이다. 즉 여성들은 소학교 졸업 후 절반 정도가 취업을 하지만 10대 후반이 되면서 유업률은 급격히 떨어진다. 당시의 식민지 조선의 여성 초혼 평균 연령이 17세 정도였음으로, 재일조선인 여성도 대체로 10대 후반에 결혼하면서 더불어 노동시장에서 퇴출했을 것으로 생각된다. 그러나 낮은 유업률이 결혼 후의 재일조선인 여성들이 오로지 가사 노동만을 했음을 의미하는 것은 아니다. 여러 구술 및 기록 자료에서 떠오르는 '일하는 여성'으로서의 재일조선인 여성의 이미지를 생각해 보면, 여성의 낮은 유업률은 재일조선인 여성의 전업주부화를 의미하기보다는 재일조선인의 국세조사에 대한 낮은 리터러시의 결과라고 보는 것이 더 타당할 것이다. 만일 부업으로 가정 내에서 일하거나 남편의 일을 돕는 여성들도 유업자로 계상한다면 여성의 유업률은 올라갈 것으로 예상되지만 현재로서는 그 수준을 예상하기 곤란하다.

　재일조선인 여성들이 집중적으로 취업했던 부문은 방직공업 부문으로 여성 유업 인구의 약 27%가 이 부문에 집중되어 있었다. 이 부문은 취업자의 남녀 비율을 보아도 여성의 비율이 40%를 넘었다. 주목되는 것은 방직공업 부문 여성 취업자의 60% 이상이 19세 이하였다는 점이다. 즉 방직공업 부문에 취업한 재일조선인 취업자의 30% 가까이가 19세 이하의 여성이었다.

　방직공업 부문에서 보이는 유소년 노동자의 무시할 수 없는 비중은 정도의 차이는 있어도 다른 부문에서도 관찰된다. 19세 이하 유업자는 전체 재일조선인 유업자의 17.8%에 달했으며, 공업 부문 전체와 접객업, 가사업에서는 20% 이상이 되고 있다. 유소년의 유업률도 높아, 15세 남성의 유업률은 62.8%, 여성은 47.4%나 되었으며, 13~14세의 유업률도 35~40%에 달했다. 이와 같은 높은 유소년의 유업률은 그들의 노동 없이 생존하기 어려웠던 재일조선인의 열악한 경제 사정을 반영하는 것이라고 생각된다.

마지막으로 경영자의 출현에 대해 언급하기로 한다. 선행 연구가 지적한 바와 같이 1940년경에는 재일조선인 중에서도 경영자가 나타나기 시작했다. 1940년 국세조사 자료에서는 직업별 분류에 경영자 항목이 있고 1042명의 재일조선인이 경영자로 분류되었다. 1042명은 전체 유업자의 0.19%에 불과한 수치여서 이것을 과연 경영자층의 출현이라고 평가할 수 있는지는 의문이지만, 이 수치는 경영자를 상당히 과소 집계한 것이라고 생각된다. 국세조사에서는 "독립적인 사업의 주재자이어도 스스로 실제로 제조, 가공, 판매, 구매 등에 종사하고 있는 자는 작업자"로 간주했기 때문에 대체로 영세한 사업체를 경영하면서 실무도 담당했을 재일조선인이 경영자로서 집계되지 않았을 가능성이 크다. 이러한 한계는 있지만, 한 가지 주목되는 점은 공업 부문의 경영자가 전체 경영자의 약 42% 정도를 차지하였다는 것이다. 이 사실 역시 기존의 통념, 즉 조선인이 경영하는 사업체라면 먼저 떠올리게 되는 토목 부문이나 고물상 등의 물품 판매업, 접객업 등과 상치된다. 이 점도 앞의 공업 부문 취업자의 증대와 관련하는 현상은 아닐까? 1940년 시점에서 재일조선인은 여전히 '최하위 노동자'의 이미지를 벗어날 수 없었지만, 공업 부문이 작업자에서나 경영자에서 재일조선인의 가장 중요한 취업 부문으로 등장했음은 주목할 필요가 있다.

3. 지역별로 본 재일조선인의 취업 구조

재일조선인의 지역별 취업 구조에 대한 기존의 연구는 주로 내무성 자료와 각 지방자치체의 자체적인 조사 자료에 의거해 이루어져 왔다.

도노무라 마사루는 내무성 자료를 이용해 재일조선인 직업 구성의 도부현(道府県)별 특징으로서 ① 탄광이 있는 홋카이도(北海道)와 후쿠오카현(福岡県)에는 광업 노동자가 많다, ② 도쿄(東京)에는 이른바 유식적 직업의 비율이 높다, ③ 오사카부(大阪府)에는 섬유, 화학 금속공업, 교토부(京都府)에는 섬유공업에 종사하는 사람이 눈에 띈다는 점을 지적했다(도노무라 마사루, 2010: 101). 또 그는 지방자치체가 독자적으로 실시한 사회조사를 검토해, ① 오사카시의 공장 노동자 중에서는 여성은 방직공, 남성은 유리공과 금속, 고무 관계 종사자가 많으며, ② 교토시에는 토건 노동자에 이어 방직공업에 종사하는 사람이 많은데, 그중 '염색업 및 그에 부속되는 증업수세업(蒸業水洗業)' 등이 약 반을 차지하고 있으며, ③ 아이치현(愛知県) 도요하시(豊橋) 지방에는 섬유공업, 세토(瀬戸) 지방에서는 요업에 종사하는 사람이 많다는 점을 지적했다.

이와 같은 도노무라 마사루의 연구는 부현별의 일반적 특징을 지적하고 있을 뿐, 그 시기별 변화에 대해서는 별다른 언급을 하고 있지 않다는 점, 그리고 지방자치체의 조사는 주로 1920년대 말에서 1930년대 중반에 관한 것이라는 한계가 있다.

역시 내무성 자료를 이용해 재일조선인의 직업 구성을 검토한 니시나리타는 시기별 직업 구성의 변화에 주목하고 있다. 그는 재일조선인의 직업 구성이 1920년에서 1930년대 중반 사이의 시기에 대해서 토공 중심에서 공업·상업 중심으로 했음을 보이고, 지방자치체 등의 조사를 이용해 1930년대 중반의 지역별 특징으로서 다음과 같은 점을 지적하고 있다(西成田,

1997: 121~124).

① 오사카부의 공장 노동자는 화학공업(유리공업포함), 금속·기계공업, 섬유공업의 3업종의 노동자가 전체 공장 노동자의 90% 이상을 차지하고, 특히 금속·기계 기구 공업 노동자의 증가가 현저했고, ② 고베시(神戶市)는 화학공업 노동자(대부분은 고무공업)의 비중이 높았으며, ③ 교토시에서는 섬유공업 노동자가, ④ 도쿄부에서는 화학공업 노동자가 가장 많았으나 고베시와는 달리 유리공업 노동자가 다수였으며, ⑤ 후쿠오카현 공장 노동자의 중심은 금속·기계공업 노동자였는데, 그들 중의 다수는 야와타(八幡)제철소에서 일하는 노동자로 추측된다.

전시경제로 이행하는 1930년대 중반에서 1942년 사이의 시기에는, 광업 부문의 취업자 비율이 현저히 증가한 반면, 토목건축업, 공업, 상업 비율이 감소했음을 지적하고 있다. 지역별로는 홋카이도, 후쿠오카의 광업 비율의 격증, 오사카, 도쿄에서의 공업 비율 증가, 모든 도부현에서의 상업 비율 감소와 학생 비율의 증가, 도쿄와 교토의 높은 학생 집중도를 지적했다(西成田, 1997: 207).

이상과 같은 도노무라 마사루와 니시나리타의 연구는 재일조선인의 지역별 취업 구조에 대해 이미 많은 사실을 알려주고 있지만, 이들 연구의 문제점에 대해서는 이 글의 모두에서 지적한 바 있다. 여기서는 1940년 국세조사 통계 원표를 이용해 산업 소분류 차원까지 내려가서 지역별 취업 구조의 특징을 밝힌다.

1) 도부현별의 유업률 및 유업자의 성별, 산업 대분류별 구성

재일조선인의 도부현(道府縣)별 분포 상황의 추이를 보면 오사카, 도쿄와 같은 대도시 지역과 함께 후쿠오카, 홋카이도와 같은 탄광 지역에 많이 분

표 2-11 _ 재일조선인의 도부현별 인구 추이

(단위: 명, %)

순위	1920년		1930년			1938년			1940년					1945년		
	(명)	(%)	(명)	(%)		(명)	(%)		(명)		(%)			(명)	(%)
1	후쿠오카 6,798	22.5	오사카 73,622	24.7	↑	오사카 241,619	30.2	↑	오사카 312,269	(298,574)	26.2	(24.1)	↑	오사카 333,354	16.9
2	오사카 4,494	14.9	도쿄 33,742	11.3		효고 78,250	9.8		후쿠오카 116,864	(116,243)	9.8	(9.4)	↑	후쿠오카 205,452	10.4
3	효고 2,562	8.5	후쿠오카 25,838	8.7		도쿄 64,321	8.0		효고 115,154	(108,491)	9.7	(8.7)	↑	효고 144,318	7.3
4	나가사키 2,242	7.4	아이치 23,543	7.9	↑	아이치 61,654	7.7		도쿄 87,497	(106,387)	7.3	(8.6)	↘	야마구치 144,302	7.3
5	도쿄 2,053	6.8	교토 17,317	5.8		후쿠오카 60,105	7.5		아이치 77,951	(84,094)	6.5	(6.8)	↑	아이치 142,484	7.2
6	홋카이도 1,710	5.7	효고 15,964	5.4		교토 53,446	6.7		야마구치 72,700	(78,937)	6.1	(6.4)	↗	도쿄 101,236	5.1
7	야마구치 1,640	5.4	야마구치 10,858	3.6	↑	야마구치 45,439	5.7		교토 67,698	(72,771)	5.7	(5.9)	↗	홋카이도 96,206	4.9
8	교토 856	2.8	가나가와 9,794	3.3		히로시마 24,878	3.1		홋카이도 38,273	(43,098)	3.2	(3.5)	↗	히로시마 84,886	4.3
9	오이타 535	1.8	홋카이도 7,672	2.6		가나가와 16,663	2.1		히로시마 38,221	(43,579)	3.2	(3.5)	↗	교토 69,900	3.6
10	히로시마 475	1.6	히로시마 7,189	2.4		홋카이도 12,063	1.5		가나가와 24,842	(30,714)	2.1	(2.5)	↑	가나가와 64,494	3.3
일본 전체	30,149	100.0	298,091	100.0		799,878	100.0		1,190,444	(1,241,315)	100.0	(100.0)		1,968,807	100.0

주: 도부현별 인구는 내무성 자료를 베이스로 한 田村의 추계. 1920년, 1930년, 1940년 국세조사의 수치와 차이가 난다.
1940년의 ( ) 안의 숫자는 1940년 국세조사 통계 원표.
자료: 田村紀之(1981).

포하고 있었음을 알 수 있다(〈표 2-11〉). 대도시 지역과 탄광 지역은 1920년 이래 재일조선인이 많이 거주하던 지역이었는데, 1939년 식민지 조선에서 전시 노무 동원이 개시된 이후 전시기에 걸쳐서 탄광 지역의 집중도가 더 높아지는 반면 오사카와 도쿄의 비중은 저하되고 있음을 알 수 있다. 전후가 되면 다시 대도시 지역, 특히 오사카, 도쿄의 비중이 커져서, 1950년대 말에서 1960년대 전반이 되면 홋카이도의 비중이 크게 저하한 것을 제외하면 1930년대의 인구 분포와 유사하게 나타난다. 대도시 지역이 아닌 야마구치현이 상위 랭크되어 있는 점이 눈에 띄는데, 이것은 야마구치현이 재일조선인이 일본으로 들어가는 현관에 해당하는 위치에 있다는 지리적 특성에 의한 것으로 생각된다.

〈표 2-11〉은 다무라 노리유키(田村紀之, 1981)의 추계에 따른 것으로 1940년의 재일조선인 인구는 국세조사의 수치와 약간 다르다. 국세조사의 수치에 따라 1940년에 재일조선인이 많이 거주하는 지역 10곳을 순서대로 열거하면, 오사카부(24.1%), 후쿠오카현(9.4%), 효고현(8.7%), 도쿄부(8.6%), 아이치현(6.8%), 야마구치현(6.4%), 교토부(5.9%), 히로시마현(3.5%), 홋카이도(3.5%), 가나가와현(神奈川県, 2.5%)으로, 재일조선인의 약 79%가 이들 10개 도부현에 거주하고 있었다(이하 1940년의 재일조선인 수치에 대해서는 국세조사 자료에 의함). 오사카를 비롯한 게이한신(京阪神) 지역과 후쿠오카, 홋카이도와 같은 탄광 지역의 집중이 눈에 띄는데, 이 중 30만 명이 거주하고 있던 오사카부의 존재가 압도적이었다. 이것은 1939년의 조선의 평양부 인구 22만 명을 상회하는 규모이다. 참고로 전체 인구에 대한 조선인 인구의 비율을 보면, 전국 평균은 1.7%였지만, 오사카부 6.2%, 교토부 4.2%, 후쿠오카현 3.8%, 효고현 3.4% 등 지역적인 집중이 관찰된다.

재일조선인의 성별 구성 및 유업률은 지역에 따라 상당한 차이를 보이고 있다. 1940년 재일조선인의 성별 구성비는 전국 평균으로 남자 60%, 여자

그림 2-4 _ 재일조선인의 도부현별 성별 구성비(1940년)

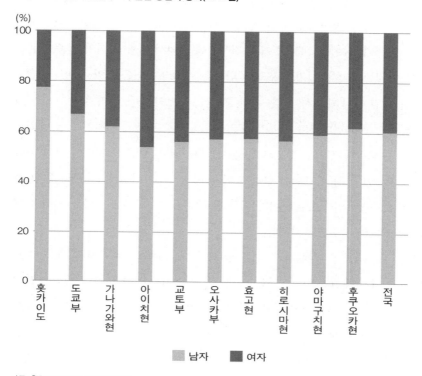

자료:「昭和15年国勢調査統計原票」.

40%이지만, 홋카이도의 여성 비율은 22.8%에 불과하며, 도쿄부(33.5%), 가나가와현(37.9%), 후쿠오카현(38.4%)도 상대적으로 여성의 비율이 낮았다(〈그림 2-4〉). 여성 비율이 상대적으로 높은 지역은 아이치현(46.4%), 교토부(44.1%)였다.

유업률은 전국 평균이 42.2%인데, 홋카이도(70.1%)가 돌출적으로 높으며, 다음으로 후쿠오카현(45.0%), 가나가와현(42.7%)이 높다(〈그림 2-5〉). 유업률이 가장 낮은 지역은 교토부(34.9%), 아이치현(35.5%)이었다.

이와 같은 성별 비율이나 유업률에서 지역별 차이가 나타나는 것은 이러

그림 2-5 _ 재일조선인의 도부현별 유업률(1940년)

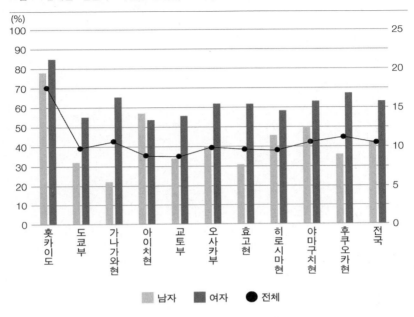

자료:「昭和15年国勢調査統計原票」.

한 지표들이 각 지역의 취업 구조의 특징을 반영하고 있기 때문이다.[15]

〈표 2-12〉는 산업 대분류별로 도부현별의 취업 구조를 정리한 것이다. 이에 따르면, 공업 부문의 비중이 높은 지역은 오사카부, 도쿄부, 아이치현, 교토부, 효고현이었다. 특히 재일조선인의 최대 거주지인 오사카부의 공업 비중은 단연 높아서 65.4%에 이르고 있었다. 토목건축업의 비중은 홋카이

---

15) 유업률에 영향을 주는 요소로서 취업 구조 외에 학생의 존재가 있다. 도쿄부의 평균보다 낮은 유업률(39.5%)은 높은 학생 비율의 영향이라고 생각된다. 도쿄부의 학생·생도의 재일조선인 전체 인구에 대한 비율은 14.1%에 달하는데 이것은 평균 2.1%보다 현저히 높은 수준이며, 전체 학생·생도의 56.9%가 도쿄에 집중되어 있었다. 도쿄부의 학생 중에서 여성은 9.5%에 불과한데, 도쿄부의 여성 비율이 33.5%로 상대적으로 낮은 것에도 높은 학생 비율이 영향을 주고 있는 것으로 생각된다.

표 2-12 _ 제일조선인의 도부현별 취업 구조(산업 대분류)

(단위: %)

	홋카이도		도쿄부		가나가와현		아이치현		교토부		오사카부		효고현		히로시마현		아마구치현		후쿠오카현		전국	
	1940	1930	1940	1930	1940	1930	1940	1930	1940	1930	1940	1930	1940	1930	1940	1930	1940	1930	1940	1930	1940	1930
농업	11.7	25.2	0.7	1.1	1.7	2.6	1.3	3.1	3.1	4.8	1.2	2.3	1.7	4.0	15.4	13.8	15.3	19.9	3.8	7.4	5.3	7.7
수산업	0.5	2.5	0.3	0.2	0.5	0.1	0.0	0.1	0.2	0.0	0.1	0.2	0.1	0.2	0.4	0.6	2.6	1.3	0.8	0.2	0.8	0.6
광업	51.9	15.4	1.1	3.8	3.0	5.6	4.1	4.0	4.5	3.1	0.4	0.5	3.1	1.3	2.0	0.3	27.8	14.6	37.3	32.0	13.2	6.3
공업	1.4	1.5	42.6	24.0	21.3	7.9	51.7	45.1	41.1	36.4	65.4	57.2	35.0	30.8	24.0	15.8	12.6	9.0	13.5	9.0	32.9	28.6
토목건축	24.6	41.9	8.3	39.4	40.0	59.5	13.0	28.2	22.5	29.7	10.6	11.9	29.6	31.7	20.0	41.1	15.3	23.7	10.8	21.3	19.2	31.9
상업	5.8	7.4	30.0	10.3	16.1	7.6	16.7	5.9	17.2	9.5	12.1	8.3	13.9	8.8	18.1	10.5	10.7	10.4	10.2	9.8	15.9	9.2
교통업	1.8	4.8	8.5	11.5	8.8	9.8	8.8	7.9	4.5	6.0	6.2	8.0	11.2	13.1	8.4	9.8	9.9	14.7	15.5	13.2	7.3	8.1
공무 자유업	0.2	0.4	5.2	4.8	2.2	1.4	2.3	2.2	3.7	2.7	2.5	4.0	2.0	3.4	2.0	3.0	1.1	1.3	1.3	1.0	2.1	2.4
가사업	0.2	0.3	1.1	0.6	3.7	0.7	0.3	0.9	0.6	1.4	0.4	0.6	0.5	0.8	0.5	2.9	0.6	2.9	1.2	1.8	0.6	1.3
기타 산업	2.0	0.6	2.3	4.4	7.2	4.8	1.6	2.6	2.6	6.4	1.1	7.0	2.9	5.9	9.0	2.3	4.2	2.3	5.7	4.4	4.0	4.0

주: 1930년의 산업 분류는 1940년과의 비교를 위해 다음과 같이 재구성했다.
상업에서 '목장(冷場)업주, 사용인, '이발사, 기미유이(髮結, 전통 이발사), 미용사'를 제외.
공무 자유업에 '목장업주, 사용인, '이발사, 기미유이, 미용사', 청소부를 추가.
기타 유업자에서 일용과 청소부를 제외.

자료: 総理府統計局(1940), 「昭和15年 国勢調査統計原票 第21表(内地全体)」. 1930년의 수치는 『昭和5年 国勢調査報告』.

도, 가나가와현, 교토부, 효고현이 높은 편인데 특히 가나가와현은 40%에 달한다. 상업은 도쿄부가 30.0%로 다른 지역에 비해 현저히 높다. 광업 비중은 홋카이도, 후쿠오카현, 야마구치현이 돌출적으로 높으며, 교통업은 후쿠오카현, 야마구치현, 효고현이 높았다.

1930년과 비교해 보면,[16] 대개의 부현에서 공업과 상업의 비중이 증가하고 토목건축업의 비중이 감소했으며, 홋카이도와 후쿠오카현은 광업 부문의 비중이 현저히 증가했음을 알 수 있다. 교통업의 비중은 전체적으로 약간 감소했으나 가나가와현과 야마구치현에서는 소폭 증가했다.

공업 부문 유업자의 비중이 30%가 넘는 도쿄부, 아이치현, 교토부, 오사카부, 효고현의 공업 부분의 구성을 비교한 것이 〈표 2-13〉이다. 이에 따르면, 전체적으로 금속·기계 기구. 방직공업, 화학공업, 요업 및 토석업의 비중이 큰데, 도쿄부, 오사카부, 효고현은 금속·기계 기구 부문의 비중이 가장 높으며, 아이치현과 교토부는 방직공업의 비중이 가장 크다. 이 외에 아이치현의 요업 및 토석업, 효고현의 화학공업의 비중이 비교적 높은 것이 눈에 띈다.

1930년과 비교해 보면, 전체적 경향으로는 금속·기계 기구 부문의 비중이 크게 증가한 반면 방직공업의 비중이 크게 감소했음을 알 수 있다. 그러나 교토부의 경우는 방직공업 비중의 감소와 금속·기계 기구 비중의 증가가 모두 소폭에 그치고 있는 점이 주목된다. 화학공업은 전국 평균으로 보면 소폭 증가했지만 효고현에서는 그 비중이 크게 감소했다. 요업 및 토석업의 비중은 전국 평균으로는 큰 변화가 없는데, 아이치현에서는 크게 증가한 점이 눈에 띈다.

---

16) 1930년 국세조사의 산업별 분류는 직업별 소분류 항목을 산업별로 묶은 것이기 때문에 정확한 산업별 분류라고 하기 어렵다. 이글에서는 1940년 국세조사의 산업별 분류와의 비교를 위해서 몇몇의 직업 소분류 항목의 분류를 1930년 국세조사와 달리했다. 그 내용은 〈표2-12〉의 주를 참고할 것.

표 2-13_재일조선인 유업자의 주요 부현별 공업 부문의 업종별 구성비

(단위: %)

업종	도쿄부		아이치현		교토부		오사카부		효고현		전국	
	1940	1930	1940	1930	1940	1930	1940	1930	1940	1930	1940	1930
금속·기계 기구	49.8	27.5	25.4	8.0	14.5	10.4	49.0	25.6	41.4	11.3	39.2	17.8
화학	12.1	7.9	3.8	2.1	5.9	1.4	9.5	9.1	19.1	29.3	10.8	8.1
가스·전기·수도	0.9	1.3	0.3	0.2	0.9	0.5	0.5	0.3	2.0	0.4	1.0	0.5
요업 및 토석업	7.2	15.2	23.8	15.3	5.3	3.4	9.0	12.5	7.5	3.6	11.3	11.4
방직	10.2	21.6	30.2	56.4	61.9	71.5	15.1	31.4	15.3	33.3	19.6	40.5
제재 및 목제품	1.8	5.1	8.5	8.0	4.2	3.3	3.1	5.9	4.5	6.4	4.5	6.3
식료품	2.3	4.7	2.2	3.6	2.2	3.4	1.4	2.6	4.0	4.9	2.7	4.8
인쇄 및 제본	3.4	8.7	0.3	1.7	0.7	3.8	0.9	4.1	0.7	2.7	1.0	3.7
기타	12.1	7.6	5.5	4.6	4.4	2.4	11.5	8.3	5.5	8.3	9.7	6.7
계	100.0	100.0	100.0	100.0	100.0	100.0	100.0	100.0	100.0	100.0	100.0	100.0

자료: 総理府統計局(1940), 「昭和15年 国勢調査統計原票 第21表(内地全体)」, 1930년의 수치는 『昭和5年 国勢調査報告』.

산업별 유업자의 지역 집중도를 보면, 전체 유업자의 22.6%가 거주하고 있는 오사카부가 공업, 토목건축, 상업, 공무·자유업에서 가장 높은 집중도를 보이고 있다(〈표 2-14〉). 특히 공업 유업자의 44.9%가 오사카에 거주하고 있음이 인상적이다. 농업과 수산업에서는 야마구치현이 가장 높은 집중도를 보이고 있으며, 광업에서는 홋카이도와 후쿠오카의 지위가 압도적으로 이 두 지역의 광업 유업자가 전체 광업 유업자의 51%에 달한다. 교통업, 가사업, 기타 산업에서는 후쿠오카현이 가장 높은 집중도를 보이고 있다.

공업 부문에 대해서 다시 유업자의 지역 집중도를 보면, 모든 업종에서 오사카부가 가장 많은 셰어를 차지하고 있는데, 특히 금속공업(60.7%)과 기계 기구 공업(50.3%) 유업자의 집중도가 높았다. 화학공업의 유업자는 오사카부, 도쿄부, 효고현에 집중되어 있는데, 이 세 지역이 화학공업 전체 유업자의 약 65%를 차지했다. 방직공업의 취업자는 오사카부, 아이치현, 교토부에 집중되어 있었으며, 이 세 지역이 방직공업 전체 유업자의 약 68%를 차지했다. 요업 및 토석업의 경우, 오사카부, 아이치현의 두 지역의 유업자가 전체 유업자의 약 54%를 차지했다.

이하에서는 각 도부현별로 재일조선인의 취업 구조를 산업 소분류 차원까지 내려가서 보다 더 상세하게 보기로 한다.

2) 주요 재일조선인 거주 지역의 취업 구조

(1) 오사카부[17]

재일조선인의 최대 거주 지역인 오사카부는 재일조선인 인구의 24.1%,

---

17) 오사카시(大阪市)의 재일조선인 취업 상황에 대해서는 국세조사 통계 원표를 분석한 이와사의 연구(岩佐, 2005)가 있는데, 그 내용은 1절에서 언급했다.

표 2-14 _ 재일조선인 유업자의 산업별 지역 집중도   (단위: %)

	홋카이도	도쿄부	가나가와현	아이치현	교토부	오사카부	효고현	히로시마현	야마구치현	후쿠오카현	전국
농업	12.8	1.0	0.8	1.4	2.9	5.0	2.5	9.3	18.5	7.2	100.0
수산업	3.9	2.7	1.5	0.3	1.2	2.5	0.6	1.5	21.3	10.2	100.0
광업	22.7	0.7	0.6	1.8	1.7	0.8	1.9	0.5	13.5	28.4	100.0
공업	0.2	10.4	1.6	9.0	6.1	44.9	8.5	2.3	2.4	4.1	100.0
금속	0.1	9.6	1.8	4.6	1.9	60.7	9.3	1.5	0.6	5.4	100.0
기계 기구	0.3	17.5	2.9	7.2	2.6	50.3	8.6	1.5	1.7	1.8	100.0
화학	0.1	11.6	2.1	3.2	3.3	39.4	15.1	3.0	8.3	4.9	100.0
가스	0.2	8.7	4.6	2.5	10.2	41.0	12.5	10.4	1.5	6.7	100.0
전기 및 수도	1.0	9.9	3.0	2.3	3.6	12.0	19.0	10.2	6.6	11.0	100.0
요업 및 토석업	0.3	6.6	0.8	18.8	2.8	35.6	5.6	2.1	3.0	9.5	100.0
방직	0.1	5.4	1.1	13.8	19.1	34.6	6.7	1.4	0.8	1.3	100.0
제재 및 목제품	0.8	4.2	0.5	17.0	5.7	31.2	8.6	8.1	3.6	3.1	100.0
식료품	0.7	8.8	1.7	7.1	4.9	23.4	12.4	7.6	8.4	8.8	100.0
인쇄 및 제본	0.3	33.6	0.7	2.6	4.2	40.1	5.5	2.1	2.5	4.9	100.0
기타	0.3	12.9	0.9	5.1	2.7	53.1	4.8	1.9	1.5	2.6	100.0
토목건축	7.4	3.5	5.2	3.9	5.7	12.5	12.4	3.3	5.1	5.6	100.0
상업	2.1	15.2	2.5	6.0	5.3	17.3	7.0	3.6	4.3	6.4	100.0
교통업	1.4	9.3	3.0	6.9	3.0	19.4	12.4	3.7	8.7	21.3	100.0
공무 자유업	0.5	19.9	2.6	6.4	8.7	27.1	7.7	3.0	3.3	6.1	100.0
가사업	2.1	14.5	14.5	2.7	4.4	14.5	5.9	2.6	5.7	18.3	100.0
기타 산업	4.2	6.4	6.4	3.3	4.5	8.6	8.3	10.1	9.5	20.0	100.0
유업계	5.8	8.0	2.5	5.7	4.9	22.6	8.0	3.2	6.4	10.0	100.0

주: 음영으로 강조한 부분은 각 산업별로 지역 집중도가 높은 지역이다.
자료: 総理府統計局(1940), 「昭和15年 国勢調査統計原票 第21表(内地全体)」.

유업자의 22.6%를 차지하고 있었다. 유업자의 산업별 구성을 보면, 공업 부문의 비중이 65.4%에 달했는데, 이는 공업 부문에 취업하고 있는 재일조선인의 약 45%에 해당하는 수치이다. 공업 부문 다음으로는 상업(12.1%), 토목건축업(10.6%)에 많이 취업하고 있었다(〈부표 2-1〉).

공업 부문에서는 금속과 기계 기구 공업의 비중이 두드러지게 높으며(전체 공업 유업자의 49.0%, 이하 동일), 방직공업(15.1%), 기타 공업(11.5%), 화학공업(9.5%)의 비중도 크다. 이 부문의 유업자는 금속공업에서는 철 정련업 및 재료품 제조업, 철 주물업, 볼트·너트 제조업, 금속판 제품 제조업 등이, 기계 기구 공업에서는 절삭 연마용 금속 공작기계 제조업, 공구 제조업, 전기기계 제조업의 비중이 높다. 포탄·탄환·병기 제조업 및 강선(鋼船) 제조업과 같은 군수산업에 종사하는 재일조선인도 많았음이 주목된다.

방직공업에서는 재봉업과 메리야스 관련 업종, 요업 및 토석업에서는 유리 및 유리 제품 제조업, 화학공업에서는 고무 제품 제조 및 셀룰로이드 제조업, 기타 공업에서는 혁화(革靴) 제조업, 도장(塗裝)업, 종이 제품 제조업과 같은 잡업 부문에 재일조선인이 많이 취업하고 있었다.

금속 및 기계 기구, 화학, 방직, 요업·토석업 부문은 이미 1930년에도 재일조선인의 주요 취업 부문이었는데, 특히 기계 기구 공업의 증가가 주목된다. 1930년의 금속·기계 기구 공업의 주요 업종은 주로 금속 부문이었는데 1940년에는 기계 기구 공업 분야의 유업자가 크게 늘어났다. 고무 제품 제조업, 유리 제조업, 재봉 및 재단업 등은 1930년에도 재일조선인의 주요 업종이었다. 방직공업의 경우, 1920년대에 방적업에 가장 많은 재일조선인이 취업하고 있었던 것(西成田, 1997: 97~99)과는 달리 재봉업이나 메리야스 업종에 다수의 재일조선인이 취업하고 있는 점이 주목된다.

공업 부문 다음으로 많은 재일조선인이 취업하고 있던 상업 부문에서는 고물상의 비중이 압도적이다. 소채(蔬菜) 판매업이나 신문 발행 판매업의 종사가가 많은 것은 대소비 도시로서의 오사카의 일면을 반영하는 것이라고 생각된다. 철재, 강재 판매업은 이른바 고철상이라고 할 수 있는 것들인데 전시경제에 따른 철강류 수요의 증대를 반영하는 것으로 생각된다.

교통업에서는 기타 육상 운수업, 화물자동차 운송업의 유업자가 많은데, 기타 육상 운수업 유업자의 대부분과 화물자동차 운송업 유업자의 절반 가까이는 짐꾼(荷扱夫, 仲仕, 倉庫夫, 運搬夫)이다.

(2) 도쿄부

도쿄부는 재일조선인 인구의 8.6%, 유업자 수의 8.0%를 차지하고 있었다. 유업자의 산업별 구성을 보면, 공업 부문의 비중이 42.6%로 가장 높으며, 다음으로는 상업(30.0%), 교통업(8.5%), 토목건축업(8.3%), 공무·자유업(5.2%)에 많이 취업하고 있었다. 상업의 비중이 큰 것과 토목건축업의 비중이 작은 것이 특징적이다(〈부표 2-2〉).

공업 부문에서는 오사카부와 마찬가지로 금속, 기계 기구 공업의 비중이 단연 높으며(전체 공업 부문 유업자의 49.8%), 다음으로 화학공업(12.1%), 기타 공업(12.1%), 방직공업(10.2%) 순으로 비중이 크다.

금속공업에서는 금속판 제품 제조업, 철 정련업 및 재료품 제조업 등이, 기계 기구 공업에서는 전구 제조업, 전기기계 제조업, 공구 제조업, 전기기계 제조업의 비중이 높다. 항공기 부분품 및 부속품 제조업, 포탄·탄환·병기 제조업과 같은 군수산업에 종사하는 재일조선인도 많았음이 주목된다.

방직공업 부문에서는 재봉업, 요업 및 토석업 부문에서는 유리 제조업, 화학공업 부문에서는 고무 제품 제조 및 제혁업, 기타 공업에서는 혁화 제조업, 조리(草履) 제조업과 같은 잡업 부문에 많이 취업하고 있었다.

금속 및 기계 기구, 화학, 방직, 요업·토석업 부문은 이미 1930년에도 이 지역 재일조선인의 주요 취업 부문이었는데, 특히 기계 기구 부문의 증가가 주목된다. 화학공업에서는 고무 제품 제조업, 요업 및 토석업에서는 유리 및 유리 제품 제조업, 방직공업에서는 재봉업 및 재단업 등이 주요 업종이었는데, 1930년과 비교하면 화학공업 부문의 비중이 크게 높아진 반면 방직공업 부문과 요업·토석업 부문의 비중은 소폭 낮아졌다.

도쿄부의 공업 부문 취업 상황에서 눈에 띄는 점은 인쇄업 종사자의 비율이 상대적으로 높다는 점이다. 전국 평균으로 이 업종의 유업자 비율은 1.0%이지만 도쿄부에서는 3.3%에 이르며 도쿄 집중도는 32.2%에 달한다.

도쿄부 재일조선인 취업 구조에서 관찰되는 또 하나의 특징은 상업 부문의 높은 비율이다. 도쿄부를 제외한 다른 도부현 중에서 상업 부문의 비중이 가장 높은 지역인 교토부가 17.2%에 불과한데 도쿄는 30.0%에 이르고 있다. 상업 부문에서 고물상과 함께 신문 발행 판매업 유업자가 많은 것이 주목된다. 신문 발행 판매업 유업자의 대부분은 배달부와 급사 등이다. 도쿄부의 신문 발행 판매업자는 3495명으로, 동업종의 도쿄 집중도는 66.9%에 달한다. 요리점, 음식점과 우유 판매업 종사자가 많은 것은 대소비 도시로서의 도쿄의 일면을 반영하는 것이라 생각되는데 우유 판매업의 도쿄 집중도는 약 48%였다. 철재·강재 판매업과 기타 금속 재료 판매업은 전시경제에 따른 철강·금속류 수요의 증대를 반영하는 것으로 생각된다.

교통업에서는 다른 도부현에 비해 여객 자동차 운송업에 종사하는 사람들이 많은 것이 특징적이다. 여객 자동차 운송업은 다른 교통업 업종에 비해 운전수의 비율이 높기 때문에[18] 도쿄의 교통업 종사자 중에는 운전수의 비중이 클 것으로 추측되는데, 1930년에도 운전수가 교통업 종사자의 25.9%였다.

---

18) 전국 평균으로 보면 운전수의 비율이 기타 육상 운수업 0.5%, 화물자동차 운송업 49.5%임에 비해 여객 자동차 운송업은 88.2%였다.

도쿄부의 재일조선인 취업 구조의 또 하나의 특징은 공무 자유업의 비중이 다른 도부현에 비해 크다는 점이다. 그 내용을 보면 일반적으로 재일조선인이 많이 취업하고 있는 청소업, 이용··이발, 욕장(浴場)과 같은 분야의 취업자 비중이 다른 지역에 비해 낮다. 도쿄부의 공무 자유업 취업자 중에서 이 세 업종 취업자가 차지하는 비율은 37.5%인데 전국 평균은 54.8%이다. 이는 다른 지역에 비해 사무직이나 전문 분야에 종사하는 사람의 비중이 컸음을 의미하지만, 이것이 도쿄부에 전문직 종사가가 많았음을 반드시 의미하는 것은 아니다. 공무 자유업 중에 비교적 큰 비중을 차지하는 '지방 사무'에 종사하는 자를 보면, '기타 작업자', '짐꾼', '급사'와 같이 주변 잡역에 종사하는 사람의 비중이 압도적이다.

(3) 효고현

효고현에는 재일조선인의 8.7%에 달하는 10만 8491명이 거주하고 있었으며, 그중 유업자 수는 4만 1978명(전체 재일조선인 유업자의 8.0%)이었다. 유업자의 산업별 구성을 보면, 공업 부문(35.0%)의 비중이 가장 크며, 다음으로 토목건축업(29.6%), 상업 부문(13.9%), 교통업(11.2%)이 크다(〈부표 2-3〉).

공업 부문에서는 금속, 기계 기구 공업의 비중이 가장 크고(공업 부문 유업자 수의 41.4%, 이하 동일), 다음으로 화학공업(19.1%), 방직공업(15.3%), 요업 및 토석업(7.5%)의 순으로 비중이 크다.

금속공업에서는 철 정련업 및 재료품 제조업, 선철 주물업, 금속판 제품 제조업에, 기계 기구 업종에서는 강선 제조업, 포탄·탄환·병기 제조업에 많이 취업하고 있었다. 강선 제조업, 포탄·탄환·병기 제조업과 같은 군수 산업 부문의 유업자가 기계 기구 업종 유업자의 32%나 차지하고 있음이 주목된다.

화학공업에서는 고무 제품 제조업 광물질 및 배합비료 제조업, 성냥 제조업의 유업자가 많은데, 특히 고무 제품 제조업 유업자의 비중이 높았다. 고무공업 유업자의 효고현 집중도는 25.5%로 오사카부의 45.6% 다음으로 높았다. 방직공업에서는 재봉업 유업자가 가장 많은데 면직물 제조업이나 면사방적업 유업자도 상당수 있었음이 눈에 띈다. 요업 및 토석업에서는 유리 제조업과 벽돌 및 내화물(耐火物) 제조업 유업자가 많았다.

금속 및 기계 기구 공업은 1930년에는 전체 유업자의 불과 3.5%(공업 부문 유업자의 11.3%)를 차지하고 있었을 뿐으로, 1940년에 군수산업을 중심으로 유업자 수가 크게 늘었음을 알 수 있다. 화학공업과 방직공업은 1930년에도 재일조선인의 주요 취업 부문이었는데, 1940년에는 이 업종의 유업자가 늘었음에도 불구하고 금속·기계 기구 업종의 유업자가 크게 증가해 전체 유업자에 대한 비율은 하락했다.

상업 부문에서는 고물상, 요리점·음식점의 비중이 크며, 교통업에서는 기타 육상 운수업이 압도적으로 많았다. 공무 자유업에 798명이 취업하고 있지만, 욕장업(370명)이 거의 절반을 차지하고 있었다.

(4) 아이치현

아이치현에는 재일조선인의 6.8%에 달하는 8만 4094명이 거주하고 있었으며, 그중 유업자 수는 2만 9860명(전체 재일조선인 유업자의 5.7%)이었다. 유업자의 산업별 구성을 보면, 공업 부문(51.7%)의 비중이 가장 큰데 이것은 오사카부의 65.4% 다음으로 높은 수치이다. 다음으로 상업(16.7%), 토목건축업(13.0%), 교통업(8.8%)이 크다(〈부표 2-4〉).

공업 부문에서는 방직공업의 비중이 가장 크고(공업 부문 유업자의 30.2%, 이하 동일), 다음으로 금속·기계 기구업(25.4%), 요업 및 토석업(23.8%)의 순으로 비중이 크다.

방직공업 부문에서 유업자가 많은 업종은 면사방적업, 제면업, 면직물 등과 같이 면방적업 관련 분야가 많으며 생사 제조업에도 상당수가 취업하고 있었다. 특히 면사방적업 유업자의 아이치현 집중도는 49.1%나 되었다. 재봉업이나 메리야스업의 비중이 큰 다른 지역과 차이나는 점이다.

요업 및 토석업의 내용을 보면 도자기 제조업의 비중이 압도적으로 컸으며, 그다음으로 유리 제조와 벽돌 및 내화물 제조업 등의 비중이 컸다. 도자기 제조업 유업자의 아이치현 집중도는 55.6%에 달했다.

방직공업과 요업·토석업은 이전부터 이 지역 재일조선인의 주요 취업 부문이었는데, 1930년의 국세조사에 따르면 전체 재일조선인 유업자에 대해 각각 25.4%, 6.9%의 비중을 차지하고 있었다. 당시의 지방자치체에 의한 조사에서도 도요하시(豊橋)지역의 제사공업, 세토(瀬戸)지역의 도자기 공업에 재일조선인이 많이 취업하고 있다는 보고가 있다(名古屋地方職業紹介事務局, 1925; 1929). 그러나 방직공업 부문의 유업자 수는 1930년에 비해 900명 가까이 감소해 그 비중은 크게 떨어졌다. 이것은 전시경제의 영향인 것으로 생각되지만 그 구체적인 내용은 확인하지 못했다.

방직공업과는 달리 금속 및 기계 기구 공업의 유업자는 크게 증가했다. 1930년의 이 부문 유업자는 3.6%에 불과했으나 1940년에는 13.1%(금속 5.7%, 기계 기구 7.4%)로 증가했다. 특히 '항공기 부분품 및 부속품 제조업', '총포, 포탄, 병기 제조업'과 같은 직접 전쟁 수행과 관련되는 군수산업 분야의 유업자가 상당 부분 차지하고 있는 점이 주목된다.

상업 부문도 1930년에 비해 크게 유업자가 증가한 부문인데, 이 부문 유업자의 거의 절반은 고물상이었다. 교통업의 유업자 비중은 1930년에 비해 소폭 증가했는데, 기타 육상 운수업이 절반 이상을 차지하고 있었으며, 그에 이어 화물자동차 운송업이 1/4 정도를 차지하고 있었다. 공무 자유업에 700명이 취업하고 있지만, 욕장업(249명), 청소업(121명)이 절반 이상을 차지하고 있었다.

(5) 교토부

교토부에는 재일조선인의 5.9%에 달하는 7만 2771명이 거주하고 있었으며, 그중 유업자 수는 2만 5398명(전체 재일조선인 유업자의 4.9%)이었다. 유업자의 산업별 구성을 보면, 공업 부문(41.1%)의 비중이 가장 크며, 다음으로 토목건축업(22.5%), 상업(17.2%)이 크다. 교통업의 비중은 4.5%로 다른 지역에 비해 낮은 편이며, 공무 자유업의 비중(3.7%)이 도쿄부의 5.2% 다음으로 높다(〈부표 2-5〉).

공업 부문에서는 방직공업의 비중이 압도적으로 크고(공업 부문 유업자의 61.9%, 이하 동일), 다음으로 금속·기계 기구업(14.5%), 화학공업(5.9%), 요업 및 토석업(5.3%)의 순으로 비중이 크다.

방직공업 부문의 유업자들은 주로 '염색 및 정리업'과 관련되는 업종(날염업, 표백 및 정리, 세탁 등)과 견직물 제조 관련 업종에 종사하고 있었는데, '염색 및 정리업' 전체 취업자의 46.6%가 교토에 집중되어 있었다. 이러한 업종은 교토의 전통적인 견직물업과 관련되는 것으로, 특히 유젠(友禪)의 증·수세업(蒸·水洗業)에서 재일조선인들이 독점적인 지위를 확립하고 있었는데, 이 분야에는 1930년에도 이미 재일조선인이 많이 취업하고 있었다(韓載香, 2010: 75~77; 李洙任, 2012; 권숙인, 2011).

1930년에는 공업 부문 유업자의 10.4%를 차지하고 있었던 금속·기계 기구 공업이 1940년에는 14.5%를 차지했는데, '총포, 포탄, 병기 제조업'과 전기기계 기구 제조업 등이 비교적 많은 사람이 취업하고 있던 업종이었다. 화학공업에서는 연마 재료 및 연마 용품 제조업, 요업·토석업에서는 도자기와 석공품 제조업 유업자가 많았다.

상업 부문도 1930년에 비해 크게 유업자가 증가한 부문인데, 이 부문 유업자 4371명의 약 43%가 고물상이었다. 이 외에 '요리점, 음식업점', 신문 발행 판매업, 소채 판매업에 200명대의 유업자가 있었다.

교통업의 유업자 비중은 1930년에 비해 소폭 감소했는데, 기타 육상 운수업, 화물자동차 운송업이 약 64%를 차지하고 있었다. 공무 자유업의 유업자 949명의 약 58%는 청소업에 종사하는 사람들이었다.

(6)후쿠오카현

후쿠오카현에는 재일조선인의 9.4%에 해당하는 11만 6243명이 거주하고 있었으며, 그중 유업자 수는 5만 2331명(전체 재일조선인 유업자의 10.0%)이었다. 유업자의 산업별 구성을 보면 광업(37.3%)의 비중이 가장 크며, 다음으로 교통업(15.5%), 공업(13.2%), 토목건축업(10.8%), 상업(10.2%)의 비중이 크다(〈부표 2-6〉). 후쿠오카현의 비교적 높은 유업률(45.0%)과 남성 비율(61.6%)은 광업 부문의 종사자에 단신 남성이 많은 것을 반영하는 것으로 생각된다.

광업 부문의 유업자는 1만 9544명이었는데, 이들의 대부분인 94%가 석탄 광업에 취업하고 있었다. 후쿠오카현에는 일찍부터 조선인이 광부로서 탄광에서 취업했지만, 1939년 전시 노무 동원이 시작되면서 석탄 광업 취업자는 크게 늘었다. 내무성 자료에 따르면, 1938년에 후쿠오카현 전체 재일조선인 유업자에 대한 광업 부문의 재일조선인 노동자의 비율이 13.0%였지만, 전시 노무 동원이 시작된 후인 1940년에는 8.4% 포인트가 증가한 21.4%가 되었다(內務省警保局, 1938: 1940).

공업 부문에서는 금속·기계 기구 공업의 비중이 가장 크고(공업 부문 유업자의 36.1%), 다음으로 요업 및 토석업(26.1%)의 비중이 크다. 금속·기계 기구 공업에서는 금속공업 부문인 철 정련업 및 재료품 제조업 유업자가 전체 금속·기계 기구업 유업자의 약 63%를 차지했으며, 기계 기구 공업 유업자는 많지 않았다. 철 정련업 및 재료품 제조업 유업자의 다수는 야와타제철소에 취업하고 있었던 것으로 생각된다.

요업 및 토석업에서는 시멘트 제조업 유업자가 886명으로 전체 요업 및 토석업 유업자의 47.9%를 차지했는데, 시멘트 제조업 유업자의 후쿠오카현 집중도는 63.9%나 된다.[19] 금속공업이나 요업 및 토석업 부문은 1930년에는 불과 수백 명의 유업자밖에 없었던 산업 부문이었다.

상업에서는 고물상, 요리점·음식점의 비중이 컸으며, 교통업에서는 기타 육상 운수업의 종사자가 압도적이었다.

(7) 홋카이도

홋카이도에는 재일조선인의 3.5%에 해당하는 4만 3098명이 거주하고 있었으며, 그중 유업자 수는 3만 204명(전체 재일조선인 유업자의 5.8%)이었다. 유업자의 산업별 구성을 보면, 광업(51.4%)의 비중이 가장 크며, 다음으로 토목건축(24.6%), 농업(11.7%)이 크다. 공업 부문은 1.4%에 불과하다(〈부표 2-7〉). 홋카이도의 높은 유업률(70.1%)과 남성 비율(77.2%)은 광업 부문의 종사자에 단신 남성이 많은 것을 반영하는 것으로 생각된다.

광업 부문의 유업자는 1만 5668명이었는데, 이들의 약 78%가 석탄 광업에 취업하고 있었으며, 이 외에 금속 광업에 약 18%가 취업하고 있었다. 홋카이도의 광업 부문 유업자도 후쿠오카현과 마찬가지로 1939년에 전시 노무 동원이 시작되면서 급격히 증가했다. 내무성 자료에 의하면 1938년에는 홋카이도의 재일조선인 유업자 중 광업 부문 노동자 비율이 6.2%였지만,

---

19) 당시 후쿠오카현에는 아사노세멘토(浅野セメント)의 모지(門司)공장(1893년 설립)과 아소(麻生)탄광 계열의 산교세멘토철도(産業セメント鉄道)의 다가와(田川)공장(1934년 조업 개시)에서 시멘트를 생산하고 있었다. 1930년 국세조사에 재일조선인의 시멘트업 취업자가 보이지 않는 것을 고려하면, 재일조선인은 주로 산교세멘토철도의 다가와 공장에서 취업했을 것으로 생각된다. 아소탄광에는 제1차 세계대전기부터 많은 재일조선인이 취업하고 있었으며, 1928년에는 아소탄광 산하의 세 탄광에서 254명의 조선인 광부가 일하고 있었다(西成田, 1997: 105).

1940년에는 무려 38.6% 포인트가 증가한 44.8%가 되었다(內務省警保局, 1938: 1940).

홋카이도는 광업 외에도 농업 부문의 비중이 다른 부현에 비해 월등하게 높은 것이 특징이다. 재일조선인은 도작, 삼림업, 두작(豆作), 약초 재배업에 많이 취업하고 있었다. 상업에서는 고물상, 요리점·음식점의 비중이 컸다. 이 외의 산업 부문에 대해서는 그 취업자 수가 얼마 되지 않으므로 따로 언급하지 않는다.

(8) 야마구치현

야마구치현에는 재일조선인의 6.4%에 해당하는 7만 8937명이 거주하고 있었으며, 그중 유업자 수는 3만 3442명(전체 재일조선인 유업자의 6.4%)이었다. 유업자의 산업별 구성을 보면, 광업(27.8%)의 비중이 가장 크며, 다음으로 토목건축업(15.3%)과 농업(15.3%), 공업(12.6%)이 크다(〈부표 2-8〉).

광업 부문의 유업자는 9290명이었는데, 이들의 약 93%가 석탄 광업에 취업하고 있었다. 이들은 대부분 우베시(宇部市) 근처의 탄광에서 광부로서 일했을 것으로 생각된다. 야마구치현의 광업 부문 유업자도 홋카이도나 후쿠오카현과 마찬가지로 1939년에 전시 노무 동원이 시작되면서 증가했지만 그 증가폭은 상대적으로 소폭이었다. 내무성 자료에 의하면 야마구치현의 재일조선인 유업자에 대한 광업 부문 노동자 비율이 1938년에는 12.9%였지만, 1940년에는 16.9%로 증가했다(內務省警保局, 1938: 1940). 이것은 야마구치현 소재의 탄광이 비교적 소규모이고 탄질도 좋은 편이 아니기 때문에 전시 동원된 조선인들이 홋카이도와 후쿠오카로 집중적으로 배치되었기 때문이라고 생각된다.

공업 부문에서는 화학공업의 비중이 매우 큰데(공업 부문 유업자의 36.8%), 소다 제조업, 광물질 및 배합비료 제조업 종사가가 많았다. 특히 소다 제조업 유업자는 414명으로 동 업종 유업자의 야마구치현 집중도는 82.8%에 달했다.[20] 한편 금속 및 기계 기구 공업의 비중은 상대적으로 낮았다(17.9%).

농업 부문 유업자 비중 15.3%는 전국에서 가장 높은데, 동 부문 유업자의 절반 가까이는 도작에 종사하고 있었다. 상업에서는 고물상, 요리점·음식점의 비중이 컸으며 교통업에서는 기타 육상 운송업과 선박 운수업에 종사하는 사람이 많았다.

(9) 히로시마현

히로시마현에는 재일조선인의 3.5%에 해당하는 4만 3579명이 거주하고 있었으며, 그중 유업자 수는 1만 6597명(전체 재일조선인 유업자의 3.2%)이었다. 유업자의 산업별 구성을 보면, 공업(24.0%)의 비중이 가장 크며, 다음으로 토목건축업(20.0%)과 상업(18.1%), 농업(15.4%)이 크다(〈부표 2-9〉).

공업 부문에서는 금속 및 기계 기구 공업의 비중이 가장 크고(공업 부문 유업자의 25.4%), 다음으로 제재 및 목제품 공업과 화학공업의 비중이 컸다(15.7%, 14.1%). 다른 도부현에 비해 제재 및 목제품 공업의 비중이 큰 것이 특징인데 이 부문 유업자의 약 53%가 제재업에 종사하고 있었다. 화학공업에서는 제지업의 비중이 컸다.

농업 부문 유업자 비중은 높은 편이며, 도작에 가장 많이 취업하고 있었다. 상업에서는 고물상의 비중이 압도적으로 컸는데, 목재·죽재(竹材) 판매업에 종사하는 사람이 상당수 있는 것이 눈에 띈다. 이것은 제재 및 목제품 부문의 종사가 많은 것과 관련이 있는 것으로 생각된다. 교통업에서는 기타 육상 운송업과 선박 운수업에 종사하는 사람이 많았다.

----

20) 당시 야마구치현은 일본 유수의 소다 생산지로서 우베소다(宇部曹達), 도요소다(東洋曹達) [이상은 우베(宇部)시, 도쿠야마소다(德山曹達, 도쿠야마시] 등의 대기업이 입지하고 있었다.

(10) 가나가와현

가나가와현에는 재일조선인의 2.5%에 해당하는 3만 714명이 거주하고 있었으며, 그중 유업자 수는 1만 3107명(전체 재일조선인 유업자의 2.5%)이었다. 유업자의 산업별 구성을 보면, 토목건축업(40.0%)의 비중이 가장 크며, 다음으로 공업(21.3%), 상업(16.1%), 교통업(8.8%)이 크다(〈부표 2-10〉). 검토 대상의 부현 중에서 토목건축업 유업자 비중이 가장 높은 지역은 가나가와현뿐이다. 가나가와현의 비교적 높은 유업률(42.7%)과 남성 비율(62.1%)은 토목건축 부문의 종사자에 단신 남성이 많은 것을 반영하는 것으로 생각된다.

공업 부문에서는 금속·기계 기구 공업의 비중이 가장 크고(공업 부문 유업자의 55.5%, 이하 동일), 다음으로 화학공업(14.0%), 방직공업(12.9%)의 순으로 비중이 크다. 금속공업에서는 철 정련 및 재료품 제조업, 기계 기구 공업에서는 강선 제조업, 전기기계 기구 제조업에 종사하는 사람들이 많았다. 1930년에 금속·기계 기구 공업에 종사하는 사람들은 129명에 불과했으나, 1940년에는 1550명으로 크게 증가했다.

토목건축업의 높은 비중은 가나가와현의 가장 큰 특징이다. 토목건축업 유업자가 전 취업자의 거의 60%를 차지했던 1930년에 비해 1940년에는 20% 포인트 가까이 그 비중이 감소했지만, 여전히 토목건축업에 가장 많은 사람들이 일하고 있었다. 토목건축업 유업자가 많은 것은 가와사키시(川崎市)의 급속한 중화학공업화에 수반되는 해안 매립공사 및 공장 건설에 필요한 노동 수요의 상당 부분이 재일조선인 노동자들로 충당되었기 때문이다 (본서 제1장 제4절 참고).

상업은 고물상의 비중이 약 51%로 압도적이었으며, 교통업에서는 기타 육상 운수업 종사자가 가장 많았다.

3) 1940년의 도부현별 취업 구조의 특징

이상 1940년 국세조사 통계 원표를 통해 확인한 사항을 기존 연구에서 밝혀진 사항과 대조해 정리한 것이 〈표 2-15〉이다. 대부분의 내용은 기존 연구가 밝힌 사항을 통계 수치로 뒷받침하는 것이지만, 기존 연구와 다르거나 기존 연구가 언급하지 않은 사항에 대해서 간단히 언급하겠다.

오사카에서의 금속, 기계 기구 공업의 50%를 웃도는 높은 집중도(당해 업종에서 취업하고 있는 전 재일조선인 유업자에 대한 비율)는 새삼 인상적이다. 방직공업 중에서는 재봉업, 메리야스업의 비중이 큰 점이 특징이다. 고무 제품의 집중도도 높으며 셀룰로이드 제조업의 집중도는 90.6%에 달한다. 기존 연구에서는 유리 제조업이 화학공업에 포함되어 있지만, 국세조사에서는 요업 및 토석업으로 분류되며, 그 집중도는 65.9%에 달했다.

도쿄의 경우, 기존 연구는 화학공업 노동자가 가장 많다고 되어 있으나, 이것은 유리 제조업을 화학공업에 포함시켰기 때문이며, 도쿄에서도 금속, 기계 기구 공업 유업자가 가장 많았다. 유리 제조업만을 보면 집중도가 12.2%로 오사카에 이어 가장 많은 유업자가 도쿄에 집중되어 있었다.

한편 도쿄에서 인쇄업(32.2%), 신문 발행 판매업(66.9%), 여객 자동차 운송업(42.5%), 지방 사무(17.7%)의 집중도가 높으며, 유업자는 아니지만 학생의 집중도가 56.9%에 달한다. 수도 도쿄의 특성이 재일조선인의 취업 구조에서도 반영되고 있다. 기존 연구에서 유식적 직업의 비율이 높게 되어 있다고 하는데 국세조사의 공무 자유업의 비중도 5.2%로 전국 평균 2.1%보다 높다. 그러나 공무 자유업의 직업별 내용을 보면 청소부나 급사 등의 직종이 대다수여서 유식적 직업자의 비중은 비록 다른 도부현보다는 높겠지만 그 수준 자체는 대단히 낮았다.

효고현에서는 기존 연구가 지적한 바와 같이 고베시를 중심으로 고무공

표 2-15 _ 지역별 취업 구조의 특징 요약

지역	1930년대의 특징(기존 연구)	1940년 국세조사
오사카부	• 화학공업(유리공업포함), 금속·기계공업, 섬유공업의 3업종의 노동자가 전체 공장 노동자의 90% 이상 • 특히 금속·기계 기구 공업 노동자의 증가가 현저 • 여성은 방직공, 남성은 유리공과 금속, 고무 관계 종사자가 많음	• 금속, 기계 기구, 화학, 요업 및 토석업, 방직공업의 4업종의 비중이 54.0%(공업 유업자의 82.1%) • 금속, 기계 기구 공업의 비중은 18.9%, 13.1%이며 집중도는 각각 60.7%, 50.3% • 방직업의 비중은 9.9%, 집중도는 34.6%. 여성 유업자의 비율은 63.5%. 특히 재봉업, 메리야스업의 비중이 큼 • 고무 제품 제조업과 셀룰로이드 제품 제조업이 화학공업 유업자의 40%를 차지하고 있으며, 이 두 업종의 집중도는 45.36%, 90.6% • 유리 및 유리 제품 제조업이 요업 및 토석업의 70%을 차지하고 있으며 집중도는 65.9%
도쿄부	• 화학공업 노동자가 가장 많음(유리공업 노동자가 다수) • 유식적 직업의 높은 비율 • 높은 학생 집중도	• 화학공업 노동자의 비중은 5.2%로 기계 기구 공업, 금속공업 다음으로 큰 비중 • 요업 및 토석업의 비중은 3.1%, '유리 및 유리 제품 제조업'은 요업 및 토석업의 73.9%이고 집중도는 12.2% • 집중도가 높은 업종 - 인쇄업(32.2%), 신문 발행 판매업(66.9%), 여객 자동차 운송업(42.5%), 지방 사무(17.7%) • 학생의 집중도 56.9%
효고현	• 고베시에는 화학공업 노동자가 가장 많으며 그 대부분은 고무공업에 종사	• 화학공업의 비중이 6.9%(공업 유업자의 19.1%)이며, 그중 고무공업이 비중이 29.8%, 집중도가 25.2%
아이치현	• 도요하시(豊橋) 지방에는 섬유공업자가 많음 • 세토(瀬戶) 지방에서는 요업 종사자가 많음	• 방직공업의 비중은 15.6%(공업 유업자의 30.2%)이며 그중 면사방적업의 비중이 20.5%이고 집중도는 49.1% • 요업 및 토석업의 비중이 12.3%(공업 유업자의 23.8%)이며 그중 도자기 제조업 비중이 56.9%이며 집중도는 55.6%
교토부	• 섬유공업 종사자가 많음 • 방직공업에 종사하는 사람이 많은데, 그중 '염색업 및 그에 부속되는 증업 수세업(蒸業水洗業)' 등이 약 반을 차지하고 있음	• 방직공업의 비중이 24.4%(공업 유업자의 61.9%) • 방직공업의 대부분이 염색 관계 및 견직물 제조업 유업자. '염색 및 정리업'과 '순견직물 제조업'의 집중도는 각각 46.6%, 67.3%
후쿠오카	• 광업 노동자 다수 • 공장 노동자의 중심은 금속·기계공업 노동자(주로 야와타(八幡)제철소에서 일하는 노동자로 추측)	• 석탄 광업 종사자 집중도 36.% • 금속공업의 비중은 3.8%, '철 정련 및 재료품 제조업'은 금속공업의 79.6%이고 집중도 18.7% • 요업 및 토석업의 비중 3.5%(공업유업자의 26.1%)이며 그중 시멘트 제조업의 비중 47.9%, 집중도는 63.9%
홋카이도	• 광업 노동자 다수	• 석탄 광업 종사자 집중도 23.9%
야마구치현		• 광업 비중이 27.8%이며 그중 93.2%가 석탄 광업 유업자 • 소다 제조업의 집중도 82.8%
히로시마현		• 제재업과 목재·죽제 판매업의 집중도가 9.7%, 24.7%로 높은 편
가나가와현		• 토목건축업 유업자의 비중이 40%로 전국 평균 19.2%보다 크게 높음

업의 집중이 눈에 띈다. 고무공업의 지역 집중도가 25.2%로 오사카에 이어 많은 고무공업 유업자가 있었다.

아이치현에서는 기존 연구가 지적한 바와 같이 방직공업과 요업 및 토석업 종사자가 많았다. 방직공업 중에서 면사방적업의 비중이 20.5%가 되는 것이 다른 지역과 다른 특징인데, 면사방적업의 지역 집중도는 49.1%에 달했다. 요업 및 토석업 중에는 도자기 제조업의 비중이 크며 지역 집중도는 55.6%에 달했다. 면사방적업과 도자기 제조업의 유업자는 아이치현에 집중되어 있음을 확인할 수 있다.

교토에서는 기존 연구가 밝힌 바와 같이 섬유공업 종사자, 그중에서도 '염색업 및 그에 부속되는 증업 수세업(蒸業水洗業)'이 많다. 국세조사에 따르면 '염색 및 정리업(기계날염업, 기타 날염업, 무지 염색, 실 염색, 표백 및 정리업, 기모업, 센장 세탁업)' 유업자의 46.6%가 교토에 집중되어 있었다. 이외에 견직물 종사자도 많아서 순견직물 제조업의 지역 집중도는 67.3%에 달했다.

탄광 지역이 있는 후쿠오카현에서는 석탄 광업 종사가가 단연 가장 높은 비중을 차지하고 있으며, 기존 연구가 지적하는 바와 같이 금속·기계공업 종사가가 많은데, 특히 '철 정련 및 재료품 제조업'의 집중도는 18.7%에 달한다. 이 외에 시멘트 제조업 종사자의 높은 지역 집중도가 주목된다.

탄광 지역이 있는 홋카이도도 후쿠오카현과 마찬가지로 석탄 광업이 단연 가장 높은 비중을 차지하는 산업이며, 석탄 광업 유업자의 지역 집중도는 23.9%에 달한다.

기존 연구에서 언급되지 않았던 야마구치현, 히로시마현, 가나가와현의 경우, 야마구치현의 석탄 광업과 소다 제조업, 히로시마현의 제재업과 목재·죽재 판매업 등의 비교적 높은 지역 집중도가 눈에 띄며, 가나가와현은 토목건축업의 비중이 전국 평균을 크게 상회하고 있는 점이 특징적이다.

4. 재일조선인 취업 구조의 변화: 최하층 노동자에서 공장 노동자와 경영자로?

1940년 재일조선인 취업 구조에서 나타난 변화는 기본적으로 재일조선인 노동력 수요의 변화에 대응하는 것이라고 할 수 있다. 1931년의 만주사변과 1937년의 중일전쟁의 발발, 그리고 전시경제 체제로의 전환으로 유발된 군수산업 및 탄광에서의 대규모의 노동력 수요에 대해 일본인 노동력만으로 대응이 곤란하게 되자 그 공백을 재일조선인이 메워갔던 것이다. 이런 변화는 1930년대를 통해서 일어나고 있었으나 1939년에 시작된 식민지 조선에서의 전시 노무 동원은 그러한 변화를 가속시켰다. 재일조선인 취업 구조에서 나타나는 금속·기계공업 부문과 탄광 부문 취업자의 급증이 이러한 노동력 수요의 변화를 단적으로 보여주는 것이다.

공업 부문 취업자의 증가는 특정 업종의 지역적 집중을 동반하면서 나타났다. 금속·기계공업의 오사카 집중은 그 현저한 예이며, 이 외에 오사카부, 효고현(고베시)의 고무공업, 오사카부와 도쿄부의 유리 제조업, 오사카부의 재봉업, 메리야스업, 아이치현의 면사방적업, 도자기 제조업, 교토부의 염색업과 견직물 제조업의 집중이 주목된다. 취업자 수로는 소수이지만 높은 지역 집중도를 보이는 업종으로는 후쿠오카의 시멘트 제조업, 야마구치현의 소다 제조업 등이 있었다.

취업 구조의 변화는 노동력 수요면의 변화만이 아니라 노동력 공급면의 변화에 의해서도 일어난다. 재일조선인 취업자의 다수가 단순 육체노동자로서 존재할 수밖에 없었던 이유의 하나는 재일조선인의 노동력 특성(낮은 교육 수준, 낮은 문자 해독률 등)에 기인하는 것이었다. 그러나 1940년 시점에서 재일조선인 노동력의 특성에 어떠한 변화가 있었는지는 알기 어렵다. 예를 들면 1940년 시점에서 재일조선인의 교육 수준이나 문자 해독률 등이 어느 정도 향상되었는지 알 수 있는 자료를 찾지 못했다. 그러나 적어도 조기에 도일한 재일조선인들의 일부는 오랜 일본 생활을 통해 언어 능력이나 학력, 직업 능력을 발전시켰을 것으로 예상할 수 있다. 이러한 재일조선인들이 비교적 숙련이 필요한 선반공과 같은 공업 노동자, 기술자, 경영자로 성장할 수 있었다.

이 글의 모두에서 인용한 1941년 오사카부 재일조선인의 경제 상황은 한편에서는 전시경제에 따른 공업 부문에서의 노동력 수요의 급증 및 비즈니스 기회의 출현, 그리고 다른 한편에서 이러한 상황에 대응할 수 있는 일부 재일조선인의 성장이 있었기에 가능한 것이었다.

그러나 재일조선인이 숙련공, 기술자, 경영자로 성장하는 경우는 여전히 제한적인 것이었다. 재일조선인의 다수는 여전히 토목건축업과 교통업 부문의 단순 육체노동자이거나 청소업과 같은 기피 업종, 그리고 가사업이나 각종 주변적 노동자(급사, 점원 등)로 존재했다. 특히 기술자와 경영자는 1940년 국세 자료에서도 재일조선인의 극히 일부를 차지하고 있을 뿐이었다. 단지, 경영자의 경우, 1940년 국세조사에서 경영자가 지나치게 좁게 정의되어 있기 때문에 실제의 경영자는 훨씬 많은 것으로 추측된다.

그렇다면 1940년 시점의 재일조선인 취업 구조는 제2차 세계대전 이후의 재일조선인의 취업 구조와 어떤 연관을 가지고 있을까? 1940년경에 출현한 재일조선인 노동자의 공업 부문으로의 집중 및 경영자층의 대두라는 새로운 현상은 전후의 취업 구조로 연결되고 있는가?

전전의 취업 구조와 전후의 취업 구조의 관련에 대해서는 기존 연구들은 두 가지 점을 지적하고 있다.[21] 첫째는 종전 직후부터 고도성장이 개시되

---

21) 전후에서 1950년대 재일조선인 취업 구조에 대해서는 朴在一(1957: 64~74)의 고전적 연구 외에 도노무라 마사루(407~408), 吳圭祥(1992: 98~101), 韓載香(2010, 43)이 있다.

는 1950년대 중반까지의 취업 구조는 광업 부문을 제외하고는 기본적으로 전전 취업 구조와의 유사하다는 것이다. 둘째는 실업자가 크게 증가한 점이다.

전전 취업 구조와 유사하다는 것은 전후에서도 재일조선인이 '최하위 노동자'로서의 위치에서 벗어나지 못했음을 의미한다. 재일조선인은 여전히 사회적으로 기피되는 각종 잡역 노동자나, 공업이나 상업 부문의 영세 경영에서의 노동자로 존재했으며 근대적인 공장 노동자로서 성장하지 못했다. 그뿐만 아니라 많은 재일조선인들이 '최하위의 노동자'로서의 지위도 유지하지 못한 채, 실업자로 전락했다. 실업자의 증대, 즉 '조선인 노동자의 전면적 퇴출'은 군인의 복원 및 구 식민지에서의 귀환에 따른 노동력의 과잉 공급 상황에서 순수한 근육노동에 의존하는 미숙련 노동자인 조선인노동자를 일본의 산업이 더 이상 필요로 하지 않게 되었기 때문이었다(朴在一, 1957, 64~74).

그렇다면 재일조선인 노동자의 공업 부문의 집중이나 경영자의 출현과 같은 새로운 현상들은 전후에 어떻게 연결되고 있는가? 단지 전시기의 일시적이고 예외적 현상에 불과한 것인가, 아니면 전후의 취업 구조에 불가역적인 영향을 주었는가? 이 질문은 전후의 재일조선인의 성장, 특히 산업 부문에서의 재일조선인의 성장을 이해하는 것과 관련된다. 예를 들면, 전후 재일조선인 중에서 출현해 성공한 일부의 상공업자들은 전전의 취업 경험을 토대로 하고 있는 것인가, 아니면 암시장과 같은 전후적인 상황 속에서 비로소 성장할 수 있었던 것일까?

이 질문에 대한 본격적인 연구는 아직 이루어지고 있지 않지만, 최근 전전의 취업 경험이 전후의 상공업자 내지는 기술자로서의 성장으로 연결되고 있는 사례에 대한 보고가 나오고 있음은 고무적이다.[22] 전전 취업 구조

---

22) 고베의 고무공업에 대해서는 고광명, 「일본의 고무공업과 제일제주인 기업가」, 제주대학교

와 전후 취업 구조의 관련 및 전전 취업 경험의 전후로의 계승에 대해서는 앞으로 더 많은 연구가 기대된다.

재일제주인센터편, 『재일제주인과 마이너리티』, 제주대학교 재일제주인센터, 2014. 교토의 염색 및 정리업에 대해서는 韓載香, 『在日企業』の産業経済史』; 李洙任編著, 『在日コリアンの経済活動』.

부표 2-1 _ 오사카부의 재일조선인 취업 구조

(단위: 명, %)

1940년

산업 대분류					산업 소분류	
산업	남(명)	여(명)	총수(명)	(%)	산업	총수(명)
농업	1,280	106	1,386	1.2		
수산업	88	15	103	0.1		
광업	514	6	520	0.4		
공업	66,366	10,907	77,273	65.4 (100.0)		
금속	20,845	1,544	22,389	18.9 (29.0)	철 정련업 및 재료품 제조업	4,072
					선철 주물업	3,244
					볼트, 너트, 좌금(座金) 및 리벳 제조업	1,984
					금속판 제품 제조업	1,828
					기타 금속판 제품 제조 가공업	1,779
					건축용 및 기구용 철물 제조업	1,584
					단야(鍛冶業)	912
기계·기구	14,812	629	15,441	13.1 (20.0)	절삭 연마용 금속 공작기계 제조업	2,099
					공구 제조업	1,368
					전기기계 기구 제조업	1,187
					철포, 탄환, 병기류 제조업	1,059
					강선(鋼船) 제조업	876
					자전거 제조업	779
화학	6,364	964	7,328	6.2	고무 제품 제조업	1,491
					셀룰로이드 제품 제조업	1,290
가스	194	3	197	0.2		
전기 및 수도	149	2	151	0.1		
요업 및 토석업	5,792	1,168	6,960	5.9 (9.0)	유리 및 유리 제품 제조업	5,150
방직	7,159	4,544	11,703	9.9 (15.1)		

1930년

산업 대분류			직업 소분류	
산업	총수(명)	(%)	직업	총수(명)
농업	1,378	2.3		
수산업	118	0.2		
광업	287	0.5		
공업				
금속·기계·기구	8,647	14.6	주물사, 주조공	1,027
			프레스공	978
			도금공 착색공	882
			압연공, 신장공	841
화학	3,092	5.2	고무 성형공	1,502
			화학적 공정 종사노무자	908
가스·전기	111	0.2		
요업 및 토석업	4,234	7.2	유리 성형공, 기공공	1,617
방직	10,631	18.0		

유업자(有業者) 통계표

업종	남자	여자	%	(%)	세부 업종	계
제재 및 목제품	2,218	204	2.0	(3.1)	재봉업	4,664
식료품	974	133	0.9	(1.4)	메리야스 제품 제조업	1,040
인쇄 및 제본	640	84	0.6	(0.9)	메리야스 소지 편립(編立)업	810
기타	7,219	1,632	7.5	(11.5)		
					혁화 제조업	1,428
					도정업	1,176
					지(紙) 제품 제조업	924
토목건축	12,472	33	10.6		토목건축	12,505
	13,184	1,173	12.1			14,357
상업					고물상	3,182
					채소류 판매업	968
					철재, 강재 판매업	904
					신문 발행 판매업	884
					기타 물품 판매업	817
교통업	7,322	55	6.2		기타 육상 운수업	3,099
					화물자동차 운수업	1,895
						7,377
공무, 자유업	2,847	105	2.5			2,952
가사업	126	353	0.4			479
기타 산업	1,166	111	1.1			1,277
유업자 계	105,365	12,864	100.0			118,229

세부 직종	계	%	직종명	수
			제단공, 재봉공	2,374
			염색공, 날염공	1,026
			편물공	781
제재 및 목제품	2,001	3.4		
식료품	871	1.5		
인쇄 및 제본	1,397	2.4		
기타	2,813	4.8		
토목건축	7,042	11.9	토공(土工)	4,253
			일용(日傭)	2,275
상업	4,915	8.3	점원, 판매원	1,351
			노점 상인, 행상인	965
			물품 판매업주	946
교통업	4,725	8.0	짐꾼(仲仕, 荷扱夫, 運搬夫)	2,315
			배달부	1,019
공무, 자유업	2,383	4.0	목직(浴場)업주, 사용인	1,016
			청소부	807
가사업	336	0.6		
기타 유업자	4,154	7.0	잡역부	3,228
유업자 계	59,135	100.0		

부표 2-2_도쿄부의 재일조선인 업종별 취업 구조

(단위: 명, %)

1940년

산업	남(명)	여(명)	총수(명)	(%)	산업(소분류)	총수(명)
농업	257	28	285	0.7		
수산업	29	83	112	0.3		
광업	426	24	450	1.1		
공업	16,414	1,454	17,868	42.6 (100.0)	도서 제취업	398
금속	3,451	92	3,543	8.4 (19.8)	금속판 제품 제조업	534
					철 정련업 및 제료품 제조업	523
기계 기구	5,059	305	5,364	12.8 (30.0)	전구 제조업	575
					전기기계 기구 제조업	523
					공구 제조업	434
					항공기 부분품 및 부속품 제조업	416
					철포, 포탄, 병기름 제조업	327
					절삭용 연마용 금속 공작기계 제조업	309
					무선 및 유선통신 기계 기구 제조업	308
화학	2,016	149	2,165	5.2 (12.1)	고무 제품 제조업	412
					제혁업	328
가스	40	2	42	0.1 (0.2)		
전기 및 수도	124	1	125	0.3 (0.7)		
요업 및 토석업	1,216	75	1,291	3.1 (7.2)	유리 및 유리 제품 제조업	954
방직	1,380	449	1,829	4.4 (10.2)	제봉업	924
제재 및 목제품	317	12	329	0.8 (1.8)		
식료품	367	50	417	1.0 (2.3)		
인쇄 및 제본	544	63	607	1.4 (3.4)		

1930년

산업(대분류)	총수(명)	(%)	직업(소분류)	총수(명)
농업	256	1.1		
수산업	36	0.2		
광업	861	3.8		
공업	5,446	24.0	도사 제취부	836
공업	1,508	6.6	마무리공, 조립공, 조정공	156
			단야(鍛冶), 단야공	150
금속·기계 기구				
화학	438	1.9	고무 성형공	186
가스·전기	72	0.3		
요업 및 토석업	829	3.7	유리 성형공, 가공공	531
방직	1,179	5.2	재단공, 제봉공	303
제재 및 목제품	277	1.2		
식료품	254	1.1		
인쇄 및 제본	475	2.1		

左側 (산업별)

산업	직업			계	%
기타		1,900	256	2,156	5.1 (12.1)
인세업	화학 제조업	455	430	23	
	조리(후료), 쓰미가리와/瓜車류 제조업		360		
토목건축		3,475	23	3,498	8.3
상업	신문 발행 판매업	11,951	662	12,613	30.0
	고물상		3,495		
	요리점, 음식점업		3,394		
	철제, 강재 판매업		672		
	기타 금속재료 판매업		630		
	우유 판매업		507		
			472		
교통업	화물자동차 운송업	3,508	51	3,559	8.5
	여객자동차 운송업		1,142		
	기타 육상 운수업		792		
			768		
공무, 자유업	청소부	2,024	142	2,166	5.2
	지방 사무		698		
			319		
가사업		148	332	480	1.1
기타 산업		895	50	945	2.3
유업자 계		39,127	2,849	41,976	100.0

右側 (직업별)

산업	직업	수	%
기타	인세공	145	
		414	1.8
토목건축	토공	5,215	
	일용(日傭)	2,924	
	도로인부	214	
	토목건축업주, 청부업주	146	
		8,934	39.4
상업	점원, 판매원	576	
	노점 상인, 행상인	570	
	물품 판매업주	563	
		1,892	8.3
교통업	배달부	1,078	
	자동차 운전수	669	
	짐군(仲仕, 荷扱夫, 運搬夫)	526	
		2,582	11.4
공무, 자유업	청소부	515	
		1,079	4.8
가사업		142	0.6
기타 유업자	직역부	705	
	기타 유직자(有職者)	260	
		998	4.4
유업자 계		22,695	100.0

부표 2-3_ 효고현의 재일조선인 업종별 취업 구조

(단위: 명, %)

1940년							1930년				
산업 대분류					산업 소분류		산업 대분류			직업 소분류	
산업	남(명)	여(명)	총수(명)	(%)	산업	총수(명)	산업	총수(명)	(%)	직업	총수(명)
농업	629	72	701	1.7	작업업	189	농업	610	4.0	머슴	225
										기타 농업 노동자	133
수산업	23	2	25	0.1			수산업	27	0.2		
광업	1,249	54	1,303	3.1	토석 채취업	646	광업	206	1.3		
					금속 광업	644					
공업	12,346	2,355	14,701	35.0 (100.0)			공업	4,729	30.8		
금속	3,359	76	3,435	8.2 (23.4)	철 정련업 및 제료품 제조업	1,444	금속·기계 기구	532	3.5		
					선철 주물업	540					
					금속판 제품 제조업	294					
기계 기구	2,593	58	2,651	6.3 (18.0)	감선(鑼船) 제조업	625					
					철포, 포탄, 병기를 제조업	251					
화학	2,253	550	2,803	6.7 (19.1)	고무 제품 제조업	835	화학	1,382	9.0	고무 성형공	1,053
					광물질 및 배합비료 제조업	491				화학적 공정 종사 노무자	234
					성냥 제조업	234					
가스	60	0	60	0.1 (0.4)			가스·전기	19	0.1		
전기 및 수도	240	0	240	0.6 (1.6)							
요업 및 토석업	974	123	1,097	2.6 (7.5)	유리 및 유리 제품 제조업	384	요업 및 토석업	170	1.1		
					벽돌 및 내화물 제조업	209					
방직	1,113	1,139	2,252	5.4 (15.3)	제봉업	570	방직	1,572	10.3	정방(精紡)공	347
					순면직물 제조업	335				제사공(製絲工, 糸返工)	196
					기타 방직품 제조 가공업	256				조방(粗紡)공	141

주요 직업별 구성

분류	남	여	계	%	(%)
제재 및 목제품	583	85	668	1.6	(4.5)
식료품	464	123	587	1.4	(4.0)
인쇄 및 제본	92	8	100	0.2	(0.7)
기타	615	193	808	1.9	(5.5)
토목건축	12,379	32	12,411	29.6	
상업	5,044	808	5,852	13.9	
교통업	4,696	23	4,719	11.2	
공무, 자유업	798	40	838	2.0	
가사업	65	130	195	0.5	
기타 산업	1,155	78	1,233	2.9	
유업자 계	38,384	3,594	41,978	100.0	

세부 직업

분류	세부 직업	인원
	연사방직업	196
	제재업	232
	맥주 제조업	196
상업	고물상	2,325
	요리점, 음식점업	575
	채소류 판매업	268
	기타 물품 판매업	192
교통업	기타 육상 운수업	2,876
	화물자동차 운송업	576
	선박 운수업	464
	소운송업	383
공무, 자유업	목장(牧場)업	370
가사업	가사업	195

분류	세부 직업	인원	%
	기계공		132
제재 및 목제품	기타 나무 대나무 풀 덩굴류 제조 종사자	303	2.0
식료품		232	1.5
인쇄 및 제본		126	0.8
기타		393	2.6
	포장공, 발송공		145
토목건축	토공	4,867	31.7
	일용(日傭)		3,574
상업		1,349	8.8
	노점 상인, 행상인		354
	점원, 판매원		290
	요리인		175
	물품 판매 업주		150
교통업	짐꾼(仲仕, 荷成夫, 運搬夫)	2,005	13.1
			1,423
	수레 끌기, 마부		138
공무, 자유업	목장(牧場)업주, 사용인	515	3.4
			327
가사업		123	0.8
기타 유업자	잡역부	904	5.9
			815
유업자 계		15,335	100.0

부표 2-4_아이치현의 재일조선인 업종별 취업 구조

(단위: 명, %)

1940년

산업	산업 대분류 남(명)	여(명)	총수(명)	(%)	산업 소분류 산업	총수(명)
농업	298	98	396	1.3		
수산업	11	1	12	0.0		
광업	1,124	110	1,234	4.1	토석 채취업	990
					석탄 광업	225
공업	10,940	4,489	15,429	51.7 (100.0)		
금속	1,609	93	1,702	5.7 (11.0)	선철 주물업	540
					철 정련업 및 재료품 제조업	249
					볼트, 너트, 작금(鑿金) 및 리벳 제조업	234
기계 기구	2,142	73	2,215	7.4 (14.4)	항공기 부분품 및 부속품 제조업	341
					철포, 탄환, 병기류 제조업	297
					철사 연마용 금속 공작기계 제조업	291
					공구 제조업	192
화학	547	47	594	2.0 (3.8)		
가스	11	1	12	0.0 (0.1)		
전기 및 수도	28	1	29	0.1 (0.2)		
요업 및 토석업	2,513	1,152	3,665	12.3 (23.8)	도자기 제조업	2,086
					유리 및 유리 제품 제조업	507
					벽돌 및 내화물 제조업	323
					기타 요업 제품 제조업	204
					도자기 그림 붙이기업	201
방직	2,060	2,602	4,662	15.6 (30.2)	면사방적업	958
					제봉업	463
					생사 제조업	398
					제면업	368

1930년

산업 대분류 산업	총수(명)	(%)	직업 소분류 직업	총수(명)
농업	675	3.1	머슴	211
수산업	25	0.1		
광업	861	4.0	토사 채취업	644
공업	9,765	45.1		
	779	3.6		
금속·기계 기구				
화학	208	1.0		
가스 전기	24	0.1		
요업, 토석 기공	1,491	6.9	기타 요업, 토석 기공	420
			성형공	216
방직	5,511	25.4	조사(繰絲)공	2,362
			기직(機織)공	438
			연사(撚絲)공	357
			제사공(製絲工, 糸返工)	284

분류							
			1,184	133	4.4	1,317	(8.5)
순면직물 제조업	323						
순모직물 제조업	251						
기타 방직품 제조 가공업	211						
제재업	620						
기타 목제품 제조업	203						
포장용 나무 상자, 나무통(樽, 桶) 제조업	199						
제재 및 목제품 식료품			213	120	1.1		
인쇄 및 제본			40	7	0.2		
기타			593	260	2.9		
			853				(2.2)
							(0.3)
			3,889	16	13.0		(5.5)
토목건축			3,873	16	13.0	3,889	
고물상	2,400						
요리점, 음식점업	236						
상업			4,401	586	16.7	4,987	
기타 육상 운수업	1,496						
화물자동차 운송업	693						
교통업			2,630	10	8.8	2,640	
목장(牧場)업	249						
공무, 자유업			545	155	2.3	700	
가사업			18	70	0.3	88	
기타 산업			436	49	1.6	485	
유업자 계			24,276	5,584	100.0	29,860	

분류			
훈연공, 타면공, 제면공	279		
누에고치 가공 작업자(縫繭工, 運繭工, 煮繭工)	241		
편물공	217		
염색공, 날염공	215	777	3.6
제재공, 나무꾼	356		
제재 및 목제품 식료품	356		1.6
인쇄 및 제본	168		0.8
기타	451		2.1
		6,100	28.2
토목건축 토공	4,578		
일용(日傭)	1,152	1,070	4.9
노점상인, 행상인	399		
상업 점원, 판매원	369		
교통업 집꾼(仲仕, 荷扱夫, 運搬夫)	1,002	1,719	7.9
수레끌기, 마부	333		
공무, 자유업 목장(牧場)업주, 사용인	208	473	2.2
가사업		39	0.2
기타 유업자		565	2.6
잡역부	547		
유업자 계		21,657	100.0

부표 2-5 _ 교토부의 재일조선인 업종별 취업 구조

(단위: 명, %)

1940년							1930년				
산업 대분류					산업 소분류		산업 대분류			직업 소분류	
산업	남(명)	여(명)	총수(명)	(%)	산업	총수(명)	산업	총수(명)	(%)	직업	총수(명)
농업	50	0	50	0.2	도작	304	농업			머슴	267
										목동·축산 노무자	214
수산업	1,134	10	1,144	4.5			수산업	2	0.0		
광업					금속 광업	614	광업	544	3.1		
					토석 채취업	421				토석 채취부	490
공업	8,478	1,952	10,430	41.1 (100.0)			공업	6,315	36.4		
금속	638	67	705	2.8 (6.8)							
기계 기구	761	46	807	3.2 (7.7)	철포, 포탄, 병기류 제조업	164	금속·기계 기구	659	3.8		
					전기기계 기구 제조업	143					
화학	553	64	617	2.4 (5.9)	연마 재료 및 연마 용품 제조업	213	화학	90	0.5		
가스	48	1	49	0.2 (0.5)			가스·전기	31	0.2		
전기 및 수도	45	0	45	0.2 (0.4)							
요업 및 토석업	487	61	548	2.2 (5.3)	도자기 제조업	182	요업 및 토석업	212	1.2		
					식료품 제조업	173					
방직	4,924	1,529	6,453	25.4 (61.9)	기타 날염업	1,483	방직	4,510	26.0	염색공, 날염공	1,969
					순건직물 제조업	970				기직(機織)공	720
					기계날염업	750				연사(撚絲)공	453
					정련, 표백 및 정리업	596				표백공, 정련공	327
					무지염(無地染) 및 교염(絞染)업	489				세탁업	164
					재봉업	345					
					건연사업	326					

항목			(%)
세탁업	289		
교직(交織), 인조 견직물 제조업	209		
인조 견사와 교직(交織, 견직물 제조업)	197		
제재 및 목제품	433	9	442	1.7	(4.2)
제재업	262		
식료품	182	51	233	0.9	(2.2)
인쇄 및 제본	60	15	75	0.3	(0.7)
기타	347	109	456	1.8	(4.4)
자제품 제조업	147		
토목건축	5,699	19	5,718	22.5	
	5,718		
상업	3,975	396	4,371	17.2	
고물상	1,861		
요리점, 음식점업	288		
신문 발행 판매업	236		
채소류 판매업	227		
교통업	1,130	3	1,133	4.5	
기타 육상 운수업	374		
화물자동차 운송업	350		
여객자동차 운송업	143		
공무, 자유업	911	38	949	3.7	
청소업	548		
가사업	28	119	147	0.6	
가사업	147		
기타 산업	579	84	663	2.6	
유업자 계	22,671	2,727	25,398	100.0	

항목		(%)
제재 및 목제품	210	1.2
식료품	213	1.2
인쇄 및 제본	240	1.4
기타	150	0.9
토목건축	5,141	29.7
토공	4,035	
일용(日傭)	688	
상업	1,643	9.5
노점상인, 행상인	311	
제품 판매업주	228	
교통업	1,035	6.0
배달부	291	
점원(仲仕, 荷扱夫, 運搬夫)	288	
수레 끌기, 마부	209	
자동차 운전수	185	
공무, 자유업	463	2.7
청소부	161	
가사업	247	1.4
주인 세대에 있는 가사 사용인	200	
기타 유업자	1,107	6.4
잡역부	1,024	
점원 판매원	689	
유업자 계	17,331	100.0

부표 2-6 _ 후쿠오카현의 재일조선인 업종별 취업 구조

(단위: 명, %)

1940년

산업 대분류		남(명)	여(명)	총수(명)	(%)	산업 소분류	
						산업	총수(명)
농업		1,508	477	1,985	3.8	도작	1,448
						숯제조업	206
수산업		393	27	420	0.8	어로 제조업	416
광업		18,615	929	19,544	37.3	석탄 광업	18,387
						토석 채취업	1,029
						금속 광업	126
공업	금속	6,504	568	7,072	13.5 (100.0)	철 정련업 및 제품 제조업	1,597
	기계 기구	1,969	37	2,006	3.8 (28.4)		
	화학	527	15	542	1.0 (7.7)	코크스 제조업	264
	가스	853	50	903	1.7 (12.8)		
	전기 및 수도	31	1	32	0.1 (0.5)	전기업	132
		136	2	138	0.3 (2.0)		
	요업 및 토석업	1,696	153	1,849	3.5 (26.1)	시멘트 제조업	886
						유리 및 유리 제품 제조업	425
						기타 토석 공업	185
	방직	297	131	428	0.8 (6.1)	순견직물 제조업	136
	제재 및 목제품	233	6	239	0.5 (3.4)	제재업	136

1930년

산업 대분류		총수(명)	(%)	직업 소분류	
산업		총수(명)	(%)	직업	총수(명)
농업		1,506	7.4	머슴	1,084
				기타 농업 노동자	225
수산업		46	0.2		
광업		6,508	32.0	채탄부	4,281
				선재공	781
				기타 갱 외 채탄 노무자	601
				기타 갱 내 채탄 노무자	446
공업	금속·기계 기구	1,826	9.0		
		210	1.0		
	화학	186	0.9		
	가스·전기	23	0.1		
	요업 및 토석업	338	1.7	벽돌, 기와 제조직	203
	방직	459	2.3	기직(機織工)	232
	제재 및 목제품	142	0.7		

(좌측 표)

업종 · 직업	남	여	계	%	(%)
식료품	373	43	416	0.8	(5.9)
인쇄 및 제본	86	2	88	0.2	(1.2)
기타	303	128	431	0.8	(6.1)
토목건축	5,532	106	5,638	10.8	
상업	4,473	850	5,323	10.2	
고물상			1,880		
요리점, 음식점업			755		
석탄, 코크스 판매업			213		
약품, 위생 재료 판매업			166		
여관, 하숙업			151		
목재, 죽재 판매업			137		
선어, 조개류 판매업			132		
과자, 빵 판매업			129		
교통업	7,817	298	8,115	15.5	
기타 육상 운수업			6,058		
선박 운수업			1,019		
소 운송업			519		
화물자동차 운송업			247		
공무, 자유업	594	72	666	1.3	
청소업			202		
지방 사무			132		
가사업	149	458	607	1.2	
가사업			607		
기타 산업	2,737	224	2,961	5.7	
유업자 계	48,322	4,009	52,331	100.0	

(우측 표)

업종 · 직업	계	%	직업
식료품	274	1.3	
인쇄 및 제본	78	0.4	
기타	116	0.6	
토목건축	4,329	21.3	
	2,518		일용(日傭)
	1,569		토공
상업	1,987	9.8	
	442		노점 상인, 행상인
	411		점원, 판매원
	294		여관, 하숙, 요리점 등의 하녀, 급사
	212		물품 판매업주
	165		요리인
	162		여관, 요리점, 음식점, 유흥업소의 고용인
교통업	2,681	13.2	
	2,010		짐꾼(仲仕, 荷扱夫, 運搬夫)
	142		수부
공무, 자유업	213	1.0	
가사업	367	1.8	
	295		주인 세대에 있는 가사 사용인
기타 유업자	899	4.4	
	870		잡역부
유업자 계	20,362	100.0	

부표 2-7_홋카이도의 재일조선인 업종별 취업 구조

(단위: 명, %)

	1940년						1930년				
	산업 대분류				산업 소분류		산업 대분류			직업 소분류	
산업	남(명)	여(명)	총수(명)	(%)	산업	총수(명)	산업	총수(명)	(%)	직업	총수(명)
농업	2,475	1,050	3,525	11.7	도작	841	농업	2,874	25.2	머슴	1,269
					삼림업	730				기타 농업 노동자	1,038
					두작(豆作)	574				농경업자	164
					의초 재배	436				농업 조수	137
					맥작	299				숯 제조업	93
					고구마, 감자작	168					
					숯 제조업	160					
					잡곡작	140					
					기타 농경업	119					
					채소 재배	27					
수산업	153	9	162	0.5	어로 채조업	97	수산업	287	2.5	어로 노무자	228
					모선식 어업	65					
광업	15,580	88	15,668	51.9	석탄 광업	12,200	광업	1,755	15.4	채탄부	1,361
					금속 광업	2,865				기타 갱외 채탄 노무자	93
					토석 채취업	257				갱외 노무자	64
					기타 채광업	200				광산업주	61
					사광 채취업	143					
공업 금속	377	31	408	1.4	유리 및 유리 제품 제조업	29	공업	173	1.5		
기계 기구	42	1	43	0.1							
화학	89	1	90	0.3							
가스	21	1	22	0.1							
전기 및 수도	1	0	1	0.0							
	13	0	13	0.0							
요업 및 토석업	63	0	63	0.2							

좌측 표

구분	男	女	計	%	세부 항목	인원
방직	17	11	28	0.1		
제재 및 목제품	59	2	61	0.2		
식료품	26	6	32	0.1		
인쇄 및 제본	4	1	5	0.0		
기타	42	8	50	0.2		
토목건축	7,353	64	7,417	24.6	제재업	54
상업	1,201	552	1,753	5.8	고물상	723
					요리점, 음식점업	633
					자중 물품 판매업	75
					여관, 하숙업	48
					노무 공급업	36
교통업	521	9	530	1.8	선박 운수업	245
					소 운송업	122
					기타 육상 운송업	85
					철도, 궤도 등	48
공무, 자유업	43	9	52	0.2		
가사업	12	59	71	0.2		
기타 산업	569	49	618	2.0		
유업자 계	28,284	1,920	30,204	100.0		

우측 표

구분	計	%	세부 항목	인원
토목건축	4,778	41.9	토공	3,507
			일용(日傭)	976
			기타 토목건축 종사 노무자	131
			토목건축업주, 청부업주	87
상업	845	7.4	여관, 하숙, 요리점 등의 하녀, 급사	342
			노점상인, 행상인	140
			요리점, 음식점, 유흥업주	128
교통업	547	4.8	짐꾼(仲仕, 商級夫, 運搬夫)	265
			선박 화부	119
			수부	105
공무, 자유업	47	0.4		
가사업	39	0.3		
기타 유업자	69	0.6		
유업자 계	11,414	100.0		

부표 2-8 _ 0t미구치현의 제일조선인 업종별 취업 구조

1940년

산업 대분류					산업 소분류	
산업	남(명)	여(명)	총수(명)	(%)	산업	총수(명)
농업	3,376	1,729	5,105	15.3	도작	2,141
					섬림업	484
수산업	867	8	875	2.6	어로 채조업	826
광업	8,657	633	9,290	27.8	석탄(아탄 포함) 광업	8,658
					토석 채취업	491
					금속 광업	131
공업 금속	3,662	537	4,199	12.6		
기계 기구	219	2	221	0.7	강선(鋼船) 제조업	131
	522	8	530	1.6	내연기관 제조업	106
화학	1,390	157	1,547	4.6	소다 제조업	414
					광물질 및 배합비료 제조업	320
					제염업	236
					펄프 제조업	158
가스	7	0	7	0.0		
전기 및 수도	80	3	83	0.2		
요업 및 토석업	443	150	593	1.8		

1930년

산업 대분류			직업 소분류	
산업	총수(명)	(%)	직업	총수(명)
농업	1,823	19.9	머슴	648
			기타 농업 노동자	372
			숯 제조업	281
			농업 조수	129
			임산물업주	110
			농경일자	101
수산업	118	1.3	어업 노무자	105
광업	1,336	14.6	채탄부	1,087
			석채공	112
공업	823	9.0		
금속·기계 기구	57	0.6		
화학	86	0.9		
가스·전기	3	0.0		
요업 및 토석업	116	1.3		

산업별 통계표 (좌측 부분)

산업				
방직	149	105	254	0.8
제재 및 목제품	268	10	278	0.8
식료품	350	47	397	1.2
인쇄 및 제본	44	1	45	0.1
기타	190	54	244	0.7
토목건축	5,015	98	5,113	15.3
상업	2,840	751	5,105	15.3
교통업	3,264	47	3,311	9.9
공무, 자유업	325	30	355	1.1
가사업	51	137	188	0.6
기타 산업	1,292	123	1,415	4.2
유업자 계	29,349	4,093	33,442	100.0

산업별 통계표 (우측 부분)

산업	수	%	세부	수
방직	209	2.3		
제재 및 목제품	112	1.2		
식료품	168	1.8		
인쇄 및 제본	27	0.3		
기타	45	0.5		
토목건축	2,166	23.7		
토목건축업				5,113
상업	951	10.4	노점	209
			물품 판매 업주	101
			점원, 판매원	253
고물상				1,142
목재, 축재 판매업				195
여관, 하숙업				180
요리점업, 음식점업				621
어류, 조개류 판매업				124
약품, 위생 재료 판매업				105
교통업	1,346	14.7	수레 끌기, 마부	737
			수부	261
			인력차부	100
기타 육상 운수업				1,393
화물자동차 운송업				101
선박 운수업				1,007
소운송업				481
철도, 궤도 등				142
공무, 자유업	115	1.3		
지방 사무(다른 것으로 분류되지 않는 것)				169
가사업	263	2.9	가사업	263
	211	2.3		188
기타 산업	199		접역부	
유업자 계	9,152	100.0		

부표 2-9 _ 히로시마의 업종별 취업 구조(1940년)

(단위: 명, %)

	1940년						1930년				
	산업 대분류				산업 소분류		산업 대분류			직업 소분류	
산업	남(명)	여(명)	총수(명)	(%)	산업	총수(명)	산업	총수(명)	(%)	직업	총수(명)
농업	1,921	642	2,563	15.4	도작	790	농업	881	13.8	기타 농업 노동자	266
					삼림업	156				숯 제조업	202
										마승	177
수산업	62	0	62	0.4			수산업	36	0.6	임산물업주	55
광업	332	4	336		토석 채취업	293	광업	21	0.3		
공업	3,039	950	3,989	24.0			공업	1,010	15.8		
금속	467	74	541	3.3	선철 주물업	168	금속·기계 기구	122	1.9		
					바늘류 제조업	83					
					금속판 제품 제조업	77					
					철 정련업 및 제료품 제조업	73					
기계 기구	455	16	471	2.8	공구 제조업	125					
					철포, 탄환, 병기류 제조업	77					
화학	475	87	562	3.4	제지업	115	화학	76	1.2		
가스	50	0	50	0.3			가스·전기	9	0.1		
전기 및 수도	127	1	128	0.8							
요업 및 토석업	293	121	414	2.5	벽돌 및 내화물 제조업	251	요업 및 토석업	90	1.4		
방직	149	336	485	2.9	마사방적업	191	방직	335	5.2	조사(繰絲)공	79
					재봉업	70					
제재 및 목제품	576	52	628	3.8	제재업	336	제재 및 목제품	94	1.5		

[좌측 표]

산업	세부 직업	男	女	計	%
식료품		237	123	360	2.2
	과자, 빵, 사탕류 제조업				
	통조림 제조업			70	
	70				
인쇄 및 제본		27	11	38	0.2
기타		183	129	312	1.9
토목건축		3,312	12	3,324	20.0
	토목건축			3,324	
상업		2,662	348	3,010	18.1
	고물상			1,548	
	목재, 축제 판매업			348	
	요리점, 음식점업			177	
교통업		1,391	10	1,401	8.4
	기타 목상 운수업			701	
	선박 운수업			232	
	소 운송업			212	
	철도, 궤도 등			72	
	화물자동차 운송업			130	
공무, 자유업		248	77	325	2.0
가사업		29	56	85	0.5
기타 산업		1,439	63	1,502	9.0
유업자 계		14,435	2,162	16,597	100.0

[우측 표]

산업	세부 직업	計	%
식료품		182	2.8
	과자, 연, 물엿 제조공	76	
인쇄 및 제본		37	0.6
기타		65	1.0
토목건축		2,630	41.1
	토공	1,348	
	일용인(日傭人)	1,088	
	토목건축업자, 청부업자	52	
상업		673	10.5
	점원, 판매원	138	
	노점	304	
	물품 판매업주	60	
교통업		626	9.8
	점원(仲仕, 荷扱夫, 運搬夫)	408	
	수레 끌기, 마부	60	
	수부	54	
공무, 자유업		195	3.0
	욕장(浴場)업주, 사용인	62	
	청소부	88	
가사업		183	2.9
	가사인	183	
기타 산업		146	2.3
	잡역부	129	
유업자 계		6,401	100.0

부표 2-10_가나가와현의 재일조선인 업종별 취업 구조

(단위: 명, %)

1940년 산업 대분류					1940년 산업 소분류		1930년 산업 대분류			1930년 직업 소분류	
산업	남(명)	여(명)	총수(명)	(%)	산업	총수(명)	산업	총수(명)	(%)	직업	총수(명)
농업	184	40	224	1.7	도작	94	농업	198	2.6	머슴	61
					작류별	44				기타 농업 노동자	51
수산업	59	2	61	0.5	어로 제조업	53	수산업	425	5.6		
광업	394	5	399	3.0	토석 채취업	388	광업			토사 채취부	308
										토석 채취업주	67
										기타 토석 채취 종사자	49
공업	2,516	280	2,796	21.3 (100.0)			공업	597	7.9		
금속	647	6	653	5.0 (23.4)	청 정련업 및 제료 제품 제조업	352	금속·기계 기구	129	1.7		
					선철 주물업	54					
					건축, 교량, 철탑 등 건설 재료 제조업	48					
기계 기구	839	58	897	6.8 (32.1)	강선(鋼船) 제조업	250					
					전기기계 기구 제조업	147					
					대형자동차 금속 제조업	70					
					철사 연마용 금속 공작기계 제조업	54					
화학	364	28	392	3.0 (14.0)	광물질 및 배합비료 제조업	86	화학	24	0.3		
가스	22	0	22	0.2 (0.8)			가스·전기	9	0.1		
전기 및 수도	38	0	38	0.3 (1.4)							
요업 및 토석업	142	22	164	1.3 (5.9)	유리 및 유리 제품 제조업	66	요업 및 토석업	12	0.2		
					벽돌 및 내화물 제조업	50					
방직	248	113	361	2.8 (12.9)	제봉업	176	방직	291	3.8	색공, 날염공	58
										재단공 제봉공	57
제재 및 목제품	34	2	36	0.3 (1.3)			제재 및 목제품	28	0.4		
식료품	61	18	79	0.6 (2.8)			식료품	50	0.7		
인쇄 및 제본	9	3	12	0.1 (0.4)			인쇄 및 제본	19	0.3		

1940년 산업 소분류 (좌측)

분류				%	세부 항목	수
기타	112	30	142	1.1	(5.1)	
토목건축	5,225	12	5,237	40.0	토목건축업	5237
					시멘트, 벽돌, 기와, 토관, 토석 판매업	1074
상업	1,954	159	2,113	16.1	고물상	119
					철재, 강재 판매업	115
					요리점, 음식점업	107
					신문 발행 판매업	77
					기타 금속재료 판매업	71
교통업	1,137	21	1,158	8.8	기타 육상 운수업	521
					화물자동차 운송업	216
					선박 운수업	145
					소운송업	128
					철도, 궤도 등	46
공무, 자유업	261	25	286	2.2	청소업	117
					지방 사무	66
가사업	148	332	480	3.7	가사업	103
기타 산업	895	50	945	7.2		
유업자 계	12,463	644	13,107	100.0		

1930년 직업 소분류 (우측)

분류		%	세부 항목	수
기타	35	0.5	토공	3,337
토목건축	4,510	59.5	일용(日傭)	1,006
			토목건축업자, 청부업자	102
상업	579	7.6	노점상인, 행상인	145
			물품 판매업주	121
			점원, 판매원	83
			여관, 하숙, 요리점, 음식점 등의 하녀, 급사	80
			중매인(仲買人), 주선인	49
교통업	746	9.8	집꾼(仲仕, 荷扱夫, 運搬夫)	484
			배달부	62
			수레 끌기, 마부	50
공무, 자유업	107	1.4		
가사업	55	0.7		
기타 유업자	361	4.8	잡역부	312
			기타 유직자	43
유업자 계	7,585	100.0		

주: 1) 1940년의 산업 소분류는 상위 30위까지, 1930년의 직업 소분류는 상위 20위까지 표기했다. 단, 1940년의 산업소분류 항목에서 '선 불명한 것'은 상위 30위에 안에 있어도 제외했다.
2) 1930년의 산업 분류는 1940년과의 비교를 위해 다음과 같이 재구성했다. 기계 기구 공업에 '정교(精巧)공업', 방직공업에 피복 및 신장품(身粧品) 제조업', 각(角), 제조업을 포함. 토목건축에는 기타 유업자에 포함되었던 일용日傭을 추가, 상업에서 '옥점업주, 사용인', '이발사, 기미유이, 미용사', 청소부를 추가. 기타 유직자에게 일용과 청소부를 제외.
3) 제지업은 1930년에는 지(紙), 인쇄'에 포함되어 있으나, 1940년에는 화학공에 포함.
4) 자체를 제조는 1930년에는 지(紙), 인쇄에 포함되어 있으나, 1940년에는 기타 공업에 포함됨.
5) 1930년 가사업은 '주인 세대 거주 가사 사용인'과 '통근 가사 사용인'의 합계.
(부표 2-1)에서 (부표 2-10)은 모두 가사 사용인과 통근 가사 사용인의 합계.

자료: (부표 2-1)에서 (부표 2-10)에서 '昭和五年国勢調査結計原票」, 「昭和五年国勢調査報告」에서 작성하였음.

제3장

"일하고 일하고 또 일했어요"*

재일한인 1세 여성의 노동 경험과 그 의미

권숙인

일하는 여자들이 있다. 그녀가 '일을 한다'는 것은 잘 보이지 않는다. 언제나 그 자리에서 일을 해왔으므로 당연히 있는 모습으로 여겨진다. 그 일은 '노동'이라는 공식적인 이름으로 잘 불리지 않는다(여성노동자글쓰기모임 편, 2016: 9).

1. 재일한인 1세 여성, 일하는 존재

이 장에서는 재일한인 1세 여성의 삶을 일과 노동에 초점을 맞추어 고찰한다. 일과 노동에 초점을 맞추는 것은 1세 여성들에 대한 그동안의 지배적인 재현과 표상을 문제시하고 그들이 살아온 삶에 좀 더 구체적으로 다가가려는 시도이다. 본 총서의 2권에서 정호석이 지적하듯 재일한인 여성에 대한 지배적인 표상은 어머니['오모니'(정호석, 2020)]였고 어머니야말로 "어쩌

---

* 이 글은 ≪사회와 역사≫(113호, 2017. 3)에 실린 같은 제목의 논문을 수정·보완한 것이다.

면 대중적으로 알려진 거의 유일한 표상"이었다. 물론 정호석은 최근 일본 사회에서 재일한인 1세가 '도래'하고, 특히 재일한인 '오모니'가 상징적·담론적으로 매우 다양하고 풍부하게 전유되고 있음을 생생하게 보여주고 있지만, 아직까지도 일반인들에게 지배적인 어머니상은 매우 평면적이고 정형화되어 있다. 재일한인 여성은 다중적 억압을 받는 희생자이지만, 온갖 시련을 극복하고 가족과 자식을 지켜낸 숭고한 어머니였다. 그들의 삶은 "민족적인 차별과 함께 가부장적인 희생을 강요받는 이중의 어려움을 감당해야 한다는 것을 의미(박죽심, 2011: 240)"했으며, 차별과 생활고 속에서도 자식을 위해 놀라운 헌신과 능력을 발휘하는 강인하고 절대적인 어머니로 기억되거나(강상중, 2011), 샤머니즘과 같은 '토속적인' 습속에 의존하고 제사 등 전통적인 관행을 지켜나가는, 그런 점에서 재일한인 공동체의 문화적 기표처럼 재현되곤 하였다(이유숙, 2012).

그러나 조금만 진지하게 살펴보면 재일 1세 대다수는 생존의 위기 속에 남녀 불문하고 힘든 노동 현장을 전전했음을 알 수 있다. 실제 재일여성들의 생애 서사에는 온통 일 이야기가 넘쳐난다. "일하고 일하고 또 일"을 한 그녀들의 평생은 생계를 위한 일, 가사와 돌봄 일, 공동체를 위한 일 등으로 채워져 있다. 그럼에도 불구하고 재일한인 여성에 대한 재현에서는 이러한 노동이 잘 보이지 않는다. 위의 인용에서처럼 1세 여성은 언제나 일을 하고 있었지만 그 일은 잘 보이지 않았으며, 더구나 '노동'이라는 공식적인 이름으로 불리는 일은 더욱 없었다. 일과 노동을 이야기할 경우에는 가족을 위한, 특히 자식을 위한 어머니로서의 헌신과 희생으로 치환되거나 아내나 며느리 혹은 딸 등 가족 구성원으로서 제 역할을 하는 것으로 여겨졌다. 어떤 경우가 되었건 가족 구성원이 아닌 노동자로서의 정체성이나 역할 자체에 대한 관심은 크지 않았다.

무엇이 '일'이고 '노동'일까. 그리고 이런 일과 노동은 어떤 조건하에서 공적으로 가시화되고 적절한 평가를 받게 되는가. 사실 여성과 일 혹은 여성의 경제활동은 여성학이나 페미니즘 연구에서 매우 핵심적인 주제로, 많은 연구가 이루어졌다. 특히 저임금, 불안정 고용, 비공식 노동 등을 특징으로 하는 여성 노동의 주변적 성격, 근대적 공사 영역 분리와 성별 역할 분업의 특수한 결합이 여성의 공적 노동에 가져온 다양한 효과, 그리고 전근대와 근대를 통해 지속되어 온 여성·노동·가족 사이의 강고한 연결 관계 등을 다각도에서 고찰하는 연구가 꾸준히 축적되었다. 재일한인 1세 여성의 일과 노동의 문제도 기본적으로는 이러한 연구 결과들이 제시해 온 보다 일반적인 여성 노동의 맥락 속에 위치해 있되, 피식민과 이주, 그리고 '한국적 가부장제'라는 당대의 특수성 속에 이해되어야 할 것이다.

이 글에서는 일차적으로 '일하는 존재로서의 여성'이라는 핵심 개념을 중심으로 재일 1세 여성들의 노동 양상을 드러내 보이는 데 초점을 맞춘다. 나아가 재일여성의 일에서 나타나는 특징이 여성 노동의 성격과 관련해 제기하는 이론적 함의도 살펴볼 것이다. 이를 통해 민족 차별과 가부장제에 의한 이중 차별의 현실을 부정하지 않으면서도 재일여성들의 삶을 좀 더 다각도에서 검토할 수 있는 시각을 모색한다. 이러한 시도는 그동안 지나치게 단순화된 방식으로 표상되었던 재일 1세 여성의 삶에 대해 조금 더 균형 잡힌 시각을 확보하고 궁극적으로는 "평면적인 1세상(像)의 극복(정호석, 2020)"에도 기여할 수 있을 것으로 기대한다.

2. 몇 가지 선행 연구를 통해 본 재일한인 여성 노동자

재일한인 1세 여성에 대한 표상과 인식이 '어머니'에 압도적으로 쏠림으로써 '노동자'로서 1세 여성의 모습이 비가시화되었다고 했지만, 몇 선행 연구는 노동하는 존재로서 재일한인 여성의 모습을 유감없이 보여주었다. 예를 들어 재일한인 2세인 김영과 양징자는 1983년부터 4년간 치바현 보소반도(房総半島) 여러 곳에 흩어져 잠수 일을 하고 있는 제주도 출신 1세 여성 28인에 대한 현장 연구를 통해 이들의 이주 경험과 일본에서의 노동과 삶의 여정을 풍부하게 전하고 있다(金栄·梁澄子, 1988).[1] 이 선구적인 작업 이후 이지치 노리코도 일련의 연구(伊地知紀子, 2008, 2012)에서 제주도 해녀들의 일본으로의 출가 노동(出稼ぎ)을 연구한 바 있고, 오사카 이쿠노구(生野区)의 재일여성에 대한 논문의 일부에서 안미정 역시 해녀 출신 제주 여성들이 물질 능력을 발휘해 다양한 경계를 넘어 적극적으로 경제활동을 하였음을 보여준다(안미정, 2008). 다만 이들 연구는 모두 제주도 출신 여성들의 노동, 특히 잠수 노동을 다루고 있다. 한국 사회의 성별 분업과 관련해 제주도 어촌 지역의 특수성, 즉 육지와는 달리 (밭일과 잠수 등) 여성 노동이 핵심 역할을 하는 생계 경제 방식이 식민지의 경계를 넘어서도 반영되었음을 보여주는 것이다.

제주도 출신 재일여성의 생계 노동과 관련해서는 학술적 연구물은 아니지만 재일작가 원수일의 소설, 특히 『이카이노 이야기』가 매우 생생한 '증언'을 하고 있다. 이 소설은 부제가 '제주도에서 온 여자들'로 되어 있는 만큼 제주 출신 1세 여성들이 조선시장 일대를 무대로 엮어가는 삶을 형상화한다. 이 책에 실린 7편의 단편에 등장하는 여성들은 이미 사망했거나 무능하고 나약한 남편을 대신해 생계를 꾸리고 가족을 지키고자 분투한다. 이카이노(猪飼野)[2]에서 태어나 자란 작가 자신이 "소설적 리얼리티"를 고백한

---

[1] 이 책에 실린 생애사는 '여성과 일'이라는 주제에 좋은 자료 가치가 있음에도 불구하고 제주도 여성의 잠수 노동이 한국의 젠더화된 역할 규범에서 갖는 특수성을 고려해 본 연구에서는 제외했다.

[2] 현재의 오사카시 이쿠노구 일대의 옛 지명으로 해방 전 제주도 출신을 중심으로 한 재일조선

그림 3-1 _ 헷푸 샌들

오사카 지역 재일한인의 에스닉 비즈니스에서 주요 업종 중 하나가 고무 제품인데, 이 중 가장 대표적인 아이템이 '헷푸 산다루'이다. 이 신발은 발등 부분만 가죽이나 고무로 덮여 있고 뒤꿈치 쪽은 틔어 있는 형태의 샌들을 말한다. '헷푸 산다루'라는 이름은 오드리 햅번이 영화 〈사브리나〉에서 신었던 샌들에서 연유했다 하며 그냥 '헷푸'라고 부르는 경우도 많다. 헷푸 샌들은 각종 부품을 제작하고 이것을 합쳐 신발로 만드는 여러 공정(재단, 재봉, 밑창 붙이기, 압축 등등)이 분업화되어 있고 각각의 공정이 하청으로 이루어진다. 본드공은 신발 본체에 본드를 칠해 밑창을 붙이는 일을 하며 하루 종일 수백 켤레의 신발 바닥에 본드를 칠하고 밑창을 붙이는 과정을 반복한다. 작업한 신발 켤레 수에 따라 임금을 받는다.

이 소설 속엔 고물상, 밥집, 암시장 행상, '헷푸 산다루(햅번 샌들)' 본드공, 봉제일, 금속일 등을 하며 "제주 여성 특유의" 억척스러움으로 생활을 개척해 가는 여성들의 모습이 생생히 묘사되어 있다.

제주도 출신 여성들에 대한 연구를 제외하고는 언급했듯이 재일한인 여

인들이 집주하던 곳이다.

성의 일과 노동을 정면으로 다룬 연구를 찾아보기 쉽지 않다.[3] 다만 여성의 경제적 역할과 기여의 중요성을 암시하거나 연구의 일부로 다룬 최근의 성과들은 존재한다. 오사카 지역의 재일한인 1세 여성에 대한 풍부한 구술사를 수집한 홍정은의 학위 논문에는 해방 직후 생존의 위기에 몰린 한인 여성들이 가이다시(買出し)나 행상으로 가족의 생계를 지탱해 간 모습이 생생하게 제시되어 있다(홍정은, 2009). 박미아 역시, 해방 직후 암시장에 의존해 생존을 이어가던 재일한인 사회에서 여성들이 중요한 경제적 역할을 했음을 지적하고 있다(박미아, 2015). 한편, 1세 여성 정병춘의 이야기를 담은 다큐멘터리 영화 〈하루코〉가 일본 사회에서 수용되는 방식을 통렬하게 비판한 김부자의 연구(김부자, 2007) 역시 재일여성의 고난에 찬 삶의 여정을 '어머니'라는 거대 개념으로 흡수해 버리는 것에 제동을 건다. 김부자에 따르면 "방탕한 남편과 3남 4녀의 아이들을 데리고 일본패전=조선 해방 후 60년 동안 암매매로 37회의 체포 경력을 쌓으며 꿋꿋하게 살아온" 주인공 정병춘의 극적인 인생과 가족사는 일본 사회에서 '보편적인 어머니 이야기'로 표상되고 소비되었는데, 그 과정에서 정병춘과 그녀의 가족사에 담긴 피식민의 역사와 젠더적 특수성은 소거되어 버린다. 대신 김부자는 주인공을 '반역하는 아내'이자 '가모장(家母長)'으로, "가족과 생활을 위해 닥치는 대로 쉬지 않고 일해 온 당찬 여성"으로 읽어낸다.

쏘니아 량(Sonia Ryang) 역시 개괄적이고 시론적 고찰이지만 오사카 쓰루하시(大阪鶴橋) 국제시장과 이쿠노구 조선시장의 초국적 연결망에 주목하

---

3) 하명생은 조선인 강제 연행이 단행되기 전에 교토·오사카·고베 지역으로 유입되어 공업 부문에 종사했던 조선인 노동자의 경제활동을 이민 노동이란 관점에서 고찰한 바 있다(河 明生, 1997). 이 연구는 조선인 노동자를 둘러싼 노동시장 상황, 임금, 노동 여건, 취업 경로, 취업 직종, 생활환경 등 이들의 경제활동 전반을 다루고 있어 관련 분야 연구에서 반드시 언급할 정도로 중요한 연구이지만 여성 노동자에 대한 언급은 극미하다. 이러한 점은 해방 후 재일한인의 경제활동을 다룬 주요 연구들(예컨대 韓載香, 2010)에서도 마찬가지이다.

면서 해방 전후에 이 시장들을 기능하게 한 주요 동인이 여성의 경제활동임을 지적한 바 있다. 특히 이쿠노구의 미유키도리(御幸通り) 일부가 차후 조선시장으로 발전하게 된 시초는 다름 아니라, 손수 키운 푸성귀와 김치를 비롯한 먹거리들, 한국서 들여온 제사 용구, 한국 음식 식재료 등을 팔았던 노점상 여성들이었다(Ryang, 2000: 174). 비슷하게 조경희(2013)는 도쿄 우에노 국제시장으로부터 주변으로 밀려나 만들어진 친선시장은 재일조선인 여성이 주도한 공간이었다고 지적한다. 요컨대 이들 연구자가 명시적으로 분석하고 있지는 않지만, 여성들이 주변화된 경제 공간과 비정규적인 경제활동으로 내몰렸던 것이 결과적으로 재일 에스닉 커뮤니티와 에스닉 비즈니스 형성에 중요한 기초가 되었다고 해석할 수 있겠다.

수개월에 걸친 원정 잠수 일을 반복하면서 가족의 경제를 지탱하는 해녀들은 물론이고, 원수일 소설 속에 등장하는 1세 여성이나 다른 연구들이 그려내고 있는 여성의 모습 자체는 사실 재일한인 커뮤니티에서 오히려 익숙한 풍경이라고도 할 수 있다. 다만 위의 연구들은 그것을 해당 여성의 젠더화된 역할 수행으로 수렴해 버리지 않고 재일여성의 경제활동과 기여 자체로 적극적으로 평가해 내고 있다는 점에서 이 글의 문제의식과 공명한다. 이제 재일한인 1세 여성의 일과 노동 이야기를 좀 더 자세히 살펴보도록 하자.

3. 통계로 본 재일한인 여성의 공적 노동

우선 몇 가지 통계 자료를 통해 해방 전 재일한인 여성들의 전반적인 노동 양상을 개괄해 본다. '쇼와15년 국세조사 통계 원표'에 대한 정진성(2020)의 집계는 1940년 당시 재일한인들의 유업 상황이 성별과 연령대에 따라 매우 흥미로운 차이를 보이고 있음을 선명하게 보여준다(〈그림 3-2〉 참조)[4]. 먼저 연령에 따른 유업 상황을 살펴보면, 남성의 유업률은 10대 중후반부터 급증해 20대에서 50대 초중반 까지 90%를 상회한 상태로 유지되다가 50대 중반 이후 급감하면서 대략 엎어 놓은 U자형을 보이고 있다. 그리고 이런 패턴 자체는 현재까지도 일반적인 남성 노동의 모습이다. 즉 남성의 공적 노동은 결혼이나 육아 등 생애 주기상의 주요 계기에 영향 받지 않은 채 청·장년기에 피크에 달했다가 감소한다. 다만 현재보다 일을 시작하는 연령대가 빠르다.

반면 여성의 경우는 10대 초반부터 유업 비율이 급증해 10대 중후반에 최고점에 달했다가 10대 후반에 급감한 뒤 20~50세 사이에 비슷한 수준을 유지한다. 10대 초부터 일을 하다가 결혼 및 출산과 동시에 퇴직하는 것으로 해석할 수 있을 것이다(실제 생애사 사례에서도 10대 후반에 결혼하는 경우가 대다수였다). 그리고 이러한 노동 패턴 역시 (북유럽 국가를 제외하면) 산업화 초기 여성의 공적 노동에서 일반적으로 나타났던 모습이다. 초기 육아가 어느 정도 끝나는 30대 중반~40대 중반에 유업 비율이 다소 증가하지만, 산업화가 진전되면서 일반적으로 나타나는 M자형 고용 곡선을 그리기에는 재취업 비율이 많이 부족하다. 또한 남성의 경우와 마찬가지로 일을 시작

---

4) 해방 전 재일한인의 취업 상황, 특히 여성의 취업 상황을 시계열적으로 일관성 있게 보여주는 자료는 거의 존재하지 않는다. 여기에서 1940년 자료를 제시하는 것은 일차적으로 이 자료의 상대적 정확성과 여성의 노동에 대한 여러 정보 때문이다.

그림 3-2 _ 1940년 국세조사가 보여주는 재일한인 남녀 유업률

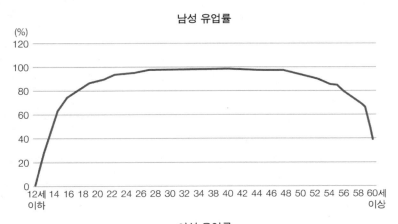

남성 유업률

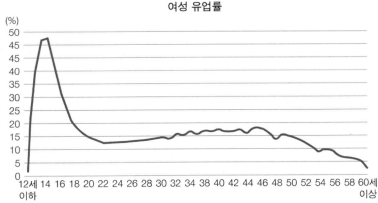

여성 유업률

자료: 정진성(2020) 재인용.

하는 연령대는 현재보다 훨씬 빠르다.

연령대별 남녀 유업 비율에서 특히 흥미로운 부분은 10대 노동 참여율이다. 다음 〈표 3-1〉에서 볼 수 있듯이 14세 이하 저연령대에서는 여아가 동일 연령의 남아에 비해 유업률이 높을 뿐만 아니라 절대적인 유업 비율도 상당히 높다. 특히 14~15세의 경우 50%에 가까운 여성이 공적 노동에 참

표 3-1 _ 20세 이하 연령별 남녀 유업률(1940)   (단위: 명, %)

남자/연령	~12세	13세	14세	15세	16세	17세	18세	19세	20세
총수	221,230	9,956	10,807	12,233	13,100	15,928	18,068	19,108	20,173
유업자	1,122	2,465	4,965	7,686	9,451	12,378	14,724	16,148	17,710
유업률	0.5	24.8	45.9	62.8	72.1	77.7	81.5	84.5	87.8

여자/연령	~12세	13세	14세	15세	16세	17세	18세	19세	20세
총수	210,773	8,245	7,398	7,829	8,677	11,526	13,032	12,748	11,896
유업자	2,449	2,936	3,457	3,710	3,163	3,371	2,797	2,299	1,827
유업률	1.2	35.6	46.7	47.4	36.5	29.2	21.5	18.0	15.4

자료: 정진성 제공 자료를 기초로 작성.

여하고 있다. 이 조사에는 자영업은 포함되어 있지만 내직은 포함되어 있지 않음을 고려할 때 10대 초중반 여아들의 상당수가 경제활동을 했던 것으로 볼 수 있다.

또한 산업 (대)분류를 기준으로 할 경우 여성이 가장 많이 종사하고 있던 업종이 공업(54.6%)인 점도 흥미롭다(〈표 3-2〉 참조). 공업 내 하위분류별로 살펴보면 방직에 압도적으로 많은 여성이 일을 하고 있고 요업 및 토석업, 화학, 금속, 기계 기구가 그 뒤를 잇는다. 여성 전체 유업자 중 20세 미만이 차지하는 비율이 49%에 달하는데, 이 여성의 상당수가 방직 관련 일에 종사했을 것으로 생각된다. '조선 여공'에 관한 다음 장에서 볼 수 있듯이 1910년대 중후반 이후 일본 방적 여공을 대체하기 시작한 한인 방직공은 대개 어린 소녀들로, 임금도 저렴한데다 일 능력도 뛰어나다는 평을 얻고 있었다(河明生, 1997: 144). 1920년대 말의 세계적인 불황으로 30년대 들어서는 조선 여공의 고용이 감소했기 때문에 전체 여성 유업자 중 20세 미만이 차지하는 비율은 위의 1940년 도표보다 그 이전이 더 높았을 것이다. 아무튼 달리 말하면 10대 노동력을 제외하면 〈표 3-2〉의 여성 유업자 분포가

표 3-2 _ 산업 대분류별 남녀 유업자 수 및 구성 비율(1940)   (단위: 명, %)

산업		인원			구성비		
		총수	남	여	총수	남	여
농업		27,586	20,925	6,661	5.3	4.5	12.5
수산업		4,115	3,591	524	0.8	0.8	1.0
광업		68,883	66,645	2,238	13.2	14.2	4.2
공업		172,237	143,142	29,095	32.9	30.5	54.6
	금속	36,856	34,808	2,048	7.0	7.4	3.8
	기계 기구	30,714	29,465	1,249	5.9	6.3	2.3
	화학	18,595	16,279	2,316	3.6	3.5	4.3
	가스, 전기 및 수도	1,741	1,718	23	0.3	0.4	0.0
	요업 및 토석업	19,535	15,713	3,822	3.7	3.3	7.2
	방직	33,836	19,513	14,323	6.5	4.2	26.9
	제재 및 목제품	7,761	7,105	656	1.5	1.5	1.2
	식료품	4,721	3,900	821	0.9	0.8	1.5
	인쇄 및 제본	1,807	1,608	199	0.3	0.3	0.4
	기타 공업	16,671	13,033	3,638	3.2	2.8	6.8
토목건축		100,258	99,591	667	19.2	21.2	1.3
상업		83,080	73,714	9,366	15.9	15.7	17.6
교통업		38,101	37,530	571	7.3	8.0	1.1
공무·자유업		10,882	10,097	785	2.1	2.1	1.5
가사업		3,310	944	2,366	0.6	0.2	4.4
기타 산업		14,841	13,799	1,042	2.8	2.9	2.0
유업계		523,293	469,978	53,315	100.0	100.0	100.0
유업률		42.2	63.1	10.7			
1940년 재일한인 인구		1,241,315	744,296	497,019			

자료: 산업별 유업 인원수를 나타내는 앞의 세 칸은 이 책의 2장에 실린 정진성의 연구 74~77쪽의 자료 〈표 2-3〉
　　을 활용했고, 구성비는 필자가 계산.

상당히 달리 나타날 것이라 추정된다. 예컨대 방직을 제외한다면 재일한인 여성의 유업 비율이 남성에 비해 두드러져 보이는 직종은 (공업이 아니라) 농업과 가사업 등 '전통적인' 여성적 직종이다.

마지막으로 여기서 말하는 '유업'은 공식적인 직업 범주에 잡히는 일만을 포함한 것이다. 언급했듯이 여성의 일과 노동은 남성의 노동에 비해 주변화되고 비공식화되는 경향이 크다. 여기에 더해 여성이 담당하는 많은 '일'들이 일이나 노동으로 간주되지 않고 전문화되지도 않는다. 〈그림 3-2〉에서 유업 비율이 15% 이하로 떨어지는 20대 (결혼) 이후에도 여성들은 내직을 포함해 비공식 부문에서 경제활동을 계속했을 확률이 크다. 나아가 돈벌이를 위한 일 외에도 "교회에서 성심으로 수십 년간 봉사"를 하거나 "저녁 설거지를 마치고 아이를 들쳐 업고 민족학교 일을 위해 간빠(모금)하러 다니거나" 병문안, 행사음식 만들기 등의 다양한 볼런티어 일을 했다.

4. 생애사를 통해 본 여성의 노동 경험

이 글에서 좀 더 초점을 맞추고자 하는 것은 생애사 기록이 보여주는 재일한인 여성의 노동이다. 공식적인 통계를 통해 잡히지 않는 여성들의 다양한 일과 노동의 양상을 파악해 보고 이러한 일과 노동을 여성들이 어떻게 경험했는지 당사자들의 목소리를 통해 가늠해 보고 싶기 때문이다. 활용한 생애사 자료는 최근에 출간된 재일한인 1세 여성의 생애사 모음집에 실린 기록과 필자가 그동안 수집한 생애사 면담 자료이다. 덧붙여 개별적인 기록물(개인 회고록, 회고 에세이, 자녀들이 재일 1세 부모의 생애를 재구성한 기록물 등)과 소설, 영화, 다큐멘터리 자료에 등장하는 여성의 사례도 참조했다.

정호석은, 최근 일본 사회에서 자이니치(在日) 1세의 '도래'를 상징하는

것으로 재일 1세의 삶을 집중적으로 조명한 책 네 권을 제시한다(정호석, 2020). 『재일 1세의 기억(在日一世の記憶)』(小熊英二·姜尚中, 2008; 이하『기억』), 『재일코리안 여성 20인의 궤적(在日コリアン女性20人の軌跡)』(かわさきのハルモニ·ハラボジと結ぶ2000人ネットワーク生活史聞き書き·編集委員会, 2009; 이하『궤적』), 『재일 1세(在日一世)』(李朋彦, 2005), 『치마 저고리의 시가 들린다(チマ·チョゴリの詩がきこえる)』(菊地和子, 2005)이 그것인데, 모두 2000년대 중반 이후 출간된 것으로 재일한인 1세의 생애사를 담은 것이다. 뒤의 두 권은 사진집 성격이 강한 반면, 『기억』과 『궤적』은 풍부하고 구체적인 서사를 담고 있어서 본 연구에 중요한 자료로 활용되었다. 실제 필자가 처음 '재일한인 1세 여성의 일과 노동'을 연구 주제로 하게 된 계기도 『기억』을 읽어나가면서 받은 강한 인상 때문이었다. 이 책에 실린 할머니들 회고의 많은 부분은 평생을 "거의 잘 시간도 없이", "일하고 일하고 또 일"하고 "다른 사람 2~3배로 일한" 이야기들로 채워져 있어, 주요 정치사적인 사건이나 가족사에 일어난 비극 등을 압도해 버릴 정도였다. 그만큼 하루하루의 생존이 절실했기 때문일 것이다. 『기억』과 『궤적』의 여성들 이야기에는 일과 노동 이야기가 넘쳐나고 그 속에서 여성들은 그냥 '할머니'가 아니라 수십 년간의 노동을 몸으로 감당해 온 은퇴한 노동자이자 기업가, 혹은 장인이자 기술자(職人)였다.

　구체적으로 아래에서 분석하는 생애사 자료는 『기억』에 실린 15명과 『궤적』의 19명, 그리고 필자가 2002년과 2015년에 인터뷰한 9명을 더한 총 43명의 사례이다(〈표 3-3〉 참조). 『기억』에는 재일한인 1세 52명의 생애사가 수록되어 있는데, 17명의 여성 중 한인 남성과 결혼한 일본인 두 명의 사례는 분석에서 제외했다. 정호석은 『기억』에 대해 800여 페이지에 달하는 분량에 일반적인 학술서 형태가 아닌 (대중 교양서적 형태의) 신서(新書)로 출간된 점 등을 주목하며 이를 "일본 문화의 한복판에서 '1세의 기억'이라는 문제를 명확히 제시했다는 점에서 하나의 이정표적인 성격"(정호석, 2020)을 갖는다고 평가한다. 기획에서 출판까지 5년이 걸렸다는 이 책은 관동과 관서 지역에서 20여 명의 인터뷰 작가가 채록한 것으로 되어 있다. 그러나 면담 대상자들이 "사회경제적 위치나 경력, 현재의 상황 역시 매우 다채롭"(윗글: 194)지만 구체적으로 어떤 기준으로 면담자를 선정했는지는 소개되어 있지 않다. 『궤적』에는 20명의 생애사가 실려 있으나 한국에서 남편과 사별한 뒤 1979년 도일한 한 명의 사례 역시 아래 분석에서는 제외했다. 『궤적』은 가와사키시의 재일한인 고령자 문해(文解) 학습 모임인 '우리학교'와 고령자 교류 모임인 '도라지회'에 소속된 할머니들의 삶의 궤적을 이 활동을 오랜 기간 지원해 온 시민활동가들이 주도해 엮은 것이다. 필자가 2002년에 수집한 사례는 한국문화인류학회가 수행한 '일본 관서 지역 한인 동포의 생활문화' 연구팀의 일원으로 오사카에서 인터뷰한 4명의 사례이며 '1세와 가까운 2세'로 볼 수 있는 3명도 포함시켰다. 나머지 5명은 본 연구를 시작한 후 2015년 말 아이치현 세토와 도요하시, 가나가와현 가와사키 등에서 인터뷰한 1세 여성으로, 생애사 전반과 함께 노동 경험을 명시적으로 질문했다.

즉 이 생애사 사례들은 기록자와 인터뷰 맥락이 서로 상이하며, 필자가 2015년에 인터뷰한 5명의 경우를 제외하고는 질문의 초점이 노동 경험에 맞춰졌던 것도 아니다. 그런 점에서 아래의 사례들은 잘 설계된 방법론적 과정에 따라 일관되게 수집된 것이라고는 할 수 없다. 그러나 위에 언급한 대로 『기억』과 『궤적』에 실린 생애사 서사들은 그 풍부한 내용으로, 특히 1세 여성들이 매우 고령화된 현 상황에서 자료 가치가 훌륭하다. 또한 인터뷰의 초점을 특별히 일과 노동에 맞추지 않은 채 수집된 생애사라는 점은 오히려 1세 여성의 일과 노동을 개괄해 보고자 하는 본 연구에 좋은 자료가 될 수 있을 것이다. 이들의 생애사 전반에 큰 비중으로 등장하는 노동 경험은 그만큼 이 여성들의 삶에서 일이 차지했던 비중을 더 강하게 드러내 주

표 3-3 _ 주요 생애사 사례

연번	이름(출생)	출생지	학력	결혼과 자녀	도일 경위	남편의 직업과 일	본인의 직업과 일	출처, 인터뷰 시점
1	강금순(1911)	경남 합천	무학	1927년 결혼. 5남 2녀	1942년. 일자리 찾아서	제강소 일, 내장 선거 관련설비 1981년 사망	철광석 운반, 물 긷기, 가이다시, 성주 기워 팔기, 동포가 만든 밀주 판매	「기억」, 2003
2	허임환(1912)	충북 보은	무학	1928년 결혼. 4남 1녀	일본서 일하던 친정아버지가 불러 남편 먼저 도일, 1년 후 합류		하숙, 돼지 사육, 막걸리 제조 판매	「기억」, 2004
3	양의현(1916)	제주 동복리	무학	1934년 결혼. 사별 후 1946년 재혼. 3남 2녀	먼저 도일한 남편 찾아, 공습 피해 제주도로 돌아왔다가 4·3 후 다시 오사카로	(민족학교 건설 일 집회에 돈을 가져다주지는 않음)	3~8월 때마또, 가고시마, 에히메, 시즈오카 등서 접수 일. 겨울엔 바느질, 덕장사, 콩나물 꼬리 따기	「기억」, 2005
4	심호남(1918)	경기도		1940년 결혼. 3남 3녀	1950년 도일	묵자. "남편은 무엇보다 교회가 우선으로 가정 일은 내가 모두 챙겨야 했다"	내직, 이불 만들어 팔기, 일본과 한국 왕래하는 사람들 집 운반	「기억」, 2007
5	강렴선(1920)	경남 함안	야학서 읽고 쓰기 배움	1936년 결혼. 3남	1931년 아버지 따라	단추 공장 일. 근무에서 티광 일. 1962년 사망	남의집살이(하면서 아이 보기, 귀엽게 공장, 결혼 후 단추 공장(딸), 양말 공장), 허리 다친 남편 대신해 세간을 만드는 일, 남편 사후 장어가게 일	「기억」, 2005
6	임승자(1922)	북제주	무학	1940년 결혼. 2남 2녀	1935년 처음 도일. 두 차례 제주로 귀향 후 1955년 최종적으로 도일		4세부터 물 긷기, 처음 도일 시 오사카 메리야스 공장, 세베에 조선노동자를 이끌 하기, 임시장 장사(고기, 쿨, 쌀, 김치 등), 전철 가게에서 바느질 일, 자전거, 판매 장사, 저고리 기계	「기억」, 2004
7	남주아(1924)	경남 함안	조선에서 야간학교	1940년 결혼. 2남 2녀	1939년 만주에서 규슈 이타로 이주	형이 하는 일 돕기, 마차 운반 일, 구두 수선, 이후 구두집 40년간 운영, 금속 가게	결혼 전 신가집에 오쟤 키우기, 물 긷기, 비료공장 소동 돕기, 도일 후 시멘트 부대에 재생 일, 아이 보기, 결혼 후 맥주병 세척, 남편과 함께 기요코공장	「기억」, 2007
8	권순금(1926)	경남 함안	소학교 입학	1944년 결혼. 2녀	1929년 먼저 가 있던 아버지 따라	남편은 조련 활동. 전후 민단, 민족계 금융기관 일	결혼 전엔 동생들 돌보기, 물 긷기, 결혼 후 그릇상, 민단부인회 활동 함. 시장서 구두 장사, 금속, 아가나루아(1959),	「기억」, 2007
9	권순임(1926)	충남 연기	독학	1945년 결혼. 큰	1928년. 먼저 가 있던 아버지 따라	니시진 오리 정성(整経) 일	7세부터 동생 보기, 11세 때 모친 내직으로 오비 짜는 일 시작, 현재까지 니시진 직물 짜조일	「기억」, 2005
10	김덕욱(1927)	경북 의성	야학 1년	1945년 결혼	1945년. 먼저 가 있던 오빠 따라		결혼 전 구리 광산에서 서별 일, 결혼 후 동 로 별개, 옷 막걸리 만들어 팔기, 파친코점 일	「기억」, 2007
11	김군자(1928)	경북 군위	소학교 졸업	1946년 결혼	1931년. 먼저 도일한 아버지 따라	1957년 자동차 사고로 사망	동생 돌보며 소학교 다님, 다친 모친 간병, 하청 건전지 공장, 가사 일, 청소 아르바이트 일	「기억」, 2006
12	정수양(1928)	경남 진주	무학	1945년 결혼. 2남	1932년. 먼저 가 있던 아버지 따라	철도 역무원, 부모 동사일, 1946년 사망	10세부터 남의집살이, 남편 사망 후 강서 장사, 옷 막걸리, 첫 직장 단추 공장, 잔류 후 판매, 한 가이가 등으로 두 아들 키움	「기억」, 2005

연번	이름(출생년)	출생지	학력	결혼과 자녀	도일 경위	남편의 직업과 일	본인의 직업과 일	출처 인터뷰 시점
13	천남필 (1930)	경남 울산	소학교 입학	1947년 결혼. 1남	1939년. 먼저 가 있던 아버지 따라	케미컬슈즈 회사 사장. 53세 사망	소학교 입학 후에도 방적 공장 일. 결혼 후 케미컬슈즈 회사와 병행하여 집에서 찻집. 이후 찻집 운영	『기억』, 2007
14	여일화 (1930)	오사카 (본적 경북 영주)	오사카조선사범, 긴키대학 중퇴	1952년 결혼. 자녀 4명		촌련 각 지역 위원장, 오사카조선금융회 고문 등	소학교 보조 교사, 조선학교 교원, 한신 교육 투쟁 참가, 학교 그만둔 뒤 조선인 소비조합 사무원, 민전 소속으로 한국전쟁 반대 운동하다 2년 투옥, 이후 1997년까지 중·고급민족학교 교원	『기억』, 2005
15	이연순 (1934)	경남 남해	중졸 후 양재학교	1953년 결혼. 3남	1936년. 7년 전 도일한 아버지 따라	동경한국학원 영어 교사였으나 결혼 초 그만둠, 연세 40여 하는 동안 독립 국적 반대	생계 곤란에도 태연자약한 남편을 대신해 김치 만들어 판매 시작(1960), 남즈 가서 직판점 4개 점포의 독립 공장 짓지 않은 한국식품점 회장. 아들 셋이 사장·전무·상무. 『김치이야기』 출간(2003)	『기억』, 2005
16	김두래 (1912)	경북 대구	무학	1930년 결혼. 4남 1녀	1940년. 농사일을 하다가 징용된 남편 따라		일본 비행기 회사 방공호 파는 일, 조선인 부녀서 밀주 제조 판매	『계속』
17	손문옥 (1915)	경남 창원	무학	1932년(?) 결혼. 자녀 4명	1932년(?). 7년 전 도일한 아버지 따라	일본인 농가에서 농사일. 남편 사후 가와사키로 이주 후 곧 사망	일본인 농가에서 농사일, 남편 사후 (가와사키) 일본강관 하청 공장. 곧 사망 일 (자재 운반, 콘크리트 반죽 등), 건물 청소	『계속』
18	이분조 (1919)	경북 고령		1934년(?) 결혼. 2남 2녀	1942년 1월에 일본에 온 남편 찾아		일본인 밑에서 일	『계속』
19	박순이 (1920)	충남 부여	무학	1938년(?) 결혼. 2남 4녀	1년 전 징용된 남편 따라	해방 후 36년간 총련 간부 일. 생계는 전부 아내에게 맡김	전쟁 중 터널 후 막걸리 장사. (회사 취직 등 여자가 할 수 있는 일 없이) 일본이 일본에 다시 3, 4명 고용해서 술 36년간 운영	『계속』
20	하덕용 (1921)	경남 창녕	무학	1935년 결혼. 자녀 4명	1935년. 일하러 도일해 있던 남편 따라	해방 전: 일본강관이 버린 철 부스러기 모아 녹여 철로 만들어 판매하는 일	이직 지럽 에 버주기, 간병 일, 쌀 가이다시 10년, 엿 제조 판매. "여자 손혼자서 아이 넷 키웠다"	『계속』
21	최두리 (1922)	경북 성주	무학	1938년 결혼	1938년. 일본에 가 있던 아버지가 정해 놓은 철 와 결혼 위해	해방 전: 일본강관이 버린 철 부스러기 모아 철로 만들어 판매하는 일	해방 후 엿 제조 판매. 야키니쿠 식당	『계속』
22	김복님 (1923)	경남 울산	무학("오십때의 한기군데[여서]")	1940년 결혼	1940년 도일. 친척이 소개한 상대와 결혼 위해	1964년 사망	이를 살 때 모친 사망 후, 3개월 된 동생 돌보며 키움. 가사일, 해방 후 남의 농사일, 42세 때 남편 사망 후 자식 네 명 키우기 위해 정신없이 일함. 남품점, 조림 일. 밤에는 내직, 이키니쿠 식당 일 12년. 식당 일 하면서 식 점에서 마걸리 만들어 판매	『계속』
23	이외재 (1924)	경북 경산	무학	1943년(?) 결혼. 자녀 4명	1928년. 양친 따라 도일	담배 장사, 파친코 가게	열네 살부터 6년간 직조 공장(임주). 남품이 바닥에 이른한 후 지인의 선술집 일, 건물 청소, 선술집, 물장사, 이후 다시 67~68세까지 건물 청소	『계속』

연번	이름(출생년)	출생지	학력	결혼과 자녀	도일 경위	남편의 직업과 일	본인의 직업과 일	출처 인터뷰 시점
24	김복순 (1924)	경남 진주	무학	1939년 결혼. 6남 1녀	1940년 도일. 남편 집이 대마도여서	일본 석유 하청 회사	시장의 숯 굽는 일, 아이거로 이사 후 여러 가지 장사(엿팔이), 막걸리 장사로 집 삼. 57년간까지 임시장 장사	『계적』
25	김병년 (1924)	경북 대구	무학		1941년 도일	탄광 일. 장남 네 살 때 사망	남편 사망 후. 여자가 할 만한 일 없어 마노동, 행상 등 여러 가지 일. 막걸리 장사.	『계적』
26	윤금자 (1925)	경북 대구	무학		1932년(?). 먼저 일하러 간 부친 따라	고철 장사	함바 일 12년, 파친코 경품 판매 12년, 건물 청소 5개월을 66세까지 계속 일함	『계적』
27	김복선 (1925)	경남 가계	서당		1944년 강. 동경의 방직 공장의 여공 모집에 응해	김복선이 31세 때 사망	방직 공장, 수주 만들어 팔기, 시에서 행하는 실업 대책 일(도로 청소, 포장마차 (오뎅, 닭고꼬 구이)	『계적』
28	서유순 (1926)	경남 함천	무학		1939년(?). 일본서 일하던 오빠 따라	해방 직후 기족과 함께 귀국, 귀국 직후 한국서 사망. 서유순은 다시 일본으로	실기 위해 여러 가지 일. 선반 공장(나사 만드는 일), 직조공장 은광선 일	『계적』
29	변을순 (1926)	경남 김해	소학교 3년	1943년 결혼. 자녀 3명	1927년 도일	파친코, 파친코로 좀 살 만. 바람 해진 뒤 다른 여자와 일본순과 이혼 후 한국으로 감	해방 후 남편이 구해온 쌀로 엿 만들어 판매, 방수, 국화빵 장사, 파친고. 남편과 헤어진 뒤 물장사 하며 자녀 셋 키움	『계적』
30	오금조 (1926)	경북 안동	무학	1942년 결혼. 3남 2녀	9세 때 도일. 함바 일하는 오빠 부부에 아이 봐주러	일본 대학 무하. 한국서 오 금조와 결혼. 뒤 해방 후 세 번째 사망		『계적』
31	박두래 (1927)	경남 울산	무학	1943년 결혼. 3남 2녀	1942년 도일. 먼저 가 있 던 부모와 합류	술, 노름, 여자에 빠져 가족 생계 신경 안 씀 박두래 66세 때 사망	숯과 노름에 빠져 있는 남편을 대신해 다섯 먹여 살리기 위해 온갖 종류 내직(손수건 비느질, 봉투 붙이기, 마플리 검침질, 선풍기 모터 조립 등)	『계적』
32	하현필 (1929)	경남	소학교 2년	1945년 결혼. 자녀 4명	1942년 도일. 먼저 징용 가 있던 부친 따라	해방 전에 식면공장 정용. 해방 후 식품상, 일무 제조	전쟁 중에 부모 막걸리 제조 판매 돕기. 해방 후 일무 제조. 모내기 임노동, 철 부스러기 수집, 직업안정소 통해 일용 노동(도로공사 등)	『계적』
33	김두부 (1929)	경남 고성	무학	1944년 결혼. 2남 1녀	1944년 도일. 남편 따라	징용으로 북해도에서 가져 막일 알기, 댐 건설 해방 후 생활보호 받으며 마노동 등, 마나 안 살 때 몸 다침	해방 후 생활보호 받으며 여러 가지 일. 다친 남편대신 아이 맡기고 여러 일. 파친코에서 단매, 경품 교환, 페품 수집, 건물 청소, 공사 현장 청소. 69세 나이 다섯 상직이 말하고 페밀리 레스토랑서 취직	『계적』
34	김봉자 (1931)	경남 삼천포	무학	1947년 결혼. 3남	1936년 도일. 탄광에 정용되어 있던 아버지 따라		남의집살이. 열두 살 실 때 어머니와 타향 일(식된 고르기). 30대에 남편과 사별 일러 일. "막걸리 제조 등. "설날도 쉬지 않고 일했다", "글음 모르기가 육체노동이"	『계적』

연번	이름(출생)	출생지	학력	결혼과 자녀	도일 경위	남편의 직업과 일	본인의 직업과 일	출처 인터뷰 시점
35	윤영신 (1924)	경남 고성	무학	1941년(?) 결혼. 2남 6녀	1930년대(?). 부모 동반	참공장일을 열심히 안 하고, 도 많이 안 주고, 축구나 하러 다닌다고 하고	남의집살이(8~14세), 방직 공장(~18세), 결혼 직후 남편 징용. 70세까지 일용 노동. 여맹위원장	2002.7. 오사카
36	양화선 (1942)	제주도		1964년 결혼. 2남 2녀		조선학교 교원 (1960~1969년), 이후 총련 조직 일	한복 가게(32년째) 총련 예술단 사람, 여맹 일, 이쿠노쿠 조선은행 부인회 회장	2002.7. 오사카
37	고유희 (1941)	부모 모두 제주도	조선 고급학교	1965년 결혼. 2남 2녀	동경 출생	총련 조직 일 2004년. 여러 가지 일. 신발 가게(인터뷰 일주일 전 개업)	민족학교 교사 3년, 옷 수선 일 30여 년, 남편 선발기게 도와주는 일. "내가 옷 수선하며 아이들 키웠다"	2002.7. 오사카
38	이영욱 (1951)	부 제주도 모 육지		21세 때 결혼. 2남 1녀	매마도 출생	클리닝스틱 일, 헤주 센도. 1992년 이혼	안경 렌즈 공장(숙식). 1970년부터 헤주 센도 일(임금이 붙는 일). 월급. 정이들보다 몇 배 벌었으나 남편 도박	2002.7. 오사카
39	한선자 (1919)	경북 의성		17세 때 결혼. 3남 4녀	일본에 와 있던 남편과 결혼으로 도일	토목	세토 도자기 관계 일(흙 가는 일) 나고야 비행장 터 다드는 일 해방 후 행상(엿, 콩기름, 닭, 사루떡, 족발). 일주. 낮에 일, 밤에 민족학교 짓는 일, 총련 일	2015.11. 도요하시
40	박막순 (1925)	경북 달성		18세 때 결혼. 7명 자녀	1938년(?) 부모 따라 도일	트럭 운전, 해방 후 일주. 중화요리점	세토 도자기 관련 일. 해방 후 엿, 막걸리 만들어 판매. 중화요리점 20년 정도. 다른 사람 2~3배 일했었다	2015.11. 세토
41	강선희 (1930)	경북 안동	무학	2남 1녀	1941년 도일. 먼저 도일해 있던 부모와 합류		결혼 전 방직 공장 일(입주). 여러 가지 일. "고생한 얘기하자면 끝이 없다"	2015.11. 세토
42	진경순 (1936)	황해도		16세 연상인 남편과 결혼. 2남	해방 전부터 일본에서 무역 일을 하던 아버지 따라 해방 후 도일	한국전쟁 때 유엔군에 자원 입대. 총소으로 일찍 사망	결혼 전 일해 본 적 없음. 결혼 후 남편 이따서 할 수 없이 시작. 나직하다가 음점 일 배워 음점공으로 회사생활 39년 6개월	2015.12. 가와사키
43	김정선 (1937)		무학	17세에 결혼. 3남 1녀	6개월 되었을 때 도일. 슈 탄광에 징용되어 있던 아버지 따라	별목 일. 마노동, 담프트럭 일. 2015년 현재 건설업 장으로 일함. 6대손 특리 건설 기물처리 일	규슈에서 태광을 5~6년. 1958년 가와사키로 이주. 남편과 아이들이 하는 운송업 전화 받기, 사무 일, 수금 일. 민단부인회장 6년	2015.12. 가와사키

주: 36~43번은 기명임.

기 때문이다.

〈표 3-3〉에서 우선 시각적으로 눈에 띄는 것은 남편의 일과 노동 경력에 비해 아내인 여성 면담자의 노동 이야기가 훨씬 길고 다양하고 잡다하다는 점이다. 물론 본인의 이야기를 좀 더 자세히 기억하고 이야기했을 수도 있 겠으나 기본적으로 여성의 노동이 갖는 비전문성 때문일 것이다. 아무튼 이상의 생애사 사례에 제시된 재일여성들의 일과 노동의 여정에 나타나는 특징들을 살펴보자.

첫째, 돈벌이 일을 하지 않은 경우가 없다. 그리고 그 돈벌이가 모두 가 족의 생계를 위한 것이었다. 나아가 실질적인 생계 부양자 역할을 한 사람 이 적지 않다. 남편이 (총련) 조직 활동에 몰두해 가계는 전혀 신경 쓰지 않 은 경우, 남편과 일찍 사별하고 시부모까지 부양한 경우, 이혼한 경우, 남편 이 몸을 다쳐 일을 하지 못하게 된 경우, 남편이 술과 노름 그리고 여자에 빠져 가계를 등한시한 경우도 적지 않다. 양의헌(3번 사례)은 민족학교 세우 는 일로 밤이고 낮이고 뛰어다니는 남편을 대신해 매년 3월부터 10월까지 대마도에서 합숙하며 잠수 일로 돈을 벌어 집에 송금을 했다. 잠수 일을 가 지 않는 겨울에는 바느질 일, 콩나물 다듬기, 조선시장 떡집에서 떡 만드는 일, 넝마 줍는 일 등을 했다. 나중에는 가고시마, 에히메, 가나가와, 시즈오 카 등으로 다니며 잠수 일을 했고, 가장 늦도록 한 것은 미에현 토바(鳥羽) 로 70세까지 했다. 잠수 일을 그만둔 뒤에는 떡집 일을 하며 아이들을 키웠 다. 남편은 죽을 때까지 민족학교 일을 했기에 평생 단 한 번도 명절 준비 를 하라고 돈을 가져다준 적이 없었다. 학교엔 전혀 간 적 없어 자신의 이 름도 쓸 줄 모른다. "일하고, 돈 벌고, 아이들 키우고 한 게 다이다"(『기억』 44쪽). 『기억』에는 35명의 남성 사례가 실려 있는데, 이들 중에는 '조직'(대부분 조 련이나 총련) 일에만 전념한 경우가 대여섯 건 된다. 총련 일은 상근직이어 도 월급이 미미하거나 부정기적이었다.

그림 3-3 _ 헷푸 샌들 일을 하는 재일한인 여성들

자료: 太田順一(1987: 70, 71)의 원사진 자료(오오타 준이치 제공).

가와사키의 진경순(42번 사례)은5) 열여섯 살 많은 남편과 결혼했으나 남
편은 한국전쟁에 자원입대했다가 총상을 입고 앓다가 일찍 사망했다. 진경
순은 아버지가 무역 일을 해서 집안 형편이 좋은 편이었기에 결혼 전에는
일을 하거나 밥도 해본 적이 없었다. 돈이라는 걸 어떻게 버는지도 몰랐고
"돈은 그냥 은행에서 나오는 거"로 알고 있었다. 결혼 후 남편이 병이 나면
서 처음 일을 시작했다. 내직을 하다가 우연한 기회로 용접 일을 배워서 두
아들을 좋은 대학에서 교육시키고 남편 치료비도 내고 집도 샀다. 그때 시
작한 용접 일로 39년 6개월 근무했기에 연금도 나온다. 그녀는 자신의 노
동 경험에 대해 이렇게 말한다. "나는 공부도 못허구 주인(남편)이 군인, 저

---

5) 1936년 황해도 출생. 가와사키에서 인터뷰(2015.12.14). 출간된 책에 실린 경우는 실명을 그
    대로 쓰되, 직접 인터뷰한 사례는 가명 처리했다.

기 유엔군으로 나가서 총 맞구 일찍 세상을 떠났어요. 애기들은 어린데. 그 때부터 내가 일본 회사에 들어가 가주구 어떻게든 일해 가지구 나도 이제는 일 끝나구 애덜도 대학도 다 보내구 했어요. 내가 고생 많이 했지만 그렇지만 나는 그거 용접 기술이 있었기 때문에. …… 지금은 그 연금을 받아 가주구 생활을 해. 글구 애덜도 둘 다 커서 학교도 보내고 집도 사고".

고옥희(37번 사례)는[6] 옷 수선 일을 30년 이상 해오고 있다. 남편은 '조직'(총련) 일을 오래했고 돈 버는 일도 이것저것 했으나 고옥희가 실질적으로 옷 수선을 하며 아이들을 키웠다. 지금도 "생각하면 어떻게 살아왔나" 싶지만 아이들도 다 컸고 고생만 했다고는 생각하지 않는다. 오사카의 이영옥(38번 사례)은[7] 스물두 살에 결혼한 뒤 줄곧 헷푸 샌들의 밑창 붙이는 일을 했다. 헷푸 샌들업이 성황이던 때는 월수입이 90만~100만 엔 정도 될 만큼 벌어서 대졸 회사원 몇 배의 수입을 올렸지만 남편이 도박으로 "50만 엔 벌어서 70만 엔 쓰는 식"이어서 빚까지 지게 되었다. 남편의 거듭되는 도박으로 결국 10년 전 이혼하고 혼자서 헷푸 샌들 일을 계속하면서 이제는 직장을 다니는 두 명의 자녀와 살고 있다.

둘째, 일을 한 기간이 굉장히 길다. 10대 초에 일을 시작해 물리적으로 힘들어질 때까지 계속한 경우가 대부분이다. 간혹 대여섯 살부터 인근 남의 집에 들어가 아이 보는 일부터 시작한 경우도 있다. 오사카의 윤명신(35번 사례)은[8] 여섯 살 때 일본에 왔는데 다음 날이 설날이어서 하룻밤 자고 일곱 살이 되었다. 먹고 살기 힘들어서 여덟 살 때부터 일본인 집에 들어가 아이 보고 집안일하면서 한 오륙 년 정도 살았다. 들어가는 날 집주인에게 밥 물 맞추는 법을 배웠다. 열네 살 때 그 집에서 나와 집에 돌아왔는데, 아

---

6) 동경서 출생한 2세. 2002년 7월 오사카에서 인터뷰.
7) 1950년 대마도에서 출생한 2세. 2002년 7월 오사카에서 인터뷰.
8) 경북 고성 출생, 여섯 살 때 부모 따라 도일. 2002.7.26. 오사카에서 인터뷰. 인터뷰 당시 78세.

버지에게 학교에 보내달라고 떼를 썼지만 너무 늦다고 안 된다고 했다. 그 뒤 방직공장에 취직해서 열여덟 살까지 기숙사에 살면서 일을 했다. 결혼 전까지 집에서 부모와 산 기간이 별로 없는 셈이다. 열여덟에 결혼한 뒤로는 일용으로 건축 현장에 다니며 쓰레기를 치우고 청소하는 일을 했다. 70까지 하니까 노인네는 이제 그만하라고 했다. 남편은 철공장을 다녔는데 일을 열심히 안 했다. 축구하러 다닌다 하고 돈도 많이 안 주고. 윤명신이 일용 노동을 하면서 아이 여덟 명을 키우며 살았다.

가와사키의 김두보(33번 사례)는 몸을 다쳐 일을 못하는 남편에게 어린 아이를 맡겨두고 파친코 경품 장사, 폐품 수집, 빌딩과 공사 현장 청소 등을 하다가 예순 아홉에 나이를 다섯 살 속여 패밀리 레스토랑에 취직하였다(『궤적』). 현순임(9번 사례)은 열한 살 때부터 교토 니시진에서 직조일을 배우기 시작해 70여 년 가까이 계속 같은 일을 하고 있다. 80세가 된 인터뷰 시점(2005년)까지도 집안에 직조기 두 대를 놓고 하루에 6시간씩 일을 하고 있었다(『기억』). 인터뷰 당시 만 96세였던 한선자(39번 사례)는[9] "평생 일했다"란 말로 자신의 노동 여정을 표현했다. 일을 찾아 계속 옮겨 다니며 도자기 관련 일, 토목, 함바(飯場)일, 밀주 제조, 행상(명태, 콩기름, 닭, 시루떡, 족발, 송편 등 만들어 팔기) 등등 뭐든지 했다. 남편과 같이 하기도 했고 서로 다른 일을 하기도 했다. 돈 버는 일 틈틈이 총련(여맹) 일, 특히 "우리 학교" 건설하는 일도 열심히 했다.

여성들이 일을 시작하는 연령대가 빠른 것은 앞의 통계 자료에서도 확인되는 바, 이는 재일한인 여성의 저학력과도 연결되었을 것이다. 『기억』과 『궤적』에 등장하는 34명 여성의 출생 연도는 1911에서 1934년 사이인데,

---

9) 1919년 경북 의성 출생. 일본에 있던 남편과 중매로 결혼한 뒤 도일. 2015년 11월 29일 아이치현 도요하시에서 인터뷰.

이들의 학력은 무학이 20명, 서당 1명, 소학교 입학 5명(2~3년 다님), 조선사범학교, 중학교 졸업이 각각 1명씩이다. 나머지 6명에 대해선 정보가 없다. 조선사범학교, 중학교 졸업자는 모두 1930년 이후 출생자다.[10] 즉 1910년대~20년대 출생자의 경우 소학교 2~3년을 다녀본 소수를 제외하고는 절대다수가 학교 교육을 전혀 못 받았던 셈이다. 이들이 처해 있던 절대 빈곤의 상황에서 어린 나이부터 각종 공식·비공식 노동력으로 흡수되었다고 볼 수 있다.

셋째, 여러 종류의 일 경험을 갖고 있다. 본인들이 고백하듯 먹고 살기 위해서라면 어떤 일이든 마다하지 않았음을 알 수 있다. 유일한 전문직 종사자인 조선학교 교사 출신 여일화(14번 사례), 니시진 직물 직인이 된 현순임(9번 사례), 김치를 조금씩 만들어 팔다가 김치 제조·판매 회사로까지 키워낸 이연순(15번 사례), 헷푸 샌들 본드공으로 30년 이상 일한 이영옥(38번 사례), 용접 기능공으로 40년 가까이 회사 생활을 한 가와사키의 진경순(42

---

10) 흥미롭게도 『기억』에 실린 남성 35명 중엔 놀라울 정도로 고학력자가 많다. 대학교 이상 학력자가 15명이나 되며, 대부분 잘 알려진 명문 대학이다. 무학은 단 한 명이다. 34명은 같은 책에 실린 여성들처럼 1916~1934년 사이에 태어난 사람들이다. 단순히 성별에 따른 교육 격차라고 보기에는 차이가 너무 커서 인터뷰 샘플링상의 '왜곡'이 있었던 것으로 추정된다.

그림 3-4 _ 금속 일을 하는 재일한인 여성들

자료: 太田順一(1987: 72, 73)의 원사진 자료(오오타 준이치 제공).

번 사례)을 제외하고는 '경력'으로 이어지는 일에 종사한 경우가 없다. 생존을 위해 그때그때 상황에 따라 가능한 일을 하다 보니 평생 10여 가지의 일을 거친 경우가 많다(이 역시 고학력자인 남성들과 차이를 보인다). 또한 (선박 방수 처리, 용접 등) 중공업 분야나 탄광과 토목 관련 일 등 통상적으로 남성의 일로 간주되는 힘든 육체노동을 한 경우도 적지 않다.

조정순11)은 어머니가 일본에 가면 편하게 살 수 있다고 해서 왔는데 일본에 와서 "일만 세가 빠지게 하고", "생전 안 해본 일도 다했다"고 회고한다. 탄광 일을 했는데 처음 갔던 야마구치현 우베 탄광은 좁은 갱도가 바다

---

11) 1924년 경북 출생. 15세 때 도일, 같은 해 고베에서 결혼. KBS 스페셜, 〈빼앗긴 날들의 기억, 가와사키 도라지회의 기록〉, 2016. 8. 15일 방영.

아래로 이어지는 해저 탄광으로 남자들도 겁이 나서 못 들어가는 데를 들어가서 일했다. 갓 스무 살이었다. 남편은 탄광 일을 싫어했다. 노름에 빠져 지내는 일이 많았다. 탄광 일 외에도 온갖 막노동을 전전했다. 김방자(34번 사례) 역시 열두세 살 무렵부터 어머니와 함께 탄광 일을 했다. 헤드라이트를 켜고 사각형 배터리를 등 뒤에 달고 갱도에 들어갔다. 어렸기 때문에 지하에서 석탄 캐는 일은 못하니까 밧데리 충전하고 교환하는 일 같은 것을 했다. 그 뒤엔 돈이 조금 더 된다고 해서 갱도에서 벨트를 타고 올라오는 석탄을 고르는 일을 했다. 가와사키에서 40년 이상 재일한인을 포함한 재일외국인 인권 운동을 해온 야마다 다카오(山田貴夫)는 재일여성의 일과 관련해 아래와 같이 말한다.

> 여성의 일과 관련해 가와사키 할머니들 대부분은 어머니 일 돕기, 아버지 일 돕기 등이지 직업여성 같은 이미지는 별로 접한 적이 없다. 다만 패전 후 일본 회사가 거의 문을 닫고 하면서 이름을 붙일 만한 일거리가 별로 없는 상황에서 돈을 벌 수 있는 곳이면 어디든 가서, 여러 가지 일을 하는 식이었다. 이 분들이 많이 하는 말이 있는데 "도둑질과 매춘 말고는 뭐든지 했다"고 한다[12].

넷째, 생계 노동을 하지만 가사일도 병행한다. 특히 자영업이나 집안에 작업장을 두고 제조나 내직을 할 경우는 일터와 가정의 경계가 불분명하며, 여성의 '일'은 가사와 돌봄으로 반복적으로 중단된다. 열한 살 때 아버지를 따라 일본에 온 강필선(5번 사례)은 열두 살 때부터 미국 수출용 귀걸이 만드는 공장에서 아침 6시부터 밤 9시까지 일을 했다. 공장은 일본인 주인만

---

12) 2016년 2월 16일 서울대학교 재일동포연구단 워크숍에서 한 구두 발표.

제외하고 나머지 30명 전부 조선에서 온 사람들이었다. 일본에 온 뒤 학교에는 전혀 가보지 못했다. 그 공장에서 열여섯까지 일하다가 일곱 살 많은 남편과 결혼을 했다. 결혼한 뒤에는 시부모를 포함한 여섯 식구와 조선에서 일하러 와 있던 남자들 여덟 명을 합친 열네 명분의 밥을 하면서 낮에는 단추 공장, 밤에는 양말 공장 일을 했다. 남편은 전쟁 중 탄광으로 징용 갔다가 허리 통증을 얻고 돌아왔다. 해방 후 아이와 시부모가 있는 상황에서 남편은 일자리도 찾지 못하고 허리도 아픈 상태라 강필선이 히노키 밧줄 만드는 공장에서 사흘간 배운 뒤 집에 작업장을 차렸다.

> 작업장에 불 때는 일부터 시작하려면 새벽 두 시에는 일어나지 않으면 안
> 된다. 늦어야 세 시다. 여섯 시까지 준비 공정을 하다가 여섯 시부터는 아
> 침을 준비해서 시어머니, 시아버지께 차려드리고, 세 아이도 먹여서 학교
> 에 보냈다. 아이들도 아침 네 시부터 일곱 시까지 일을 돕다가 학교에 갔
> 다. 설거지를 하고 갓난아이 기저귀 빨고 젖을 먹이면 9시쯤 되고, 다시
> 히노끼 밧줄 꼬는 일을 한다. 남편은 주문을 받으러 다녔다. 밧줄 일로 버
> 는 돈은 시아버지가 가지고 있기 때문에 필요할 때마다 타 써야 했다(『기
> 억』 102~104쪽).

가난한 집안 형편으로 학교에는 가본 적이 없고 중매로 결혼을 한 뒤에도 끊임없이 일을 했던 강선희(41번 사례)[13]가 회상하는 부모님의 모습도 젠더간 '분업' 양상을 확인해 주는 것이었다. 부모님은 집에서 벽돌을 구워 팔았는데, "아버지는 일을 끝내면 기모노 갈아입고 게이샤 있는 데로 가셨지만, 엄마는 벽돌 팔고, 시아버지와 자식들, 시동생을 챙겨야 하는" 처지

---

13) 2015년 11월 28일, 아이치현 세토시에서 인터뷰.

였다. 즉 강필선의 경우에서처럼 자영업으로 하는 생계 일과 가사 노동이 혼재되어 있고, 분명한 끝맺음이 없는 노동의 성격을 볼 수 있다. 강선희 본인은 열한 살 때 도일해 방적 공장 일부터 시작해 "얘기하자면 끝이 없"을 고생을 했다. 아버지가 먼저 도일했고, 몇 년 뒤 어머니가 오빠를 공부시켜야 한다고 오빠만 데리고 도일한 뒤 4년 후에 일본의 가족과 합류했다. 오빠는 제대로 잘 공부해서 조선학교 교사가 되었으나 강선희는 학교에 가본 적이 없다.

다섯째, 재일한인 1세 여성이 했던 일의 종류는 굉장히 다양하다. 위의 생애사 기록과 인터뷰 자료에 나오는 대로 적어보자면 남의집살이, 막걸리나 소주, 엿 만들어 팔기, 가이다시, 돼지 사육, 넝마주이, 고물상, 비누 만들어 팔기, 함바 일, 행상, 술집, 식당, 사금 채취, 새끼줄 장사, 토목, 분뇨 처리, 재봉 일, 수선 일, 김치 가게, 신발 제조, 양복 일, 한복 만들기, 하숙, 고철, 파친코, 공장 노동, 출가 물질, 직조, 선박 방수 처리, 용접, 탄광 일 등 매우 다양하며, 언급한 대로 한 사람이 평생 동안 굉장히 여러 종류의 일을 거친 경우가 많다. 빈도상 가장 자주 등장하는 것은 밀주를 만들어 팔았던 일이다. 특히 패전 직후 기존의 경제망이 붕괴되고 실질적으로 암시장 경제에 의존해 생존을 이어갈 당시 막걸리 제조는 웬만한 재일한인 집주 마을에서는 어디서나 하는 것이었다고 한다. 그 시기에 재일여성이 가장 손쉽게 할 수 있는 일은 술을 담가 팔거나 암시장 장사, 소규모 식당, 폐품 수집 등이었고, 그런 식으로 생계를 이어가는 것이 재일 1세 여성의 일반적인 모습이었다.[14]

여섯째, 시기별 변화와 남성과의 차이가 나타난다. 극소수이지만 1930년대 이후 출생한 여성 중에는 전문직(조선학교 교사) 일을 하거나 자영업을 성

---

14) 배중도 발표 중에서. 2016년 2월 16일 서울대학교 재일동포연구단 워크숍.

그림 3-5 _ 밀주 단속 광경

자료: 在日韓人歷史資料館(2008: 96, 재일한인역사자료관 제공, 원사진 자료: ≪愛媛新聞≫).

그림 3-6 _ 밀주 단속 경고 포스터

자료: 在日韓人歷史資料館(2008: 96, 재일한인역사자료관
제공).

그림 3-7 _ 1920년대 히라츠카마치의 조선인 음식점 1

자료: 朝鮮總督府(1927).

그림 3-8 _ 1920년대 히라츠카마치의 조선인 음식점 2

자료: 朝鮮總督府(1927).

공시킨 경우도 등장한다(사례 14, 15번). 이들은 상대적으로 교육을 잘 받은 사람들이다. 『기억』에 기록된 남성들의 경우, 샘플링상의 문제가 있는 것으로 보이나 고학력자가 많은 만큼 교사, 교장, 대학 교수를 비롯해 금융업, 회사 경영, 미술가, 목사 등의 직종에 종사한 사람도 적지 않다. 일본으로 가게 된 계기 역시 남성과는 큰 차이를 보여서 남성들이 일자리를 찾아서 혹은 유학이나 징용으로 도일한 것과 달리 여성은 자발적 이주가 매우 드물다. 위의 사례에 등장하는 여성 대부분은 먼저 일본에 가서 일을 하고 있던 아버지가 두고 온 가족을 불러들이거나 먼저 도일한 남편이 부르거나 혹은 남편으로부터 연락이 없어 찾아간 경우 등이다. 비슷한 맥락에서 먼저 가 있던 오빠가 불러서 돈을 벌러 일본으로 간 경우도 다섯 건 있다. 스스로 원해서 간 경우는 일본에 일하러 갔다가 예뻐져서 돌아온 사촌 여동생을 보고 방직공장 일을 하러 도일한 김문선(27번 사례)뿐이다.

5. 재일한인 1세 여성의 일과 노동: 특수성과 보편성

학계에 여성주의 관점이 등장하기까지 노동하는 여성의 모습은 오랫동안 주류 역사에서 가시화되지 못했다. 예를 들어 대표적인 여성주의 사학자 조앤 스콧(Joan W. Scott)은 저명한 노동사 연구자인 E.P. 톰슨의 『영국 노동계급의 형성』이 드러낸 젠더 편향성에 대해 근본적인 비판을 제기한 바 있다. 즉, 산업화 과정에서 상당 규모의 여자와 어린이가 노동자로 일했음에도 불구하고 톰슨은 노동계급 개념에서 여성을 배제해 버렸고, 결과적으로 노동자라는 단어가 남성만을 가리키게 되는 역사적 과정에 그 자신도 가담했다는 것이다(Scott, 1988, 우에노 지즈코 2015에서 재인용). 이 글에서는 재일한인 1세의 역사를 재고하는 맥락에서 여성과 일의 관계에 주목함으로써 그동안 상대적으로 비가시화되었던 재일한인 여성의 노동 경험을 드러내고 여성에 대한 지배적인 표상에 질문을 제기하고자 했다.

재일한인 1세 여성은 일하는 존재였다. 그러나 언급했듯이 오랫동안 이들에 대한 지배적인 표상은 '어머니', '민족 전통의 담지자', 혹은 '차별에 시달려온 약자'였다. 노동 경험이 등장할 경우에는 고생담이나 차별 이야기의 일부로 이야기되었고 노동자로서의 역할은 어머니나 아내로서의 책임을 다하는 것으로 수렴되었다. 이러한 양상은 저자 개인의 '감상적' 차원은 별도로 하고, 일차적으로는 식민 지배와 차별의 폭압성을 드러내고 비판하는 데 여성—어머니 상징이 갖는 '힘'과도 관련된 것으로 보인다. 예를 들어 서경식(2006)이 일본 식민주의의 폭압성, 특히 피식민 여성에 대한 폭력을 비판하기 위해 외치는 "내 어머니를 모욕하지 말라"는 (그것이 민족주의와 본질주의적으로 엉켜버리는 난점을 논외로 한다면) 다른 비판적인 개념어를 쓸 경우와 비교해 얼마나 즉각적인 울림을 만들어내는가. 물론 뒷장에서 정호석이 아주 잘 보여주는 것처럼 어머니('오모니')라는 표상이 다양한 의미의 층위를 가지며 때로는 매우 비판적이고 전복적인 담론적 효과를 만들어낼 수 있지만, 이런 양상이 등장한 것은 전후 많은 시간이 흐른 뒤의 일이며 "'오모니' 담론의 풍요함" 자체를 문제시할 필요가 있는 것이다.

나아가 재일한안 1세 여성의 일을 비가시화하는 데는 학술적으로도 남성—노동자, 여성—어머니 담론이 갖는 강력한 효과가 작용했을 것이다. 특히 산업화 과정은 공사 영역 분리와 결합한 강고한 성별 노동 분업을 동반했고, '노동' 개념 자체가 공적 영역에서 행해지는 임금노동을 중심으로 인식되었다. 그 결과 다른 형태의 노동을 분석할 '틀'이 부족해졌고, 공적·공식 임금노동에 속하지 않는 일은 비가시화되었다. 아직도 이견이 남아 있지만 '가사'가 '노동'으로 인식·인정되기까지 거쳐야 했던 많은 논쟁이 좋은 예가 될 것이다. 아래에서는 재일여성 1세의 일과 노동에 대한 이상의 고찰을 기초로 이 사례가 제기하는 몇 가지 분석적 지점을 살펴보는 것으로 결론을 대신하고자 한다.

첫째, 여성 노동의 성격과 관련된 지점이다. 루이스 틸리와 조앤 스콧(Louise A. Tilly & Joan W. Scott)은 풍부한 역사적 사료를 통해 여성 노동이 갖는 특징과 연속성을 명쾌히 분석한 바 있다(틸리·스콧, 2008). 이들에 따르면 여성의 경제적 활동은 전통과 근대 사이의 단순한 대비를 통해 제시된 것보다 훨씬 더 연속적이었다. 일부의 계층 혹은 소수의 여성을 제외하고 전산업화 시기와 산업화 시기 모두 여성의 노동은 가족경제의 맥락에서 규정되었고, 생애 주기에 따라 달라지는 경향을 보였다. 즉 산업혁명은 예상했던 것보다 영향력이 적었다. 여성이 임금노동 시장에 들어가는 것은 대체로 가족 전략에 따른 것으로, 이는 전통적으로 가족 내에서 여성의 책임으로 여겨졌던 것을 완수하는 하나의 방법이었다. 또한 임노동에 참여하는 것 자체가 여성의 사회적 지위를 개선하거나 딸, 아내, 어머니로서 여성과 가족 사이의 관계를 크게 변화시키지는 않는다는 것이 이들이 내리는 결론이었다.

1970년대에 수행된 이 선구적인 연구 이래 여성 노동은 단순히 노동시장만이 아니라 젠더, 가족, 노동 사이의 특수한 연결 관계 속에서 이해되어야 한다는 인식이 이제 학계의 상식으로 자리했다. 가족―노동 사이의 특수하게 젠더화된 관계가 '여성적' 직종에 대한 낮은 평가와 노동시장에서의 주변화, 일하는 여성들의 이중고 등으로 이어졌고, 성별 노동 분업과 모성 이데올로기 속에 여성 자신도 일―가족의 연결 속에서 노동 경험을 의미화한다. 예컨대 자신이 수행하고 있는 노동의 의미를 가족, 특히 자녀에 대한 보살핌 역할에서 찾는 모습(김효정, 2010)은 어렵지 않게 접할 수 있다. 재일한인 1세 여성의 경우도 위에서 고찰한 것처럼 가족경제와 생애 주기에 의해 크게 영향을 받는 여성 노동의 전반적 성격을 매우 잘 드러내준다. 이런 맥락에서 보면, 재일한인 여성에 대한 재현에서 '어머니' 표상이 과도하게 강조되었다는 본 논문의 비판의 대상에는 재일여성 당사자의 자기 인식도 포함되어야 할 것이다.

둘째, '한국적 가부장제'의 성격과 관련된 지점을 살펴볼 수 있다. 조혜정 (1988)은 조선조 이래 현대까지를 세 단계로 나누어 각각의 역사적 시기에 한국의 가부장제가 어떠한 특수한 형태로 구현되고 있었는지에 대한 분석 '모델'을 제안한 바 있다. 그중 근대사 초기에 대해선 피식민과 전쟁으로 얼룩진 혼란기로, 남성(아버지와 오빠, 남편)의 부재가 늘어났으며 여성의 활동 영역이 확장되었고, 그 결과 가족은 "실질적으로 모 중심적 성격"을 강하게 띠었다고 지적한다. 이 시기의 여성상에는 (부재한 남성을 대신해) 집안을 일으키는 근면하고 과단성 있으며 억척같은 모습이 자주 등장한다는 것이다. 그러나 동시에 아버지의 부재와 여성의 활동 확대가 남존여비적 사상을 약화시킨 것은 아니었음도 강조한다. 부권은 실제적인 아버지의 역할과는 상당히 무관하게 상징적인 가치로 존재하는 경우가 많았고, 그런 점에서 여성의 권력 행사가 그대로 공식적 권위로 이어지지 못하는 모순을 보이기도 했다는 것이다. 예를 들어 이하나는 분단과 한국전쟁으로 수많은 한국 가족이 '가장'을 잃거나 손상 받은 상황에서 여성이 생계를 책임지면서 가족이 실질적으로 모성을 중심으로 재편되었으나, 여전히 가문과 친족의 번영을 일차적 목표로 삼던 가족주의하에서 여성은 오히려 손상된 가부장제를 홀로 지탱하는 역할을 했다고 지적한다(이하나, 2016).

재일한인 1세 가족의 경우 일본으로의 이주 초기, 혹은 그 이후로도 오랫동안 생존 자체가 주요 목표가 되면서 대개 남성뿐만 아니라 여성도 생존을 위한 일을 할 수밖에 없었다. 특히나 경제 상황이 좋지 않을 경우 여성들의 역할은 더 중요해졌다. 예를 들어 가와사키 할머니들에 대한 생활사 채록 작업에 참여했던 히구치 유이치는 다음과 같이 평한다.

그림 3-9 _ '어머니와 재봉틀'이라는 제목의 전시 패널
재봉틀 하나로 가족을 먹여 살린 권점이 씨의 이야기.

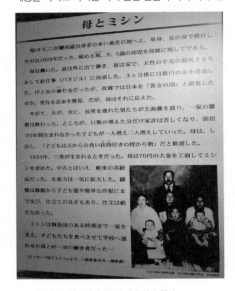

자료: 동경재일한인역사자료관에서 필자 촬영.

그림 3-10 _ 가족을 먹여 살린 재봉틀 설명 패널

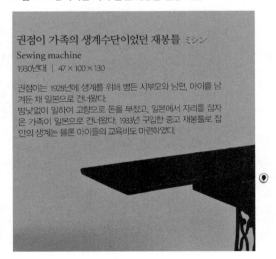

자료: 동경재일한인역사자료관에서 필자 촬영.

[해방 후] 일본 사회의 차별과 싸우기 위해 남성들 중에는 적극적으로 민족 단체의 일을 맡은 사람이 많았습니다. 민족 단체와 거리를 둔 사람은 동향회 등에 관계했고 어떤 경우든 가정을 돌보지 않고 활동에 빠져든 사람이 적지 않았습니다. 이들의 활동은 어떻게든 생활을 타개할 길을 찾아보려 한 것이지만 희망을 찾지 못하거나 일을 할 전망을 가질 수도 없어 술에 빠지는 사람도 있었습니다. 이럴 경우 여성은 생활과 아이들의 교육을 고스란히 다 떠맡아야 했습니다. …… 한국전쟁 후 일본 경제가 안정되어 갔지만 조선인 남성의 실업은 더욱 심각해졌고, 이에 여성은 생활비 확보와 자녀 교육을 위한 역할을 한층 더 강하게 떠안아야 했습니다(樋口雄一, 2009: 189~190).

일찍이 인류학자 캐롤 스택(Carol Stack)은 흑인 빈민가에 대한 현지 조사를 통해 남성의 불안정 고용을 특징으로 하는 열악한 노동시장 상황에서 모 중심적으로 운용되는 개별 가구의 탄력성이야말로 일상적 위기를 헤쳐 나가는 생존 전략임을 보여준 바 있다(Stack, 1975). 재일한인 가족의 경우도 사회경제적인 혼란과 남성의 직업 불안정 속에 적지 않은 여성이 생계를 책임지면서 생존해 온 경우라 할 수 있다. 이런 상황에서 가구의 생존을 위한 여성의 기여와 역할이 어떻게 평가되었고 가족 내 권력관계와 위신 구조에 어떤 영향을 끼쳤는지, 가부장제에 어떤 변화와 균열을 초래했는지에 대해 향후 보다 심도 있는 분석이 시도될 수 있을 것이다. 예를 들어 이 점과 관련해 흥미롭게 살펴볼 수 있는 지점 중 하나는 제사이다. 많은 재일 1세 가정은 제사를 매우 중요하게 지내고 나름대로 상세한 제사 규범을 고수해 왔다. 오사카 조선시장에서 (총련 스타일의) 한복집을 하고 있는 양희선 역시 오랫동안 주 생계 부양자였다. 2002년 인터뷰 당시 제사 때마다 40여 명의 남편 쪽 친척들이 모인다는 답을 들었다. 물론 남계 조상에 대한 제사로, 남자 위주의 의례이다. 여자들은 "다 부엌에서 부지런히 일하고" 막상 제를 지낼 때에는 부엌에서 (방으로 난) 문을 닫고 기다린다. 요즘은 그나마 문을 열어놓고 다 지켜보고, 남자들이 절을 한 뒤 여자들도 단체로 절을 한다고 했다. 옆에서 듣고 있던 양희선 남편은, "제사 때만 남녀 차별이고 일상생활에선 여자가 강하다"는 우스갯소리를 하며 가벼운 비난이 섞인 부인의 이야기를 웃음으로 넘겨버리고자 했다.

셋째, '여성의 일'을 개념화하는 것과 관련된 지점이다. 미카엘라 디레오나르도(Micaela Di Leonardo)는 미국 내 이탈리아계 이민자 여성에 대한 연구를 통해 종래 임금노동과 가사 및 육아를 중심으로 개념화되었던 '여성의 일'에 "친족 일(kin-work)'을 포함시켜야 한다고 제안한 바 있다(di Leonardo, 1987). 이 이민자 집단에서는 명절 챙기기, 방문하기, 카드 보내기, 안부 전화하기 등등 부계 친족 관계가 유지되고 활성화되는 데 여성이 필수적인 역할을 하며 많은 일을 하지만 그것이 제대로 가시화되거나 인정되지 않는다. 디레오나르도는 여성의 친족 일이 비가시화되어 온 배경에 공사 영역을 대조시키는 서구의 이분법적인 지적 전통이 있음을 비판한다. 즉, 여성의 삶을 해석할 때 '노동'을 강조하는 관점은 여성을 자기 이익(self-interest)을 추구하는 전략적 행위자로, '관계'에 주목하는 관점은 여성을 타인에 대한 돌봄을 제공하는 이타적 존재로 그리며 이 두 가지 역할을 상충하는 것으로 간주해 왔다. 디 레오나르도는 여성이 '친족 일'을 수행하는 동기로 자기 이익의 추구와 이타주의 모두가 작용하고 있음을 강조하며, 가내영역에서 자기 이익을 추구하고 공적 영역에서 이타주의를 발휘할 수 있는 가능성을 제기하며 '여성의 일'을 둘러싼 이분법적 개념화를 넘어설 수 있음을 시사한다[15].

---

15) 김명혜와 문옥표도 현대 한국의 중산층 전업주부가 행하는 '일'의 성격과 내용을 명확히 이해

기존의 재일한인 사회에서도 남계 친족 관계의 유지와 작동에 핵심적인 역할을 하는 것은 기혼 여성이다. 그리고 그 친족 노동의 정점에 있는 것이 위에 언급한 제사일 것이다. 박경신[16] 가족의 경우 1년에 다섯 번 제사를 지내는데 40여 명 정도의 남편 친척들이 모인다. 예전에 "제대로 할 때"는 일주일 전부터 제사 음식 준비를 했고, 제사상에 올리는 것 외에도 따로 먹을 음식을 준비해 뒀다. 남자들은 술을 먹으니까 안주도 만들고 남편 형제들이 며칠 동안 머물면서 먹고, 갈 때면 또 음식을 싸가고 하니까 항상 제사상에 올리는 음식의 몇 배를 준비했다고 한다. 그러나 아들이 장가갈 때 "어머니처럼 못할 거 같은데 어떻게 하냐"며 우는 것을 보고 남편과 상의해 제사는 본인 대에서 끝내기로 했다.

친족 관련 일 외에도 민단이나 총련, 교회나 절, 자원봉사 단체 등에서 여성들이 담당한 여러 일들도 에스닉 커뮤니티로서 재일한인 사회를 유지하는데 필수 불가결한 것으로, '친족 일'에 빗대어 '공동체 일(community-work)'이라 칭할 수 있을 것이다. 가와사키에서 민단 부인회 부회장과 회장 역할을 6년간 했던 김창선(43번 사례)[17]은 부인회 일의 내용에 대한 질문에 아래와 같이 답을 했다.

'조직의 일'이란 건 역시 있지요. 그 당시에는 요즘과 달라서 결혼식 있으면 가서 잔치 음식 도와주고, 또 결혼식에도 가고, 또 초상이 나면은 또

하기 위해 '일' 개념 자체에 대한 재고가 필요하다는 점을 강조하고, 이러한 개념적 확장을 통해 전업주부들이 수행하는 자녀 교육, 사회관계망 유지, 가구 지위의 (재)생산, 지역사회 활동 등을 적극적으로 평가한 바 있다(김명혜, 1997; 문옥표, 1992).

16) 한국 출생으로 1963년 재일한인 2세인 남편과 결혼해 도일했다. 2002년 7월 30일 오사카에서 인터뷰.

17) 출생 6개월 때 부친을 따라 도일, 열여섯 살 때 중매로 결혼해 일거리를 찾아 "이사, 이사, 이사, 또 이사"하며 살았다. 젊었을 때 규슈 탄광에서 5, 6년 일한 적도 있다. 2015년 12월 14일 가와사키에서 인터뷰.

음식 만드는 거 도와주고, 지금은 그런 거 없으니까 편해요. 그런 게 모두 조직이 해야 하는 일이 됩니다. 조직의 교류가 되는 일. 지금은 그런 거 없어요. 여행도 가고. 부인회에도 규약이 있어서 규약에 따라 그런 일들 했어요. …… 1964년 도쿄올림픽 때 응원하러도 갔어요. 버스 대절해서. 일본하고 한국하고 축구 있으면 응원가고 남북 탁구 단일팀 응원하고. 청년들 지문 날인 반대운동 응원하러 가고, 홍수가 나서 집 떠내려가고 하면 밥해서 주먹밥 만들어서 가져다주고, 누가 입원했다고 하면 또 거기 위문 가고. 그런 일들이 꽤 많았어요. 나는 특별히 사무실 일할 때 좀 받았지만, 활동비(경비)는 받지만 그 외에는 없어요. **볼런티어 일**(강조는 필자)이에요.

오사카 민단 미나미(南)이쿠노구 지부 부인회 회장 양정렬도 신년회, 경로회, 일본인과의 교류회 등 최근 10여 년 사이 부인회 활동이 많이 늘었다고 하면서, "부인회 회원들은 모두 **볼런티어로 일**(강조는 필자)합니다. 모두 자기 일을 하고 있어요. 집안일도 하고. 동포 일이니까 내 일이라고 생각하고 하는 겁니다"라고 답했다.[18] 가와사키의 진경순(42번 사례) 역시 용접 일을 하는 직장 생활 중에도 틈틈이 교회 활동도 많이 했다. 신방도 다니고 설거지도 많이 하고 봉사도 했다. 은퇴하고 나서는 '도라지회'[19]에서 9년간 밥을 했다고 하면서 "남자들은 안 해요"라고 덧붙였다. 오사카의 윤명신(35번 사례)은 자식 여덟을 키우며 일용 노동을 하면서도 밤에는 잠도 안자고

---

18) 2017년 1월 22일 오사카 민단 이쿠노구 지부 신년회 모임에서. 이날 신년회를 위한 음식 준비도 부인회가 맡아 했다.
19) 가와사키 시 재일한인 집주 지역인 사쿠라모토에 있는 사회복지법인 세이큐에서 매주 화요일에 열리는 재일 할머니들의 친목 모임. 함께 음식을 나누고, 노래를 부르고 춤을 추며 친목을 다진다. 1세 할머니들이 중심이며, 자식들을 독립시키고 혼자 사는 할머니들이 많다.

총련을 지키고자 '투쟁'했다. 가장 신경 쓴 것이 학교 교육 문제였다. 이때 조선학교를 많이 만들었다. 주거 문제 해결을 위한 투쟁도 했다. 아이 업고 버스, 전차 타고 다니면서 스물세 살 무렵부터 활동을 시작해 70세 넘어서도 여맹 일을 했다고 한다. 도요하시의 한선자(39번 사례) 역시 먹고 살기 위해 '평생 일을 하'면서도 비상근으로 총련 일을 했는데, 특히 '우리 학교' 건설하는 일을 열심히 했다.

물론 이러한 '공동체 일'이 여성 당사자에게 어떤 의미를 가졌는지에 대해선 별도의, 좀 더 깊은 논의가 필요할 것이다. 분명한 것은 여성들이 수행하는 이 일들이 재일 사회의 형성과 유지에 필수불가결한 역할이었다는 점이다. 그럼에도 불구하고 '친족 일'과 비슷하게 공동체를 위한 여성들의 일은 그동안 상대적으로 보이지 않는 일, 기껏해야 보조적인 일로 간주되었다. 여성 당사자들도 이러한 공동체 일을 '볼런티어 일'이라 강조하면서 이타적인 자발성에 기초한 것으로 개념화하고, 결과적으로 공적 의미를 축소시켜 버리는 과정에 동참하고 있음을 볼 수 있다. 재일한인 여성의 '일'에 생계를 위한 일과 임금노동 이외에 '친족 일'과 '공동체 일'까지 개념화해 포함시킨다면 재일 사회 속의 여성의 역할과 정체성에 대한 표상이 사뭇 달라질 수도 있을 것이다.

마지막으로, 여성의 일이 여성들의 자기 인식과 주체성 형성에 가져온 효과를 살펴볼 수 있을 것이다. 40여 년 가까이 용접 일을 한 진경순(42번 사례)은 결혼 전에는 엄마가 은행에서 서류를 쓰면 돈이 그냥 나오는 줄 알았다가 결혼 후 남편이 일찍 죽으면서 생계를 책임지고 두 아들을 교육시켜야 했다. 진경순은 "일하면서 강해졌다"라고 말한다. 자신이 벌어서 산 집에 혼자 살고 있는 그녀의 말 속엔 자신의 노동을 통해 얻은 힘(empowerment)과 책임을 다 끝낸 뒤의 충족감이 담겨 있었다. "지금이 제일 좋아요. 아들들도 다 잘 살고, 내가 아들보고 돈 달라 돈 달라 말도 안 해도 되구 나는 내

연금으로두 살림할 수 있어요. 회사를 오래 댕겼기 때문에. 그리구 조그만 집이지만 자기 집이구, 또 누구를 돌봐야 된다는 것두 없구. 지금이 제일 좋아요."

현순임(9번 사례)은 다섯 살 무렵 사금 채취 일을 하던 어머니가 하반신이 마비되었고 아버지는 마차로 석탄 운반하는 일을 하면서 생계를 꾸려갔다. 여동생이 태어난 일곱 살 경부터 어머니를 대신해 여동생 돌보는 일을 하다가, 열한 살 때 어머니가 돌아가시고 아버지도 병이 나자 내직으로 오비(帶)[20] 직조 일을 시작했다. 결혼(1945년)한 뒤에도 정경(整經)[21]을 포함해 직조와 관련된 여러 일을 했고 80세가 된 인터뷰 시점(2005년)까지도 집안에 직조기 두 대를 놓고 하루에 6시간씩, 주문이 있으면 주말을 마다하지 않고 일을 했다. 그렇지만 생활은 여전히 쉽지 않다. "이 연세까지 열심히 일하시네요"라고 칭송을 듣지만 솔직히 힘든 일이다. '이런 식으로 인생이 끝나선 안 되지 않나' 생각도 들지만 '가족들을 부양해 온 자신의 일에 대해선 자부심을 느끼고' 있다(『기억』 401쪽). 30년 이상 옷 수선 일을 해온 고옥희(37번 사례)는 아직도 집에 재봉틀 네 대를 놓고 일을 계속하고 있다. 딸 둘을 대학 보내고 결혼시킨 지금 "여기서 일할 때가 제일 마음 편하다"라고 말한다. 1970년대 중반 이래 가와사키시에서 재일한인 지원 활동을 계속해 온 배중도 씨에 따르면, 가와사키 후레아이관의 '도라지회' 할머니들은 딸이나 아들과 동거를 마다하고 자신과 통할 것 같은 비슷한 생각의 할머니들과 네트워크를 만들고 그런 커뮤니티 안에 살고 싶어 한다. 일본어 공부, 한글 공부, 가라오케 등에 몰두하며, 고된 세월을 보낸 뒤 "무서울 정도의

---

20) 여성들 기모노의 허리에 두르는 띠. 기모노는 염색한 옷감으로 만들어도 오비는 직조한 옷감으로 만드는 경우가 많다.
21) 직조를 시작하기 전 준비 공정 중 하나로 날실을 필요한 가닥 수, 길이, 장력 등을 맞추어 직기에 거는 것으로 직물의 최종 품질에 큰 영향을 미치는 중요한 공정이다.

바이탤리티"를 보여주고 있다.

　이 글에서 필자는 재일한인 1세 여성의 삶을 이들이 수행한 경제활동과 공동체를 위한 역할과 활동에 초점을 맞추어 살펴보고, 이를 통해 그동안의 지배적인 표상을 재고해 보고자 했다. 1세 여성의 노동과 일에 초점을 맞춘 연구가 거의 없는 상황에서 본 연구는 여성 노동 전반의 양상과 특징을 드러내 보이고자 했으며, 이런 양상이 함의하는 분석적 쟁점과 가능성도 제기했다. 야마다 다카오는 그동안의 연구가 재일한인을 주로 "수동형으로 기술"했던 것(예를 들어 "강제 연행된 조선인", "외국인으로 취급된 재일조선인", "차별받고 동화를 강요받은 재일조선인" 식의)에 반해 최근의 연구 경향 중 하나로 "역사에 농락당하면서도 주체적으로 살아갔던" 모습을 부각시키는 것이라고 지적한다.[22] 고난과 차별 속에서도 평생 일을 하며 적극적으로 삶을 개척해 온 재일한인 1세 여성의 모습에 초점을 맞춘 본 연구도 이러한 시도의 일환이다.

---

22) 서울대 재일교포연구단 전문가 초청 세미나 발표문("在日1世の歷史を學ぶ意味ー日本人にとって")에서. 2015.8.20.

제4장

일본에 돈 벌러 간 이야기*

1910~1920년대 일본 방직 산업의 조선 여공

권숙인

시모노세키 경찰서의 조사에 따르면 이곳을 통과하는 조선인 노동자는 1개월에 500명을 초과하고 있다. 이들의 목적지는 가까이는 고쿠라, 히로시마, 오사카에서 멀리는 홋카이도에 이르며, 여자는 방적공녀가 대부분을 차지하고 남자는 토공, 허드렛일(잡역), 짐꾼, 광부 등 비교적 숙련을 요하지 않는 작업 전반에 걸쳐 있다(≪大阪每日新聞≫, 1917.8.15).

면직물 생산은 제2차 세계대전 전까지 일본의 가장 중요한 산업이었다. 면직은 1935년 까지도 일본 수출의 26.5%와 전체 산업 생산의 14.5%를 점하고 있었고, 메이지 유신 후에 세워진 최초의 대규모 사기업은 면방적 기업들이었다(Molony, 1989).

---

* 이 글은 ≪한국 문화인류학≫(52권 2호, 2019. 7)에 실린 같은 제목의 논문을 수정, 보완한 것이다. 자신의 삶의 이야기를 나눠주신 이 글에 등장하는 피면담자분들, 기꺼이 자료와 정보를 제공해 주신 이상경 목사, 김필순 목사, 히구치 요이치 목사께 특별히 감사한다.

1. 조선 여공의 등장

위의 신문 기사가 난 1917년, 일본에 거주하는 조선인 수는 1만 7463명이었다. 1915년 5046명, 1916년 7225명 선이었던 재일한인의 수가 급증해처음으로 1만 명을 넘긴 것이 1917년인데, 이는 무엇보다 제1차 세계대전발발로 인한 일본 경제의 호황 때문이었다(河明生, 1997: 22~23)[1]. 특히 위신문 기사가 나온 1917년은 세계대전으로 인한 호황이 정점에 달한 시점으로 1916년에 2000명 남짓하던 도일(渡日) 조선인 수가 1917년에는 1만 명을 넘어섰다. 아직 조선인의 일본 이주 초기에 해당하는 이 무렵엔 출가 노동을 위해 단신 이주하는 경우가 대부분이었다. 그리고 여성의 경우 기사에서 말하듯이 방적 공장이 주요 목적지였는데, 1910년대 도일하는 조선인중 "눈에 띄는 것이 집단 모집에 응해 임금노동을 하러 일본으로 건너오는여성이 많았다는 점"(水野直樹·文京洙, 2015: 11)이다.

이 장에서는 재일한인 1세 여성의 역사를 재고하는 맥락에서 1910~1920년대 임금노동을 위해 도일했던 조선 여성의 존재와 그들의 노동 경험이갖는 의미를 고찰한다. 구체적으로는 일본의 방적·방직공장으로 일하러갔던 여성들, 당시 "조선 여공"으로 칭했던 이들에 초점을 맞춘다. 일본으로 건너 간 조선 여성들은 다양한 종류의 작업장에서 일본 섬유산업의 말단 노동을 담당했다. 제사·연사(練絲) 공장을 포함, 표백과 염색, 직조물의최종 마무리를 하는 하청 작업장, 기계화된 방적 공장 등에서 일했던 이야

---

1) 해방 전의 재일한인 인구 추이에 대해선 자료상의 제약으로 정설이 없는 상황이다. 각 연도별 인구 추이를 아는데 유용하게 활용되는 자료가 내무성 경보국(內務省警保局) 조사 통계인데, 이는 조사 기준이 일정하지 않고 국세조사와 차이가 나는 등 신뢰도가 낮다고 간주된다(河明生, 1997: 57). 본문 중의 수치는 내무성 통계를 보정·보완한 것으로 알려진 박재일(朴在一, 1957; 河明生, 1997에서 재인용)의 추계이다.

기들을 면담이나 문헌 자료를 통해 산발적으로 접할 수 있었다. 이 글에서는 다양한 섬유산업 직종 중 '도시의 근대적 대규모 공장의 노동력'으로서 방적 여공을 중심으로 살펴보고자 하는데, 이는 방적 여공의 경우가 작업장별 고용 규모가 가장 컸고 그나마 관련 자료가 좀 남아 있기 때문이다. 또한 당시 "조선 여공"으로 불리며 화제에 오르기도 했던 이들 역시 주로 일본 방적 공장에 취직한 조선 여성들이었다. 1910~1920년대로 한정한 것은 일본 방직업에서 조선 여공을 고용하기 시작한 것이 1910년대 초반이고, 1910년대 후반부터 20년대에 걸쳐 규모가 커지다가 20년대 말의 불황과 이를 이은 노동쟁의로 조선 여공 모집이 축소·중단되었기 때문이다.

물론 일본에서 일했던 조선 여공이 그대로 다 일본에 정착해 '재일한인'이 된 것은 아니다. 오히려 적지 않은 여성들은, 요즈음의 국제 노동 이주자처럼, 단기간의 출가 노동을 목적으로 일본으로 향했고 실제 많이 귀국했다. 다른 한편 조선 여공 중 일부는 일본에 정착해 재일한인 1세가 되었고, 1세 여성 중 다수가 방적·방직을 포함한 공장 노동을 했다. 그러나 이들의 모습은 일본의 산업 경제사나 재일한인의 역사에서 거의 존재하지 않으며[2], 이는 한국 근대사나 한인 해외이주사에서도 마찬가지이다. 따라서 '조선 여공'의 모습을 가시화시키는 것은 재일한인 1세의 역사나 한인 해외이주사를 좀 더 다면화하고 그 주체들의 삶을 보다 면밀히 들여다보는 창구가 될 것이다.

특히 이 글에서는 다음과 같은 분석적 지점에 주목한다. 첫째, 조선 여공의 역사를 '여공애사'의 또 다른 판본으로 다루기보다는 해당 여성들의 주체성에 초점을 맞추어 살펴본다. 조선 여공에 대한 (극소수의) 선행 연구나

---

2) 김찬정과 방선희는 일본의 광범위한 지역에 걸쳐 적지 않은 수의 조선 여공이 있었음을 확인할 수 있었던 반면, 문헌 조사에서는 『日本紡績製絲史』 등 섬유 관련 자료를 아무리 뒤져도 조선 여공에 대한 기록이 거의 한 줄도 없었다고 적고 있다(金贊汀·方鮮姬, 1977: 11). 물론 당시에는 재일한인 연구에서도 여성에 대한 관심은 없었다.

[상자글 4-1] 『**여공애사**(女工哀史)』**와** 『**바람의 통곡**(風の慟哭)』

『여공애사』는 방적 공장 노동자였던 호소이 와키조(細井和喜藏, 1897~1925)가 1925년 낸 르포르타주 형식의 책으로, 당시 일본 방적 공장 여공들이 처한 가혹한 노동환경과 처참한 주거 환경을 세상에 널리 알리는데 핵심적인 역할을 했다. 호소이 본인은 방적 공장 기계공이었으며 방적 여공으로 일했던 아내 토시오(細井とし를)의 경험도 중요한 자료가 되었다고 한다. 이 책은 400여 페이지가 넘는 분량으로, 공장 조직과 종업원의 계급, 여공 모집의 이면, 고용계약제도, 노동조건, 공장에서의 여공 학대, 거주와 음식, 질병, 방적공의 교육 문제, 오락, 여공의 심리, 병리적 제 현상, 방직공의 사상 등 19장에 걸쳐 방적 여공을 둘러싼 제 문제를 망라해 보고하고 있다. 호소이는 1925년 7월 『여공애사』를 출간한 뒤 이의 소설판인 『노예』와 『공장』의 초고 원고를 끝낸 후 같은 해 8월 급성복막염으로 사망했다. 호소이의 『여공애사』 이후 '여공애사'라는 표현은 여성 공장 노동자들의 고난을 표현하는 대표 상징, 혹은 거의 보통명사처럼 쓰이게 되었다. 김찬정과 방선희가 1977년 펴낸 『바람의 통곡: 재일조선인여공의 생활과 역사(風の慟哭: 在日朝鮮人女工の生活と歷史)』는 조선여공판 '여공애사'라 불러도 무방할 것이다. 두 저자는 1970년대 중반 4년여에 걸쳐 일본 각지를 돌며 제사 및 방적 공장 경험이 있는 재일한인 여성들을 '취재'하고 이들이 겪어낸 처참한 공장 경험을 증언했다.

그림 4-1 _ 『**여공애사**』**,** 『**바람의 통곡**』 **표지**

증언집이 초점을 맞춘 것은 조선 여공 모집 배경과 방식, 공장 노동의 열악성, 노동력 착취와 관리 방식, 여공들의 처참한 생활상 등을 규명하고 고발하거나, 1930년 기시와다(岸和田)방적을 중심으로 한 노동쟁의의 양상을 소개하는 것이었다. 본 연구에서 좀 더 주목하고자 하는 것은 당시의 사회경제적 맥락에서 이 여성들이 발휘했던 이동성(mobility)과 주체성이다. 20세기 초 일본 여성들을 대체해 섬유산업에 투입되었던 조선 여공이 겪어야 했던 절대적 고난을 전제하면서 이 연구에서는, 조선에서 일본으로의 이동이 당사자 여성들에게 열어준 새로운 가능성을 조망해 보고자 한다.

둘째, 조선 여공의 존재가 재일한인 1세, 특히 1세 여성에 대한 역사 쓰기(historiography)에 갖는 함의에 주목한다. 그동안 재일한인 1세 여성의 도일이 주로 부모나 남편을 동반한 이주 이야기 속에서 이해되었다면, 조선 여공의 경험은 경제적 목적을 위한 여성의 단신 이주 사례와 여성이 주도한 이동의 양상을 드러낼 수 있을 것이다. 이러한 고찰은 남성 중심적으로 서술되어 온 재일한인의 역사를 상대화하고 1세 여성에 대한 기존 이미지를 다각화하는 데 기여할 수 있을 것이다.

셋째, 이 연구에서는 에스닉 비즈니스(ethnic business)가 아닌 일본 핵심 산업에 종사한 재일한인 노동자라는 지점에 주목해 재일한인(여성)의 경제활동과 가시성(visibility)의 문제를 생각해 보고자 한다. 재일한인 연구에서 근년에 두드러진 경향의 하나는 경제·기업 활동에 대한 관심이 증가한 것이다. 강제 연행사나 차별과 저항의 역사 등에 비해 그동안 상대적으로 덜 연구되었던 영역이고, 무엇보다 재일한인의 역사를 좀 더 긍정적으로 기술할 수 있기 때문이다. 20세기 초 일본의 방적·방직공장에 고용되었던 조선 여공은 당대의 일본 핵심 산업에 종사했던 흔치 않은 경우로, 그동안 유기(遊技)업종, 제조업, 요식업 등의 에스닉 비즈니스 중심으로 기술되어 온 재일한인의 경제활동에 새로운 관점을 더할 수 있기를 기대한다.

2. 일본 방직 산업의 조선인 여성 노동자

조선 여공에 대한 공식 기록은 매우 적고 파편적이다. 조선총독부(朝鮮總督, 1924), 오사카시 사회부 조사과(大阪市社会部調査課, 1924, 1929, 1931), 오사카 지방 직업소개 사무국(大阪地方職業紹介事務局, 1927, 1930)이 수행한 오사카 및 간사이 지역 조선인 노동자에 대한 몇 가지 조사 자료를 통해 조선 여공에 대한 기초적인 수치와 간략한 기술을 확인할 수 있다. 기타 자료들로는 당시 일본이나 조선의 일간지에서 조선 여공을 다룬 기사들, 여공으로 일했던 사람들에 대한 면담 기록과 증언들이 역시 분산적으로 발견된다.

조선 여공을 다룬 학술 연구는 두어 편 정도인데, 우선 마츠시타(松下松次)는 1977년 논문에서 자료 부족을 아쉬워하면서도 기시와다방적의 사례를 중심으로 가능한 통계 자료를 활용해 조선 여공의 전반적인 상황(모집 경위와 방법, 임금, 노동조건 등)을 개관한 바 있다(松下松次, 1977). 후지나가 다케시는 제주도 출신 여성에 초점을 맞춰 오사카 지역 방적 여공의 노동과 생활 전반을 개괄하고 있다(후지나가 다케시, 2011). 학술적 연구물 외에 조선 여공에 대한 가장 상세한 기록은 김찬정·방선희(金贊汀·方鮮姬, 1977) 및 김찬정(金贊汀, 1982)에 의한 것이다. 전자는 두 저자가 4년여에 걸쳐 일본 여러 곳을 돌며 제사·방적 공장 경험이 있는 자이니치(在日) 여성들을 면담한 생애사에 문헌 자료를 더한 것이고, 후자는 1930년 기시와다방적 노동쟁의 경과를 조선 여공의 입장에서 재구성한 것이다.

현재 생존하고 있는 1세 여성의 수가 매우 희박한 상황에서 위의 두 자료에 실린 개인 서사는 매우 소중한 자료 가치가 있다. 기타 다양한 기관이나 단체에서 진행한 재일한인 1세에 대한 생애사 모음집에도 방직 업종에서 일했던 할머니들의 사례가 등장하는데, 이 경우는 면담의 초점이 노동 경기시와다방적(岸和田紡績)은 뒤에 살펴보겠지만 1920년대 조선 여공을 가장 많이 활용했던 회사로 알려져 있다. 1892년 데라다진요모(寺田甚与茂)의 주도로 창립되어 기시와다에 있던 본사 외에 사카이(堺), 하루키(春木), 노무라(野村)에 공장을 둔 대규모 방적 회사였으나 일본이 전시 체제로 접어들며 정부의 방침에 의해 1941년 대일본방적회사로 합병·해산되었다. 합병을 즈음해 펴낸 『기시와다방적주식회사50년사』(岸和田紡績株式會社, 1942)에 따르면 1930년대 이후 상해와 텐진 등 중국 진출도 계획하고 있었으나 전시 상황이 심화되면서 좌절되었다. 책 말미에 49년의 역사 동안 기시와다방적에 공헌한 사람들의 프로필이 소개되어 있는데 창립부터 2대에 걸쳐 기시와다에서 일한 사람들, 혹은 형제들이 모두 기시와다에서 일한 경우, 구 기시와다 번의 유명 사무라이 가문의 후손, 동경과 교토제국대학 출신 등이 눈에 띈다. 반면 조선 여공은 물론 여성직원에 대한 언급은 전무하다.

험에 맞춰진 것이 아닌 까닭에 여공 체험 부분이 간략한 경우가 대부분이다. 정부경·이상경·히구치 요이치(樋口洋一) 목사가 최근 펴낸 책자는 기시와다방적 여공들이 재일한국인교회의 기초를 닦는 데 매우 중요한 역할을 했다는 취지로 쓰인 것이지만 방적 공장에서 일하기 위해 도일한 여성들의 이야기를 그 자녀들의 기억과 기록을 통해 접할 수 있다(鄭富京·李相勁·樋口洋一, 2015). 이상의 자료들을 기초로 본 연구의 탐구 대상인 조선 여공에 대해 개괄해 보자.

1) 양질의 값싼 노동력

일본 방적 공장들은 이미 1910년대 초반부터 조선 여공을 고용한 것으로 나타난다. 조선 여공에 대한 최초의 기사로 확인되는 것은 1913년 12월 26일 ≪오사카아사히신문≫의 "방적의 조선 여공"이다.

그림 4-2 _ 방적의 조선 여공
왼쪽부터 이화년(15세), 김남기(19세)

…… 요사이 오사카 지역 방적 회사에서는 조선 여자를 많이 쓰고 있다. 셋츠(攝津)방적에 54명, 미에(三重)방적 지점에 40명, 그 외에 대여섯 명이 있는 곳은 여기저기 보인다. 그 시초는 셋츠방적의 아카시(明石) 공장으로, 내지 여자들과 비교하면 유순하고 근면하며 **무엇보다 남자에 미치는 일이 없는 것**(강조는 원문)이 큰 장점이어서 노다(野田)공장에서도 올 6월 모집인을 경남 진주에 출장 보내 조금 데리고 온 것이 현재 있는 조선 여공들이다. 3년 계약으로 열네 살 난 계집아이부터 스물일곱의 연배

까지 있다. 도합 19명을 주야로 나누어 주로 실 잇는 것과 실 거는 일을 시키며 급료는 하루 18전부터 25전까지 제각각이다. 처음에는 말이 통하지 못해 불편하더니 매일 일본 말을 세 시간씩 가르친 결과 요사이는 일상어는 말할 것도 없고 어지간한 편지도 쓸 수 있게 되었다. 그중 김남기(金南棋)라는 여자는 묘령 19세에 여공이라기엔 아름다운 외모로, 모 여관집 귀염둥이 딸로 경성의 일본여학교까지 졸업해 일본어도 자유자재인데 **방적 사업을 연구하고 싶다는 갸륵한 생각으로**(강조는 원문) 억지로 양친의 허락을 얻어 와 있는 중이고, 나이든 축인 27세 김보재(金寶陪)는 근면하기가 내지 여공은 근처에도 못갈 정도라 밤낮을 헤아리지 않고 하는 일이 남의 갑절이다. 휴일은 한 달에 네 번인데 조선 여공은 내지 여공들 모양으로 외출하는 일은 거의 없고 요즘은 그림엽서를 사다가 고향의 부모에게 연하장을 쓰는 정도라 감독하기가 매우 편하다. …… (≪大阪朝日新聞≫, 1913.12.26)3).

한편 ≪매일신보≫ 1914년 10월 7일 지면에는 "금의환향한 여공"이란 제목하에 다음과 같은 이야기가 실렸다. 이 기사대로라면 한일병합 직후인 1911년에 이미 모집에 의해 조선 여성들이 일본 방적 공장으로 일하러 갔던 셈이다.4)

---

3) 이 기사는 1913년 12월 28일 자 ≪매일신보≫에 "내지의 조선 여공"이란 제목으로, 일부 오류와 함께 번역되어 실려 있다.
4) 일본과 밀접한 인적 교류가 있었던 제주도의 경우에도 1911년 셋츠(摂津)방적, 1914년 도요(東洋)방적에서 직공을 모집하기 위해 직접 제주를 방문했다고 한다(杉原達, 1998: 80). 그러나 마츠시타는 武田行雄의 「內地在住半島人問題」(≪社會政策時報≫, 1938년 6월 호)를 인용해 일본 방적업에서 최초로 조선인 노동자(성별 알 수 없음)를 쓴 것은 셋츠방적으로 1911년의 일이지만 이는 모집한 것은 아니었고, 모집에 의한 최초의 사례는 1913년 셋츠방적 아카시(明石) 공장인 것 같다고 하고 있다(松下松次, 1977).

지금으로부터 3년 전, 모집에 응해 내지 미에현 욧카이치(四日市) 동양
방적의 여직공으로 건너갔던 여자들은 3년 동안의 근로를 마치고 고향
생각이 간절하여 지난달 그믐날 연락선 츠시마마루로 부산에 도착했는데
그 일행 37명은 모두 나이가 12, 13세로부터 17, 18세가량의 여자들이
다. …… 일행을 통솔한 우두머리는 김국선이라는 스물다섯 된 여자로,
트레머리에 일본 옷을 입고 아래에는 하카마를 입었다. 다른 여자들은 분
홍 저고리에 검은 치마의 조선 복식을 입었는데 품속에는 지전(紙錢) 몇
십 장씩을 모두 저축하여 돌아가는 날 부모의 마음을 먼저 기쁘게 하려는
마음이더라.

　　기사에서 보듯이 이 시기의 신문 논조는 조선 여공의 좋은 자질과 방적
공장 노동이 '약속'하는 경제적 이점을 적극 부각시키고 있다. "조선 여공은
성적(이) 내지 여성보다 양호(≪매일신보≫, 1916.5.17)"하며, "조선에 나올 때
는 반드시 한 밑천을 잡아 돌아올 작정으로(≪매일신보≫, 1921.4.6)" 열심히
저축을 한다. "내지의 17, 18세로부터 20세까지의 여자가 그저 화장만 하
고 모양이나 낼 줄 아는데 비하면 내지 여성은 모름지기 깨우치지 않으면
안 될 일이고 조선 여성에 대해 부끄러운 일(≪매일신보≫, 1921.4.6)"이라는
칭송까지 이어진다. 아무튼 조선 여공의 채용은 1910년대 초부터 시작되어
1910년대 후반~1920년대 초기에 급증한 것만은 분명한 것 같다. 제1차 세
계대전으로 인한 호황과 일본 여성 노동력 부족이 가장 큰 배경으로 작용
했으며, 1922년 12월의 도항 자유화 조치, 1923년 개설된 제주 ~ 오사카 간
정기항로가 이미 시작된 조선 여성의 이동을 더욱 확대시켰다(후지나가 다케
시, 2011).
　　1910년대 조선 여공의 등장 배경에는 일본 방적 여공의 역사가 있다. 일
본의 방적 산업은 주로 농산어촌에서 모집해 온 젊은 여성 노동에 크게 의

존했는데, 이 무렵이 되면 비참한 노동조건이 알려지고 산업화의 진전에 따라 다른 분야에서도 취업 기회가 확대되면서 일본 여성들이 방적 부문을 기피하게 되었다. 여기에 더해 제1차 세계대전으로 인한 호황은 섬유산업을 크게 확장시켜 늘어나는 공장 수에 비해 노동자 부족이 심화되었다. 그리하여 "오사카에는 3000명 이상 여공을 쓰는 방적 공장이 열 곳 이상이나 되고 기타 여공을 많이 쓰는 공장이 적지 않은데 작금에는 남녀 공히 구하기 아주 곤란하여 각 회사가 서로 경쟁하며 여공을 빼가고 새로 모집하는데 눈이 벌게져 있(≪매일신보≫, 1916.5.17)"을 정도로 노동력 확보가 힘들어졌다. 1년 뒤 ≪오사카마이니치신문≫은 "직공 중에서도 특히 여공 부족은 그 정도가 매우 두드러져 있는 상태이다. 방적 회사에서는 다수의 여공 모집인을 보내 모집에 힘을 쓸 뿐만 아니라 심지어 다른 공장에 취업한 사람들을 데려오려고 시도하기도 한다. …… 이렇게 직공 쟁탈전이 격렬하기 때문에 아이치현 등에서는 공장법 시행세칙 중에 '다른 이의 공장에서 고용 중인 직공을 고용하는 것은 불가함'이라고 규정하여 이를 위반할 때에는 구류 또는 과태료를 내게 하였다(≪大阪每日新聞≫, 1917.8.15)"고 전하고 있다.

기시와다방적이 펴낸 자료는 1910년대 방적 산업의 호황 국면을 "방적 황금기"로 표현하고 있다. 이 회사는 제1차 세계대전으로 인한 호황으로 주문량을 미처 생산할 수 없게 되자 1916년 연말~1917년 정초에도 무휴 조업을 하기로 하고 연말연시 근무를 장려하기 위해 복권을 내걸고 노동자들을 독려했다. 임금도 1914년에 비해 1919년에는 두 배 이상 인상되었다 (岸和田紡績株式會社, 1942: 42). 전전(戰前)의 기시와다방적은 조선 여공을 많이 채용하고 있던 까닭에 "조선방적이라 불릴 정도(樋口洋一, 2015: 75)"였다고 한다. 총독부의 자료는 당시 기시와다에서 조선 여공을 채용하게 된 경위를 다음과 같이 기술하고 있다.

1차 세계대전의 영향으로 일본의 공업이 발전하면서 1918년 무렵이 되면 오사카 지역의 방적 공장은 여공 부족으로 모두 모집난을 겪게 되었다. 이에 기시와다방적은 1918년 3월, 사무원을 조선에 보내 50명의 조선 여성을 모집해 와 여공으로 취업시켰다. 이 조선인 여공들은 일본 여공과 비교해 능률은 한참 떨어지나 식사나 주거 등에 대한 요구수준이 낮고 생활 정도도 낮아 일본 여성에 비해 임금도 저렴하고 비교적 일도 양호한 편이라 같은 해 7월, 2차로 100명의 조선 여성을 모집해 네 공장에 배치하였다. 이후 이들 여공들과의 연고에 기대어 자발적으로 방적 여공을 지원해 도항해 오는 조선 여성이 속출해 회사로서는 조선인 남성으로 하여금 이들을 감독시킬 필요성을 느껴 본사와 분사 공장에 한 명씩 조선인 남성 감독을 배치하였다(朝鮮總督府, 1924: 30).

즉, 부족해진 노동력 문제를 해결하기 위해 대체 인력으로 눈을 돌린 것이 조선 여성인 셈이다. 이런 상황에서 조선 여성 노동력의 '우수함' 혹은 '이점'이 강조되는 것은 이상한 일이 아니다. 조선 여공은 "바보같이 착하며 정직한 것이 특별한 장점"이며, 일본 여공에 비해 (처음에는) 일하는 능력이 좀 떨어질 수 있으나 "앞으로 지도 여하에 따라 내지 여공과 하등 차이 없는 능률을 보일 것"이며, "매우 견고한 결의를 가진 자들(≪大阪每日新聞≫, 1917.8.15)"이다. 나가노의 한 지역 신문도 "조선 여성 노동력의 풍부함, 질의 훌륭함, 낮은 임금은 관습과 언어의 차이에서 오는 불편함을 보충하고도 남고, 방적·제사업의 발전을 위해서 보다 적극적이고 본격적으로 조선 여성을 수입해야 한다"고 주장했다(金贊汀·方鮮姬, 1977: 42). 이렇게 "값싸고 양질"이라는 평판이 유포되면서 각지의 공장과 회사는 조선에서 여공 모집을 적극적으로 추진하게 되었다.

여공 모집 방식은 처음에는 일본인을 파견해 직접 모집하다가 차후 조선

[상자글 4-3] 조선인 남성 노동자

이 시기 신문 논조에서 보이는 매우 흥미로운 지점은 조선인 남성 노동자와 여성 노동자에 대한 상반된 평가이다. 남성 노동자에 대해서는 나태함, 도덕적 방종, 노동 윤리 부족, 노동 능력 부족 등 부정적인 평가로 일관되어 있지만, 여성에 대해서는 순종, 근면과 성실, 절약, 착하고 정직함 등 긍정적 평가가 대다수이며, 노동 능률이 다소 떨어지나 싼 임금에 비하면 이점이 훨씬 크다고 평가하고 있다. 태만하고 방종한 남성 노동자와 헌신적이며 착하고 성실한 딸·아내 이미지가 선명히 대비되고 있다.

그림 4-3 _ 총독부 자료집에 실린 조선인 남성 노동자 모습.
"조선인 노동자들의 식사 광경"

자료: 朝鮮總督府(1927: 464).

그림 4-4 _ 이즈카 조선인 거리에서 휴식 중인 조선인들

자료: 朝鮮總督府(1927: 464).

인을 보내거나 현지 조선인을 통해 모집하기도 했다. 모집 규모는 한 번에 수 명에서 많은 경우는 100여 명을 초과하기도 했다. 1920년대 중후반이 되면 '허가 없이' 혹은 '불법적인' 방법으로 여공을 모집하거나 밀항시키려다 경찰에 단속되거나[5] 여공으로 취직시켜 준다는 거짓말로 소녀들을 유인해 도항하려다 체포되는 일이[6] 뉴스에 오르기도 한다. 또한 조선 여공 수가 늘어나면서 집단 모집에 응하지 않고도 이미 취직해 있는 여성과의 개인적인 네트워크를 통해 취업하는 경우도 늘어났다.

이렇게 일본의 방적 공장은 당시 조선 여성들이 임금노동을 위해 '국경'을 넘는 주요 목적지가 되었다. 방적 여공은 조선 여성이 임금노동자의 지위를 갖고 일본으로 이주한 특별한 경로로 보아도 무방할 것이다. 여성들의 공적 노동이 아직 예외적이던 상황에서 남성들과 마찬가지로 노동 이주의 '주체'가 될 수 있는 계기를 제공한 셈이다.

2) 규모와 임금

해방 전 재일조선인 여성의 전반적인 취업 상황을 시계열적으로 일관성 있게 보여주는 자료는 거의 존재하지 않는다. 1920년의 첫 국세조사나 25년 국세조사 모두 재일조선인의 직업 통계는 따로 잡지 않아, 이 글에서 살펴보는 1910년대 중후반에서 1920년대를 통해 조선 여공의 전체 규모가 어떻게 변해갔는지는 파악할 수 없다. 다만 1930년 국세조사에서는 외지인과 외국인의 직업 항목을 따로 조사했기에 조선 여공의 전체 규모를 대략적으로 가늠해 볼 수 있다. 이 조사에서는 외지인과 외국인 유업자를 직업

---

5) "허가 없이 여공 모집자, 경찰서에서 발견(≪시대일보≫, 1925.6.22)", "팔려가는 12명 여공, 밀항 중 발견(≪시대일보≫, 1925.8.18)" 등.
6) "여공으로 취직시켜 준다고 처녀 열두 명을 유인(≪중외일보≫, 1927.5.11)".

소분류 항목별로 제시하고 있다. 소분류 114번 "제사업주(製絲業主)"부터 144번 "기타 방직품 제조에 종사하는 자"까지의 직업이 중분류 '방직공업'에 해당하는데,[7] 20~30여 종의 직종에 종사하는 조선 여성의 수를 합치면 1만 583명이 된다. 즉 당시 재일조선인 전체 여성 유업자 2만 2061명 중 약 48%에 달하는 여성이 제사·방적부터 직물 제조, 자수업, 표백, 정련, 염색업 등에 종사했던 것으로,[8] 방직 업종은 당시 재일조선인 여성의 대표적인 직업이었음을 알 수 있다.

여성종사자 규모가 큰 직종은 조사공(繰絲工) 3617명(남성 98명), 조방공(粗紡工) 762명(남성 68명), 정방공(精紡工) 1579명(남성 111명), 이조공 사반(綜繰工 絲返) 1550명(남성 220명), 기직공(機織工) 1210명(남성 1410명) 등으로 도합 8718명인데, 이들은 기직공을 제외하고는 남성 대비 여성 종사자가 압도적으로 많은 직종이기도 하다. 방직보다는 방적에서 여성 노동이 절대적인 비중을 차지하고 있었음을 알 수 있다. 또한 업종에 따라 아주 영세한 작업장부터 면방적처럼 당시로선 규모가 큰 근대적 공장까지 노동환경과 고용 방식의 편차가 컸을 것이다. 아울러 당시 국세조사가 갖는 '피조사자의 리터러시 문제(정진성, 2020)'를 고려하면 위의 수치들은 방직 산업의 여성 노동에 대한 정확한 반영이라기보다는 대략적인 규모로 이해해야 할 것이다. 즉 일본 방직 산업의 조선 여공은 1920년대를 통해 꾸준히 증가해 1930년 무렵이면 대략 1만여 명을 좀 웃도는 규모에 달했다고 볼 수 있겠다.

조선 여공의 전체적인 규모에 대한 공식 자료가 매우 제한적인데 비해

---

7) 1930년 국세조사에서 섬유 관련 산업은 중분류 '방직공업'과 '피복, 복장용품(身裝品) 제조업'으로 나뉘어져 있다. '피복, 복장용품 제조업'은 의복 재봉업, 모자 제조, 양말·속옷 제조, 부채·양산 제조, 구두 제조 등을 포함하며 1094명의 조선 여성이 종사했다.

8) 1940년 국세조사에서는 재일조선인 여성 유업자 5만 3315명 중 1만 4323명이 방직에 종사해 전체 여성 유업자 중 방직 종사자의 비율이 약 26.9%로 감소했다(정진성, 2020).

특정지역에 대한 자료는 몇몇 존재한다. 예컨대 오사카시의『朝鮮人勞動者問題』(1924)는 1920년대 초, 재일조선인 사회 및 여성들에게 방직공업이 갖는 중요성을 잘 보여준다. 〈표 4-1〉에서 볼 수 있듯이 와카야마, 나라, 아이치, 효고현은 현내 거주 재일조선인 여성의 압도적인 수가 방직업에 종사하고 있다. 그리고 이 지역은 모두 재일조선인 성비에서 여성의 비율이 높게 나타난다. 이 지역을 제외한 대부분 지역의 재일조선인 사회에서는 여성 대비 남성의 수가 훨씬 많다. 특히 홋카이도, 니이가타, 도쿄, 기후, 돗토리 등은 여성 1인당 남성 수가 15~22명에 달해서 1920년을 전후한 시기, 재일조선인 사회가 형성되는 데 방적 여공이 가졌던 '특별함'을 확인시켜 준다. 1940년 국세조사에 근거해 재일조선인의 지역별 취업 구조를 분석한 정진성에 따르면 방직공업 취업자는 오사카부(34.6%), 아이치현(13.8%), 교토부(19.1%)에 집중되어 이 세 지역이 방직공업 전체 취업자의 약 68%을 차지하는데(정진성, 2017), 정확한 수치로 확인할 수는 없지만 이러한 집중은 1920년대 전후에도 마찬가지였을 것이다.

실제 이 시기 오사카부 재일조선인의 인구 추이를 보면 조선 여공의 등장이 일본 내 조선인 사회의 성비에 현격한 변화를 초래했음을 추정케 한다. 〈표 4-2〉에서 볼 수 있듯이 오사카부 재일조선인 여성의 수는 1916년 말만 해도 극소수이던 것이 1921년까지의 5년 사이에 거의 100배 가까이 폭증했다. 물론 이 여성들 중 먼저 도일한 남편이나 부친을 쫓아온 경우도 있겠지만 위에서 살펴본 대로 1910년대 후반부터 본격화된 방적 공장의 여공 모집에 응한 경우가 많을 것이다. 한편 오사카부 내에서도 지역에 따른 성비 차이가 확연하다. 오사카시사회부 조사에 의하면 1928년 6월 기준, 오사카부 내 조선인 총수는 4만 5133명(남 3만 3775명, 여 1만 1358명)이다. 성비를 지역별로 보면 오사카시 13개 구(區), 오사카부 2개 시와 7개 군 중 기시와다시와 센난(泉南)군을9) 제외하고는 모두 남성이 여성 수보다 많다.

표 4-1 _ 부현별 조선인 여성 중 방적·방직 여공의 비중, 1923년　　　　　　　　　(단위: 명, %)

	여성 총수	여공 수		여성 중 여공의 비율
와카야마현	486	방적 여공	409	84.2
		기타 여공	23	4.7
나라현	346	방적 여공	233	67.3
		기타 여공	38	11.0
아이치현	743	방적 여공	148	19.9
		제사 여공	301	40.5
		방직 여공	99	13.3
		기타 여공	21	4.2
효고현	1,389	방적 여공	788	56.7
		기타 여공	127	9.1

주: 1) 원문의 '기직(機織)'을 '방직'으로 표기함.
　　2) 오사카부의 통계가 제시되지 않은 이유는 불분명.
자료: 大阪市社会部調査課(1924).

반면 기시와다시는 남성이 225명인데 비해 여성이 1253명이며 센난군은 남성 473명에 여성 1523명으로 여성의 수가 남성보다 월등히 많다. 이렇게 여성이 남성의 몇 배를 넘는 '기현상'을 보이는 것은 "방적 공장이 싼 임금을 활용해 조선인 여공을 많이 고용하고 있는 특수한 사정(大阪市社会部調査課, 1929: 3)" 때문이었다.

　　센난 지역 기시와다방적은 앞서 언급했듯이 오사카 지역에서도 조선 여공이 특히 많았던 곳으로 알려져 있다. "조선방적이라 불릴 정도"로 조선 여성을 많이 고용해서 가장 많을 때는 20% 정도가 조선인이고 그 대부분이 여성이었다고 한다(樋口洋一, 2015: 75). 총독부의 자료에 따르면 1924년 3월 기준, 기시와다방적의 본사 공장(199명), 노무라 공장(212명), 하루키 공

―――――――――――

9)　센난 지역은 오사카부의 남서쪽 지역을 지칭하며, 기시와다시는 센난 지역의 중심 도시이다.

표 4-2 _ 오사카부 거주 조선인 남녀 비율 추이 　　　　　　　　　　　　　　　　(단위: 명)

	남	여	합계	남녀 비율(여성 100명 기준)
1912년 말	246	2	248	12,300
1916년 말	748	13	761	5,761
1921년 말	6,168	1,252	7,420	511
1925년 말	25,795	6,065	31,860	425
1928년 6월 말	32,775	11,358	45,133	297

자료: 大阪市社会部調査課(1929).

장(219명), 사카이공장(96명)을 합쳐 총 726명의 조선 여공이 고용되어 있었다. 남성은 총 61명이다. 같은 해에 기시와다와 사카이시에 거주하는 조선인 노동자 수 1828명의 40%에 해당하는 수치이다(朝鮮總督府, 1924). 몇 년 뒤인 1927년 자료를 보면(〈표 4-3〉 참조) 기시와다 거주 재일조선인 여성에게 방직업이 차지했던 절대적 비중을 알 수 있다. 다만 기시와다방적에서 일했던 조선 여공의 연인원에 대해선 연구자에 따라 추정치가 '수천'에서 '수만'까지 편차가 상당히 크고, 이 추정치는 기사와다방적이 조선 여공을 고용했던 기간과 각 여공들의 취직 기간에 대한 추정에 근거하는 까닭에 어느 쪽이 더 정확하다고 입증하기가 쉽지 않다. 가혹한 노동환경으로 "이동이 매우 빈번해서 정확한 수를 파악하기 곤란(松下松次, 1977: 21)"하기 때문이다. 1918년부터 조선 여공을 공식 모집했던 기시와다방적은 1930년 대쟁의(大爭議) 이후에는 더 이상 고용하지 않았다. 정리하자면, 조선 여공의 규모는 1920년대를 통해 꾸준히 확대되어 1930년 무렵이면 전체 규모가 1만여 명을 상회하게 되었고, 방직공업이 발달한 곳에 집거하면서 특정 지역의 재일조선인 사회에서는 상당한 비중을 차지하고 있었다.[10]

표 4-3 _ 기시와다시 거주 조선인의 직업별 인원(1927년 12월 말)   (단위: 명)

	남성	여성	합계
방직공업	141	1,248	1,389
일용, 토목	129	0	129
농업	9	2	11
인부	5	0	5
선원	1	0	1
폐품 행상	1	0	1
기타			
무직	94	536	630
합계	477	1,831	2,308

자료: 大阪地方職業紹介事務局編(1927), 『管內勞働移動事情調査』 第1輯, 松下松次(1977: 9)에서 재인용.

그림 4-5 _ 기시와다방적 식당의 조선 여공

자료: 朝鮮總督府(1927: 442).

그림 4-6 _ 기시와다방적 공장 안의 조선 여공

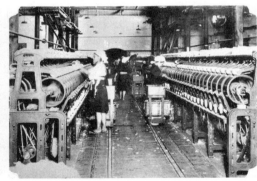

자료: 朝鮮總督府(1927: 442).

10) 다만 정진성은, 1940년 국세조사 자료에 근거한 것이기는 하나, 방직공업 중에서 조선 여성이 많이 고용된 것은 "직물업, 기타 방적공업(재봉업과 기타 방직품 제조 가공업), 편물조물(編物組物) 같은 전형적인 영세 공업 분야(정진성, 2020)"고 경영 규모가 큰 방적업에는 상대적으로 적은 인원이 고용되어 있다고 지적한다.

그렇다면 조선 여공의 임금은 어느 정도였을까. 우선 일본 방적업의 전반적인 임금 추이를 보면, 방적 여공 임금은 1890년대 후반에는 "인도 이하"였으나 이후 상승해 1900년대 초에는 제사 여공의 임금을 상회하게 되었다고 한다. 앞서 언급한 방적업의 급속한 발전과 노동력 부족에 따른 것이었다. 그러나 1929년까지 하루 평균 1원 전후를 유지하던 임금이 1931년에는 81전, 1933년에는 58전까지 저하했다. 또한 제1차 세계대전 이후 방적 공장의 임금 형태는 감독이나 기계 관련 일을 하는 남성의 정액일급제에 비해 정방(精紡)을 중심으로 하는 여성 노동자들은 생산량을 독려할 필요가 있다는 이유로 생산량별 지급이었다(大島栄子, 1982).

김찬정·방선희는 조선 여공의 임금에 대해, 시기에 따라 차이가 있는데다가 지불 방식(월급제, 일급제, 개인 지불 혹은 청부제에 의한 집단 지불 등등)도 제각기 달라 확실하게 산정하기 힘들다고 지적한 바 있다. 다만 민족 차별로 인한 일본인 노동자와의 격차, "먹고사는 거 빼면 얼마 남지 않았다"는 말로 표현되는 저임금 등은 분명했다(金贊汀·方鮮姫, 1977: 127). 실제로 조선 여공의 임금을 체계적으로 보여주는 자료는 찾기 힘들고 자료에 따라 임금 수준도 상당한 차이를 보이는 것 같다. 따라서 여기에서는 정확한 임금수준이나 임금구조를 규명하는 대신, 몇 가지 산발적 자료에 기재된 임금을 단편적으로 살펴보고자 한다.

오사카시 조사과 자료에 따르면(大阪市社会部調査課, 1929: 13) 1925년 말, 오사카시 내 조선인 노동자의 임금 중 방적공 임금(일급)은 여성이 최고 1원 80전에서 최저 40전까지이고 '보통'은 1원이었다. 남성은 최고 2원, 최저 70전, 보통 1원 20전이며, 남녀 공히 한 달 중 노동 일수는 27일이다. 방적 여공이 받는 임금은 남성보다는 적지만 여성 금속공, 염색공, 미싱 재봉공 중 가장 높은 임금이었다. 어쨌든 이 자료에 따르면 조선 여공의 임금은 노동자에 따라 4배 이상 차이가 날 정도로 내부 격차가 큰 셈이다.

또 다른 오사카시 자료는 1929년 10월 기준 오사카 시내 섬유공업 노동자의 민족별·성별 임금 차이를 보여준다(〈표 4-4〉). 일본인의 경우 남성 평균임금 162.7전(錢), 여성 92.9전임에 비해 조선인 노동자는 남성 134전, 여성 82전으로, 예상할 수 있듯이 조선 여공 임금이 네 집단 중 가장 낮다. 흥미로운 점은 남녀 모두 일본인 노동자가 조선인보다 평균임금이 높지만, 남녀 노동자를 합친 전체 평균은 일본인(107.8전)보다 조선인(122전)이 높다. 자료에서 그 이유에 대한 설명은 없지만 표에서 볼 수 있듯이 일본인 남성 노동자의 경우 섬유공업 평균임금이 전 산업 평균임금에 크게 미치지 못한다. 그런 이유로 섬유산업에 종사하는 일본 남성의 절대 수가 작아서 생긴 결과가 아닌가 추정된다. 바로 위에 제시된 1925년 임금과 비교하면 조선남성 평균임금은 14전 상승한 데 비해, 여성임금 평균은 오히려 18전 하락했다. 반면 여성은 섬유 직종 임금이 전 산업 평균임금보다 미미하게나마 높은 데 비해 남성 임금은 섬유 쪽이 낮다. 섬유공업이 집중한 지역 중의 하나인 오사카부의 몇 가지 자료를 살펴보면, 섬유공업은 전체 공업 분야 중 저임금 공업 중 하나이며, 남녀 불문하고 조선인과 일본인의 임금 차이가 평균임금이 높은 다른 공업 분야에 비해 적게 나타난다. 즉 섬유산업의 절대적 저임금에도 불구하고 조선 여성의 경우, 보다 선택지가 많았던 남성 노동자나 일본 여성에 비해, 섬유산업 임금이 현실적으로 취업 가능한 다른 직종에 비해 크게 열악했다고는 할 수 없다.

표 4-4 _ 오사카시 섬유공업 노동자의 임금 비교, 1929년　　　　　　　　　　(단위: 전/ 1일 평균)

	일본인			조선인		
	전체 평균	남성 평균	여성 평균	전체 평균	남성 평균	여성 평균
섬유공업	107.8	162.7	92.9	122	134	82
전체 공업	204.7	264.7	98.1	122	139	81

자료: 大阪市社会部調査課(1931: 21).

범위를 좀 더 좁혀 조선인 고용이 많았던 기시와다방적의 임금에 대해 마츠시타의 연구를 참조해 보자. 우선 기시와다방적의 임금은 1917년부터 1919년 사이에 급격히 상승해 1919년에는 남성 평균 155전, 여성 137전 정도로 피크에 도달했다. 이후 1929년까지 여성 평균임금은 1엔 대 초반을 유지하다가 1930년 이후 1엔 이하로, 1931년과 1932년에는 각각 75전과 79전으로 하락했다. 〈표 4-5〉는 1924년 기시와다방적의 조선인과 일본인 남녀 노동자 평균임금이다. 조선인 남녀 노동자가 각각 일본인 노동자 임금의 69%와 95% 정도를 받았다. 조선인 여성 노동자는 조선인 남성 노동자에 비해 평균 임금이 높았던 점이 눈에 띄며, 남성에 비해 일본인과의 격차도 더 작다. 또한 조선 여공은 일본 여공에 비해 더 싼 임금을 받았지만 근속연수는 좀 더 길었다고 한다. 즉, 조선 여공은 부족한 노동력을 대체하기 위해서도 필요했지만, 보다 싸고 좀 더 안정적인 노동력을 확보할 수 있는 대안이었다고 볼 수 있다.[11]

표 4-5 _ 기시와다방적의 일본인과 조선인 노동자 임금, 1924년　　　　　(단위: 전/ 1일 평균)

일본인		조선인	
남성 평균	여성 평균	남성 평균	여성 평균
131	102	90	95

자료: 마츠시타의 임금 도표(松下松次, 1977: 13)를 근거로 재작성. 마츠시타가 잘못 계산한 것으로 보이는 부분은 바로 잡아 반영했음.

---

11) 조선 여공이 감내해야 했던 매우 취약한 노동 여건에 대해서는 선행 연구(金賛汀·方鮮姬, 1977; 金賛汀, 1982; 松下松次, 1977; 후지나가 다케시, 2011 등)에 상술되어 있고 이 연구의 초점이 아니어서 따로 다루지는 않는다. 주야 2부제 12시간 노동에, 휴식은 점심 식사 때 30분, 월 2회 외출, 열악한 식사, 분진 가득한 공장, 비위생적인 공동 기숙사방, 엄격한 노동 통제와 민족 차별 등의 열악한 노동 상황이 대부분의 방직공장에 공통적이었다.

3. 일본에 돈 벌러 간 이야기:
개인 서사를 통해 본 조선 여공의 이동성과 노동

여기에서는 일본 방직공장에서 일했던 조선 여성들의 개인 서사를 모아 '조선 여공'의 경험이 함의하는 분석적 지점을 살펴본다. 특히 여성 당사자가 주도한 이동성(mobility)과 이를 가능케 한, 혹은 이 이동을 통한 주체화 경험에 주목해 보고자 한다. 자료는 직접 면담한 몇 사례와 다른 연구자나 단체와 기관에서 수집한 생애사 기록물이며, 기본적으로 돈을 벌기 위해 일본으로 건너간 이야기들을 모아 이주의 동기와 방식, 그 결과 등을 정리해 보고자 했다.

1) 여성 단독 이주 혹은 여성이 선행한 이주

재일조선인의 일본 이주는 대개 남성이 주도했다. 여성은 남성 가장의 아내나 딸, 누이 등으로 남성을 동행하거나, 먼저 도일해 있는 부친이나 남편을 쫓아 일본으로 가는 식이었다. 이는 당시 젠더 규범상 여성 단독의 해외 이동이 극히 제한된 데다가 일본이 필요로 하는 조선인 노동도 주로 토목 현장이나 탄광 등에 투입할 수 있는 남성 노동자였기 때문이다. 이런 맥락에서 조선 여공의 사례는 당시로선 흔치 않은 이동의 형태를 보여주는 것이다. 물론 이들 중 남성을 동반해 도일한 뒤 방직 일을 시작한 경우도 있었지만, 처음부터 공장에서의 임금노동을 목적으로 단독 이주하거나 가족을 선행해 도일한 경우가 두드러진다. 미혼도 있지만 기혼인 경우도 있었다.

> 우리 집은 소작농이어서 그 가난함은 말로 다 할 수 없어요. …… 그래서 일본의 방적 공장에서 여공을 모집하러 왔을 때는 이제 살았구나 싶었습

니다. 일본에 가면 엄청 일해서 집에 돈을 보낼 수 있겠구나 하며 기쁜 마음으로 일본으로 떠났어요. …… 한 달에 수십 엔의 월급을 받을 수 있다고 했기에 생활이 곤란한 집 딸들이 우리 동네에서만 일곱 명이 모집에 응했어요(김복달. 金贊汀·方鮮姬, 1977: 48).

[어머니는] 방적 공장에서 일하기 위해 열두 살 무렵에 來日했다. 가난한 집에 입 하나 줄여주고 돈을 벌어 송금해 주기 위해서였다. 어느 연장의 여자가 여자아이들 몇 명을 같이 데리고 왔다고 한다. 일본어도 모르고 몸도 어른들보다 작아서 힘든 방적 공장 일을 배우느라 매일 울면서 보냈다고 한다. 월급은 데리고 왔던 여자가 관리하여 아주 약간의 용돈만 받고 나머지는 전부 한국으로 송금했다고 한다(조장수. 딸 강신자의 증언, 鄭富京·李相勁·樋口洋一, 2015).

내 고향 마을에서는 너무들 가난해서 밥도 제대로 못 먹는 날이 많았고 그런 삶에서 벗어나기 위해 필사적으로 일본에 건너온 거예요. 1928년이었는데 일본까지는 숙부님이 데려다주셨고, 목적지는 언니가 일하고 있던 기시와다방적으로 정해져 있어 숙부님이 기시와다까지 데려다주셨습니다. …… 그다음 날 기시와다방적에 언니를 찾아갔는데 불경기라 새로운 여공을 모집할 계획이 없다고 거절당했습니다. …… [언니가 한밤중에 기시와다방적에서 도망쳐 나왔고] 와카야마현 유아사방적에 가면 일할 곳이 있다고 들었다고 말했어요. 다음 날 언니와 유아사방적을 찾아갔습니다. 그곳에서는 숙련공이 함께라면 미숙련 여공도 한명 고용하겠다는 조건이었던 것 같아요. 그래서 언니와 함께 저를 고용해 주었습니다. 그 공장에는 조선인 여공이 약 300명 정도 있었습니다(양한숙. 金贊汀·方鮮姬, 1977: 64~66).

[어머니는] 세는 나이 열두 살 때 단신으로, 제주도에서 기시와다 공장으로, 먼 친척 언니에 기대어 도일했다. [남편과 자식을 콜레라로 잃고 삶을 포기하다시피 한 어머니의] 모친과 어머니보다 좀 더 나이를 먹은 오빠를 남겨두고 가난을 피해 일본으로 일하러 가기로 한 것이었다. 살기 위해서는 그것 외에는 길이 없었다. 어찌어찌 일본까지는 왔으나 일을 하기에는 너무 어려 공장에 취직을 하지 못했다. 대신 어찌어찌 실을 뽑고 기계 직조하는 일을 배워 작은 직물 공장에 취직하게 되었다(현태희. 딸 김영숙의 증언, 鄭富京·李相勁·樋口洋一, 2015).

제가 일곱 살 때 어머니는 저를 남긴 채(sic) 일본으로 돈 벌러 갔습니다. 저도 열한 살이 되었을 때 어머니를 따라 일본에 와 제사 공장 일을 4년 간 하다가 열다섯에 고국으로 돌아갔습니다(권남순, 在日大韓基督敎全國敎會女性連合会, 1999: 93).

사례에서 보듯이 조선 여공은 모집원의 모집에 응하거나 다른 경로를 통해 단독으로 일본으로의 도항을 단행한다. 처음의 두 사례는 모집원을 따라 그룹으로 도항한 경우이고 뒤의 두 사례는 먼저 일본에 가 있는 지인("언니")의 연결망을 활용한 경우이다. 이들이 의지한 '언니'들 역시 공장 일을 위해 일본으로 단독 도항했던 것으로 추정된다. 실제로 이주 초기 단계에서는 모집원에 의한 고용이 많았으나 시간이 경과하면서 지인을 통한 취직이 많아졌다고 한다(松下松次, 1977). 어느 경우가 되었건 도항시 10대 초반의 매우 어린 나이로, 당시의 이동 인프라나 언어 문화적 장벽을 고려하면 놀라운 일이다. 다섯 번째 사례는 기혼 여성이 가족을 남겨두고 일본 방적 공장에 돈벌이를 갔다가 어린 딸이 일을 할 수 있는 최소한의 나이가 되자 같이 일본에 데려가 공장 노동을 한 경우이다. 모두가 당장의 생존을 위하

[상자글 4-4] 초기 산업화와 소녀 노동

초기 산업화를 견인한 섬유산업(제사, 방적, 방직 등)에 종사한 여성 노동자들의 어린 나이는 전 세계적으로 일반적인 양상이었다. 18세기 영국에서 산업화가 전개됨에 따라 이전에 가족농업에 종사했던 여성과 어린이의 임금노동 참여가 가속화되었다. 농촌의 많은 가족들은 아이들에게 방적 공장의 일자리를 찾아주기 위해 도시로 이주를 했고, 젊은 여성들, 특히 수동 직조를 하고 있다가 산업화의 진전으로 일자리를 잃은 여성들은 단신으로 이주를 하거나 가까운 친척을 따라 도시로 이주했다(Molony, 1989). 19세기 미국의 면방적 공장에서도 10대 여성 노동자가 대다수였다. 상하이의 면방적 여공들을 연구한 허니그(Honig)에 따르면 대부분의 여공들이 아홉 살이나 열 살 무렵에 공장 일을 시작했고, 그 전에도 집에서 다양한 일을 한 경험을 갖고 있었다. 여아들에 비해 교육을 더 받는 남아들이 임금노동을 시작하는 연령대는 더 늦어졌다. 살펴본 것처럼 조선 여공의 경우도 10대 비중이 높았다.

그림 4-7 _ 조선총독부 자료집에 실린 일본 내 조선인 소녀 노동자.
"일본 원모 회사의 조선 여공"

자료: 朝鮮總督府(1927: 458).

그림 4-8 _ '오사카 지역 조선인 직업여성생활개선 대회'에 참석한 앳된 얼굴의 조선 여공들

자료: ≪大阪每日新聞≫(1922.6.1).

여 혹은 돈벌이를 위해 일단 일본으로 건너갔지만, 일부는 출가 노동이 장기화되고 결국 '재일한인 1세'가 되어 자이니치의 역사를 열어갔다.

조선인의 일본 이주를 주도한 사람을 젠더별로 좀 더 구체적으로 가늠해보는 것은 자료의 제약으로 어렵지만 전반적으로는 여성이 수동적 이주자였고, 그런 이유로 재일한인의 일본 이주는 남성을 중심으로 서술되어 왔다. 이렇게 볼 때 조선 여공의 사례는 기존의 역사 서술을 좀 더 풍부하게 만들 수 있을 것이다. 실제 주변에 조선 여공이 있었던 사람들의 증언에서는 여성이 주도한 이주에 대한 체감이 기존의 역사 기술과는 사뭇 다르게 나타나기도 한다. 조선 여공의 생애사를 다수 수집하고 기록한 히구치 요이치는 "가족 중 우선 여성이 먼저 일본 방적 공장에 여공으로 취직하고, 그 뒤에 다른 가족들이 건너온 경우도 꽤 있었던 것 같다"(樋口洋一, 2015: 88)고 평한다. 그가 인용하는 이찬련의 사례를 보면 이찬련 본인은 두 살때인 1924년에 부모와 함께 기시와다로 이주한 것으로 되어 있다. 그러나 그 배경을 보면 이미 큰 언니와 작은 언니가 기시와다의 방적 공장에서 일을 하고 있었다. 모친이 매일같이 "알지도 못하는 나라에 알지도 못하는 곳에 일하러 간 딸들이 어떻게 살고 있는지 정말 걱정"이라며 "기시와다에 가고 싶어, 내 딸들이 있는 곳에 가고 싶어"라며 울어서 나머지 다섯 식구도 농사일을 그만두고 기시와다로 오게 되었다고 한다(樋口洋一, 2015: 89). 오사카의 임용길도 어머니가 위의 자식들을 데리고 일본에 와 일을 하고 있었고, 임용길 본인은 아버지와 바로 위의 오빠와 제주도에 남아 살다가 여덟 살이 되었을 때 세 식구가 일본으로 건너와 가족이 합쳐졌다(西尾禎章, 2011: 168).

2) 생계 부양자

재일한인 1세 여성의 삶을 일과 노동에 초점을 맞추어 살펴보면 그동안 이들에 대한 지배적인 재현이 지나치게 단순하며 이들이 살아냈던 현실을 제대로 반영하지 못함을 알게 된다. 1세 여성은 기존의 연구나 대중적 재현에서 흔히 강조해 온 것처럼 '숭고한 어머니'이자 '억압받는 희생자'인 것만큼이나 노동하는 존재였다. 그리고 종종 그 노동을 통해 가족의 생존을 책임지고 자식을 가르친, 실질적인 생계 부양자였다(본서 제3장 참조). 조선 여공의 이주와 노동 이야기 속에서도 가족의 생계를 지탱하고 책임지는 여성의 모습이 자주 발견된다.

[할머니는] 남편의 방탕으로 재산을 잃고 자식을 키우기 위해 한동안 소작을 했으나 여자 혼자 손으로는 할수록 빚만 늘었다. 달리 방법이 없어 오사카[기시와다방적]에 가 있던 친구의 추천으로 일본에 일하러 가기로 했다. …… 3남 1녀 중 아직 소학교 1학년인 차남과 삼남은 친척집에 맡기고 장녀, 장남만 데리고 일본으로 갔다. 둘은 일을 할 수 있었기 때문이다. 3년 후 다른 아들도 일본으로 데려 왔으나 공장 기숙사 생활을 하고 있었기에 동거를 못하고 공장 근처 다른 집에 두 아들을 맡겨두고 일을 했다(고애도. 손자 김성원의 증언, 鄭富京·李相勁·樋口洋一, 2015).

열여덟에 한 살 연하인 남자와 혼인했습니다. 반 년 정도 지나 남편이 일본에 일하러 갔습니다만 1년 후 편지를 받고 일본에 와보니 남편은 돈도 없이 고생하는 것 같았고, 친척 집에서 일주일 정도 묵었으나 [남편과] 함께 기거할 방도 없어 제가 전에 일하던 제사 공장에서 일하여 돈을 모아 같이 살게 되었습니다(권남순. 在日大韓基督教全國教會女性連合会, 1999: 93).

우리 집은 내가 어려서 아버지를 잃고 생활이 힘들어 할아버지 집에 신세를 지고 있었습니다. 일본에 일하러 가 있던 숙부가 정초에 돌아와 우리의 어려운 형편을 보고 "너도 이제 열세 살이 되었으니 일본에 가서 일해보겠냐"고 하셨을 때는 "예"하고 바로 답했습니다. 일본에 일하러 간다니, 이렇게 기쁜 일은 없다고 생각했습니다. 이제 나도 어머니의 어려운 생활을 조금이나마 도울 수 있겠구나 하는 생각에 너무 기뻐서 그날 밤은 잠을 못잘 정도였습니다. 일본에 도항하는데 필요한 돈은 숙부가 빌려주었습니다(양명진. 金贊汀·方鮮姬, 1977: 44).

아버지가 병이 들어 생활이 정말로 힘들었고 이대로는 가족이 굶어 죽을 지도 모를 상황이었기에 아카시(明石)의 대일본방적에서 여공을 모집하러 오자 어머니는 일곱 살의 나와 열 살의 오빠를 아버지 병간호를 하게 남겨두고 여공으로 응모해 갔던 겁니다(정만술. 金贊汀·方鮮姫, 1977: 43).

내가 철이 들 무렵, 어머니는 일본에 와 계셨어요. 방적 공장에 일하러 오셨지요. 아버지와 우리 형제자매는 조선에서 살았구요. 집안일은 가장 위의 언니가 했습니다. 소와 돼지를 키웠는데 그 일은 아버지가 하셨어요 (李甲生. 西尾禎章, 2011: 97).

조선 여공의 가족 이야기에는 종종 생계 부양자 역할을 제대로 못하거나 사라져버린 남성들이 등장한다. 위의 인용에서도 아버지·남편의 무책임, 무능, 질병과 사망은 가족의 생존에 심각한 위기를 불러온다. 이 경우 가족의 생계를 책임지고 자식들을 키우는 것은 여성의 몫이 되고, 여기에 어떤 식으로든 노동이 가능한 아이들이 힘을 보탠다. 때로는 전 가족의 생존이 "세는 나이 열두 살"의 소녀에게 달려 있기도 했다. 때로는 방적 공장의 임금이 여성으로 하여금 부양자 역할을 '선택'할 수 있게도 했다. 오사카에서 만난 양정렬 씨[12]의 어머니는 열세 살 때 나고야 쪽 방적 공장에 일하러 도일했다. 해방 후 남편과 시어머니는 한국으로 돌아가자 했으나 가기를 거부하고 혼자 일본에 남아 일을 계속하며 딸 둘을 키우고 교육시켰다. 해방 후에는 한국에도 빈번하게 드나들며 며느리 노릇을 하고 남편이 한국서 첩을 얻어 낳은 자식에 대한 경제적 지원도 아끼지 않았다.

나약하거나 무책임하거나 노동시장에서 밀려난 남성 가장을 대신하는

---

12) 2017.1.11일 인터뷰.

여성의 모습은 사실 재일한인 1세의 삶에는 꽤나 흔한 것이었다(본서 제3장 참조). 일찍이 인류학자 캐롤 스택(Carol Stack)이 미국의 흑인 빈민가 연구를 통해 강조한 것처럼(Stack 1975), 남성의 불안정 고용을 특징으로 하는 열악한 노동시장 상황에서는 모(母)중심적으로 운용되는 개별 가구의 탄력성이야말로 일상적 위기를 헤쳐 나가는 생존 전략이 된다. 혹독한 노동조건과 차별을 감내해야만 했던 방적 노동을 통한 임금은 피식민과 절대 빈곤 상황에서 종종 부재한 남성을 대신해 가족이 "실질적으로 모 중심적(조혜정, 1988)"으로 생존할 수 있게 한 중요 자원 중 하나였다.

3) 노동쟁의, 야학과 교회, 그리고 '여가'

조선 여공의 일본행은 딸로서 혹은 어머니와 아내로서의 역할이라는, 당대의 젠더화된 역할 속에서 이루어졌다. 위에서 살펴봤듯이 일본에 일하러 가는 주요 이유는 가난한 집의 '입'을 하나 줄여주고 돈을 벌어 가족을 돕겠다는 목적이 컸다. 실제 조선 여공들은 열악한 기숙사와 힘든 노동환경을 감내하며 받은 임금을 최소한만 쓰고 부모에게 송금하거나 저축을 했다. 예를 들어 1924년 센난(泉南) 지역 조선인 방적 직공의 평균 월급은 남성 22.3엔, 여성 23.4엔인데, 이들의 월 평균 송금 혹은 저축액은 평균 14~15엔에 달했다(松下松次, 1977: 15). 일본 여성들에 비해 긴 근속 기간도 단순히 근면함 때문이 아니라 "목을 길게 빼고 송금을 기다리고 있는" 고향의 부모와 형제들의 생활에 대한 걱정이 이들을 짓누르고 있었기 때문이었다(松下松次, 1977: 15).

이러한 이미지, 즉 '헌신적인 딸과 희생적인 누이'는 산업화 과정에 어린 나이로 출가 노동을 해야 했던 여성 노동자에 대한 기존의 익숙한 이미지이자, 상당 부분 역사적 사실이기도 할 것이다. 다만 조선 여공에 대한 재현이 지나치게 단순화되지 않도록, 그리고 이들의 이주 노동을 보다 적극적으로 해석하기 위해 '희생하는 딸, 순종적인 노동자'의 모습과 어긋나는 다른 이야기를 더해 보고자 한다. 조선 여공은 일차적으로 가족을 위한 돈벌이를 목표로 했겠지만, 떠나온 지역공동체의 공공사업을 후원하고 노동자로서 좀 더 유리한 대우를 받기 위해 일본인 고용주를 속이기도 했다. 조건이 너무 좋지 않거나 더 좋은 기회가 생기면 회사를 도망쳐 나와 다른 곳에 재취업하기도 했고, 야학에서 공부를 하고 기도 모임을 통해 재일조선인 교회의 초석을 놓기도 했다. 노동자로서 의식화 과정을 거치기도 하고, 일부는 실제 노동쟁의를 통해 권리 투쟁에 적극 가담 하는 등, 통상 취약한 소녀 노동자 이미지와는 대조적인 모습을 보이기도 했다. 허니그(Honig)가 20세기 초 상하이의 면방적 여성 노동자에 대해 기술한 것처럼, 임금 수입이 방적 여공들에게 가져다준 독립감과 이주 노동을 통해 가능해진 근대적 도시에 대한 매료도 기억할 필요가 있을 것이다. 즉 상하이 방적 여공들과 마찬가지로 조선 여공도 "열악한 산업화 과정이나 자본가들의 착취에 수동적으로 당하는 희생자만은 아니"(Honig, 1986: 248)였고 비록 미미했을지 모르나 자신의 삶을 주도하고자 분투했음을 주목하고 싶다.

조선 여공의 주체화가 가장 적극적으로 드러난 것은 노동 여건에 대한 직접적인 불만과 요구를 표출했던 일련의 노동쟁의를 통해서이다. 관련 자료들(후지나가 다케시, 2011; 金贊汀, 1982; 樋口洋一, 2015)에 의하면 조선 여공에 의한 스트라이크는 1920년대 초반부터 산발적으로 일어나다가 1930년을 전후로 심화되었다. 당시 방적 공장에 일반적이던 저임금과 노동 통제, 그리고 민족 차별은 조선 여공이 감내해야 할 노동조건이었다. 이런 상황에서 1920년대 후반의 불황으로 인한 고용 불안과 임금 삭감은 노동자들의 불만을 고조시켜 노동쟁의의 직접적인 계기가 되었다. 가장 규모가 크고 잘 알려진 노동쟁의는 기시와다방적 사카이 공장에서 1930년 5월 3일부터

시작된 대 파업이었다. 이 공장에서는 1930년 1월 이후 잇따른 임금 인하와 조업 단축으로 실질 임금이 4할이나 줄어들었다(후지나가 다케시, 2011: 440). 이에 반발한 조선인과 일본인 노동자들이 5월 3일 파업을 결의하고 5월 4일 조선인 여공을 중심으로 약 100명이 공장을 탈출해 4일부터 파업에 돌입했다. 여기에 센슈(泉州)합동노동조합과 오사카조선노동조합이 지원하고 (피차별 부락민 해방운동을 하는) 수평사와 농민조합도 응원했다. 쟁의는 41일간 지속되었고 노동자 측의 패배로 끝났지만 조선인 여공은 쟁의과정에서 최후까지 중심적 역할을 했다(きしわだの女性史編纂委員会, 1999: 27). 그 결과 이 쟁의 이후 기시와다방적은 조선인 여공 채용을 보류하게 되었다고 한다(樋口洋一, 2015: 81).[13] 당시의 상황을 조선의 한 신문 기사는 다음과 같이 전하고 있다.

> "임금 인하 반대 위해 조선 여공 탈출, 합동 노조에서 대책강구": 일본 사카이시 와다(和田)[14]방적에서는 2~4월에 걸쳐 약 1할 1푼의 임금 인하를 단행하였는데 이제 또 인하할 기미가 보이자 직공 측에서는 3일 오후 3시부터 종업원 대회를 열고 임금 감하 철회 요구를 결의하려 하였으나 회사 측의 제지로 못하고, 다시 뒷문으로 탈출하려 하여 전 직공 540여 명 중 약 60명가량이 탈출하여 센단(泉丹)합동노동조합 본부로 가서 대책을 강구 중인데 그들은 대개 조선인 여공들이라 한다(≪중외일보≫, 1930.5.6).

방적 공장의 노동쟁의는 기시와다방적에서의 '실패'를 기점으로 대부분

---

13) 당시 노동쟁의를 탄압한 측이었던 기시와다방적의 2대 사장 데라다진기치(寺田甚吉)는 1947년, 조선인의 민족 교육을 위해 기시와다조선인소학교 부지용으로 토지를 무상 제공했다고 한다(金和子, 2017).
14) 문맥상 기시와다방적(岸和田)을 잘못 기재한 것으로 보임.

그림 4-9 _ 오사카 조선 여공 메이데이 시위
5월 1일 메이데이에 오사카에서는 13개 단체, 30여 개 조합의 2만여 명이 메이데이 시위를 했는데, 동포 여공 수백 명도 참가했다.

자료: ≪조선일보≫(1932.5.5).

무마되었지만, 이러한 과정을 통해 조선 여공들 사이엔 계급적·민족적 자각이 생겨났을 것이다. 실제로 기시와다방적의 대규모 노동쟁의 2년 뒤인 1932년에 사진(〈그림 4-9〉)과 함께 실린 일간지 기사는 고양된 노동자 의식을 적극적으로 표출한 조선 여공의 존재를 확인시켜 준다.

"이채(異彩)! 백의(白衣)여공부대: 무려 3만의 시위대, 오사카의 메이데이"— 동양의 맨체스터 오사카의 메이데이. 오사카 한복판에 있는 나카노지마 공원에 3만여 명의 노동자 농민 시위. …… "미래는 우리의 세계"라고 높이 부르는 메이데이 노래도 우렁차게, 무시무시한 수천 경찰의 경계를 마주 바라보며 노동자 농민의 위세를 한없이 올리어 이날의 오사카는 실로 그들 천하인 듯한 느낌을 준다. 특히 수천여 명의 조선인 노동자가 참가한 것 외에 수백 명의 조선 여공이 참가하여 씩씩하게 메이데이 노래를 높이 부르며 행진하는 광경은 보는 사람으로 하여금 형용할 수 없는 눈물겨운 느낌을 주었다(≪조선일보≫, 1932. 5. 5).

제1차 세계대전 이후 발흥한 일본의 사회운동은 1920년대 들어 사회주의 운동, 노동운동, 농민운동, 여성해방운동, 부락민 해방 운동 등으로 분기하며 활발히 전개되어 갔다. 1930년 기시와다방적의 노동쟁의에서 볼 수 있듯이 조선인 노동자와 연대 투쟁, 조선인 노동운동에 대한 후원도 이루어졌다. 이러한 시대 분위기가 당시 조선 여공들이 노동자로서 각성하는데 중요한 배경이 되었을 것이다. 전반적인 시대적 배경 외에 아래와 같은 증언은 조선 여공의 '의식화 과정'에 대해서 구체적으로 알기 힘든 상황에서 이들의 계급적 자각과 관련해 흥미로운 이야기를 제공해 준다.

당시 우리 회사는 밤 11시 통금이라 외출은 할 수 있었습니다. …… 어느 날 감독이 친척이 면회 왔다 하여 나가봤더니 모르는 젊은 남성 두 명이 서있었습니다. 그들은 우리말로 "저희는 리츠메이칸대학교 학생입니다"라고 소개하며. …… "사실 저희는 야학을 열어 여공분들 공부 모임을 하고 있는데, 이 공장에도 수십 명의 조선 여공이 있다고 들어 야학을 권유하러 왔습니다. ……"라고 했어요. 무엇을 가르치는지 물었더니 국어와 그 외의 것이라고 해서 장소와 시간을 묻고 그날은 그렇게 헤어졌습니다. 젊은 여공들에게 이야기했더니 몇 명이 가겠다고 하여 감독에게는 친한 사람 집에 초대받아 간다는 구실로 몇이 나가게 되었습니다. 야학에는 다른 공장 여공들도 와 있고 수십 명 되는 것 같았어요. 확실히 국어는 가르쳤고 또 노동가라고 생각되는 노래도 있었는데 곡은 잊어버렸네요. 그중

1절만 기억하고 있는 게 "…… 만국의 노동자여 단결하라!"라는 구절이에
요(方鮮姬·金贊汀, 1977: 154~155).

일본 명문 대학 유학생과 방적 공장 여공이 엄청난 계급적 간극을 넘어
'노동자의 권리'를 매개로 만나게 된 것도, 마르크스와 엥겔스의 『공산당
선언』의 그 유명한 마지막 구절을 노동가의 가사로 배우고 그렇게 알고 있
는 모습도 더할 나위 없이 극적이다. 이 여성들은 분명 국어에 더해 "그 외
의 것"을 배울 수 있었을 것이다. 이들이 전개한 노동쟁의 자체는 임금과
고용 보장에 관한 것이었지만 그 이면에는 노동자의 권리와 사회의 계급적
구성에 대한 보다 포괄적인 인식도 자리하고 있었을 것이다. 또한 조선 여
공은 주말이면 몇 명씩 모여 기도 모임을 가지기도 했고, 이는 재일조선인
교회로 발전해 가는 초석이 되었다(樋口洋一, 2015: 81).[15]

한편 1927년의 한 신문 기사는 "오사카의 여공, 제주도에 기부"라는 제목
의 소식을 전하고 있다. 기사에 의하면 강의용은 고향 제주도에 항구를 만
들기 위해 후원 활동이 이뤄지고 있다는 소식을 듣고 오사카방적의 다른
조선 여공들과 함께 97원 20전을 모금하여 후원 활동에 동참하였다(≪매일
신보≫, 1927.6.26). 조선 여공은 임금의 상당 부분을 가족에게 송금했으나
이들의 이야기 속에는 이렇게 좀 더 넓은 공동체적 사업에 기부하는 것 외
에 자신을 위해 소비한 이야기의 파편도 발견되곤 한다. 월 2회의 휴일을
이용해 영화를 보러가거나 무성영화 변사와 스캔들이 나기도 하고 동료들

---

15) 기시와다방적 조선 여공들의 공장 예배와 교회 활동에 관해서는 鄭富京·李相勁·樋口洋一
(2015) 참조. 재일한인 교회의 출발에 방적 여공이 중요한 역할을 한 것은 기시와다방적만은
아니었던 것 같다. 예를 들어 관서 지역 재일한인 교회의 중추 역할을 하는 오사카시 이쿠노
구의 오사카교회도 "1921년 5월 고베신학교 신학생 김우현과 방적 공장 여공 김의생이 직장
내 기도소를 설치한 것이 그 시발점(≪제주기독신문≫, 2016.6.11)"이라고 한다.

과 소풍을 가기도 한다. 1925년 한 신문 기사는 방직공장의 조선 여성들이 현지 일본의 동년배 여학생들과 제한된 형태로나마 '교류'하는 모습을 전하고 있다: "오사카부립(府立) 오테마에(大手前)여고의 제안으로 오사카 거주 조선 여자 직공 약 500명을 초대해 객지에서 고생살이 하는 것을 위로할 것이라는데, 언어가 통하지 않아 연극과 음악, 글 등으로 대답할 것이라 한다. 이에 대해 오사카부 사회과에서도 많은 후원이 있을 것이라 하는데 오는 4월 중에 실행하기로 하였다 한다(≪시대일보≫, 1925.1.11)".

도시로 이주해 최초의 여성 산업 노동자가 된 중국이나 일본 여성에 대한 연구에서 지적된 것처럼(Honig, 1986; Tsurumi, 1990), 방직 여공이 이끌린 것은 섬유공업이나 임금노동 이상으로 도시 자체에 있기도 했다. 또한 시

그림 4-10 _ 1933년 4월, 데라다방적 여공들의 춘계 운동회 기념사진
여학교 교복과 흡사한 유니폼을 입고 있다. 데라다방적은 기시와다방적 창업자인 데라다진요모의 동생이 1912년 창업한 곳으로 여기도 조선 여공을 많이 고용하고 있었다고 한다.

자료: 제주도 여성특별위원회 편(2001: 122).

간이 지남에 따라 노동 여건에 대한 '협상력'도 키울 수 있게 되어 더 좋은 조건을 찾아 옮겨다니기도 했다.

> 모집으로 왔던 최초의 제사 공장을 도망 나와 다른 공장에서 일했어요. 그때쯤이면 일본에 온 지 몇 년 지났기 때문에 일본어도 대충 일본인만큼 할 수 있게 되었고 일도 기준 이상의 실을 뽑았기 때문에 조선인이라 말하지 않고 일본인이라 하고 일한 적도 있었어요(구행자. 金贊汀·方鮮姬, 1977: 115).

경우에 따라서는 일본 방적 공장이, 개인적 삶에서 어찌할 수 없는 곤경을 벗어나 새로운 삶을 열어갈 수 있는 돌파구를 제공하기도 했다. 대대수가 가족을 위해 여공이 되고자 했지만 어떤 이들은 가족으로부터 벗어나기 위해 방적 공장으로 향했다. 아래의 인용은 열두 살 나이에 자신의 삶을 열어가고자 단신 이주해 기시와다방적에서 일했던 사례이다.

> 여덟 살 때 어머니가 역병으로 돌아가시고 새어머니가 오셨는데 이 어머니에 대해선 좋은 기억이 없습니다. …… 내가 일본에 온 것은 열두 살 즈음입니다. 아버지는 "여자가 일본에 가면 결혼도 하기 힘들다"고 반대하셨지만 마을 사람들한테 "일본에 가면 결혼 혼수를 살만큼 생활이 가능하다"는 말을 듣고 마을 사람들과 배를 타고 일본에 왔습니다(梁承玉. 西尾禎章, 2011: 156).

테오도어 유(Theodore J. Yoo)는 식민지 조선에서 '여공'의 탄생을 당시의 가족 구조와 젠더 이념에 새로운 역학을 가져온 중요한 계기로 평가한다 (Yoo, 2008). 1920년대와 30년대를 거쳐 빈한한 농가의 딸들이 급속하게 전개되는 산업화의 중심지로 이동하면서 유교적 가부장제에 근거한 기존의 가족 관계와 젠더 관념, 사회적 통제 등에 위협을 제공했다는 것이다. 새롭게 등장한 사회적 범주로서 '여공(factory girl)'은 새로운 기계장치의 한 톱니바퀴에 지나지 않았지만, 동시에 젠더를 둘러싼 전통적 이념과 새로운 담론의 틈새에서 조심스럽게 협상을 하며 새로운 정체성과 역할을 만들어가고자 했다(Yoo, 2008). 자료의 제약상 심도 있게 살필 수는 없었지만, 1920~1930년대 식민지 조선에서 진행된 도시로의 여성 이주와 그 사회적 영향에 대한 유의 분석적 결론의 단초를 조금 더 이른 시기에 일본으로 건너간 조선 여공에게서 찾을 수 있을 것이다.

4. 조선 여공의 고난과 성취를 역사화하기

이 글에서는 1910~1920년대 임금노동을 위해 도일한 조선 여공의 존재와 그들의 노동 경험이 갖는 의미에 주목했다. 이들은 절대적인 규모가 아주 컸다고는 할 수 없으나 역사적·상징적 의미는 특별하다고 할 수 있다. 한국근현대사에서 여성 해외 노동 이주의 선구자이자 최초의 여성 산업 노동자였을 것이며[16], 재일한인의 역사에서는 일본으로의 도항을 주도하고 임금노동을 통해 주요 가계 소득원으로 활약한, 당시의 젠더 규범과 어긋나는 '선택'을 한 존재였다. 초국적 노동 이주자로 시작해 식민지하 이국에서 소수민족으로 새로운 역사를 열어간 첫 세대 여성들이다. 그러나 한국의 근현대사나 재일한인의 역사 서술에서 이들의 존재는 그동안 제대로 다

---

16) 안연선은 1930년대 조선으로 진출한 일본의 방직공장에 취업했던 조선 여성들을 우리나라 최초의 여성 임금노동자로 평가하고 있으나(안연선, 1988), 본 연구에서 살펴본 조선 여공이야말로 조금 더 앞서 임금노동을 경험한 셈이다.

루어진 바가 없다. 예를 들어 1960년 이후 1970년대 초반까지 '파독'된 간호 요원의 수가 대략 1만여 명이라 한다면, 그리고 이들에 대해 최근 학문적, 정치사회적 관심이 고조되며 '파독'이 갖는 의미(국내 실업 문제 해결, 외화 송금, 독일 정착 혹은 제3국으로의 이주)에 대한 다각적 검토가 이루어져 온 것과 비교해도 조선 여공의 사례는 아직 거의 공식 역사화되지 못한 상태이다.

20세기 초 조선의 젊은 여성은 모빌리티(어리, 2014)를 발휘하기엔 가장 취약한 위치에 있었다. 대부분 극심한 가난을 피해 본국을 떠난 조선 여성들이 공장 기숙사 생활을 하며 감내해야 했던 혹독한 노동조건과 처참한 생활 여건은 부정할 수 없는 역사적 사실이다. 실제로 일본의 방적업계가 조선 여공을 모집하게 된 중요한 배경은 호소이 와키조의 『여공애사』로 상징되는 방적 공장의 열악한 노동환경이 알려지고 산업화가 진전됨에 따라 여성들의 취업 영역이 확대되면서 일본의 농산어촌에서 여성 노동력을 충분히 확보할 수 없었기 때문이다. 그리고 일본 여성을 대신해 방적 공장에서 일했던 조선 여성의 '여공애사'는 일본 여공들의 그것보다 한층 더 참혹했음은 쉽게 추측되거니와, 당사자들에 대한 생애사 면담에서 이미 생생히 증언되고 신문 기사 등에서도 확인할 수 있다.[17]

한편 메이지기 방적 여공에 대한 연구를 마무리하며 츠루미(Patricia Tsurumi)는 "방적 공장의 여성 노동자들이 겪어야 했던 고충이 이들이 떠나 온 농촌 마을에 그대로 남았던 여성들의 고충에 비해 더 컸을까?(Tsurumi, 1990: 161)"라는 질문을 제기하며, 당시의 가난한 농가의 딸들에게 방적 공장 외에

---

17) 서두에 밝혔듯이 조선 여공의 고난은 역사적 사실이다. 조선여공판 '여공애사'는 특히 김찬정의 『朝鮮人女工のうた: 1930年・岸和田紡績爭議』(1982)가 대표적이다. 이 책은 1983년 도서출판 인간사 편역으로 『어느 여공의 노래』로 국내에도 출간되었다. 앞표지에 "일제 자본주의 발전의 그늘에서 신음하며 싸우다 쓰러져 간 한국인 女工(여공)들의 피어린 투쟁기"라고 쓰여 있는 이 책은 흥미롭게도 원저자명을 포함해 원저에 대한 정보를 전혀 제공하고 있지 않다.

현실적으로 가능한 선택지는 작은 직조공장과 공창(公娼) 정도였다고 말한다. 나아가 그녀는 여공이 겪은 고난(hardships)뿐만 아니라 성취(trium phs)도 기록해야 한다고 강조한다. 이들은 농촌의 가족이 높은 세금을 내고 생존할 수 있도록 했으며, (물론 가족을 위해 일했던 것이지만) 일본 최초의 산업 노동자로서 일본이 근대국가로 나아가는데 핵심적인 역할을 했다. 또한 모든 딸들이 가족을 위해 공장으로 간 것은 아니고 이혼한 여성, 미망인, 가출한 소녀도 있었다. 모든 여공이 계약 기간이 끝난 뒤 부모가 있는 고향으로 돌아간 것도 아니어서 1900년 도쿄 지역의 경우 대략 10%의 방적 여공들은 계약 종료 후에도 도쿄에 남았다. 이들에게 고향의 가족은 아주 중요했지만, 일부 여성들에겐 공장 노동을 하게 된 계기가 가족이 와해되었기 때문이었다(Tsurumi, 1990:193).

살펴본 것처럼 1930년을 전후한 시점에는 1만여 명을 좀 더 상회하는 조선 여성이 일본의 방직 산업에 종사하고 있었다. 이 규모가 갖는 중요성에 대해서는 판단이 달라질 수 있겠지만, 조선 여공은 방직 산업이 중요한 지역에 편재해 있었고, 어떤 지역에서는 조선인 인구의 상당 비율을 점하기도 했다. 이러한 점이 함축하는 것 중 하나는 에스닉 커뮤니티로서의 재일조선인 사회에 대한 기존의 이미지에 대한 교정 필요성이다. 토목·건설 등 남성 노동을 중심으로 한 커뮤니티 형성이라는 기존의 이미지에 비해 방직 산업이 중요했던 지역에서는 여성을 중심으로 한 재일조선인 사회, 특히 젊은 여성들이 다수를 차지하는 '커뮤니티'가 산재해 있는 것으로 우리의 상상을 확장시킬 필요가 있을 것이다. 물론 대다수가 기숙사 생활을 했고 외출이 매우 제한적이라 통상적인 에스닉 커뮤니티의 형성으로 이해하기에는 무리도 있지만, 단신 이주 노동이 주를 이루었던 초기 일본 이주사에서 여공의 존재는 분명한 경로를 유지하고 있었다. 한때 "남자는 이쿠노, 여자는 기시와다"라는 말이 있었다고 한다(樋口洋一, 2015: 75). 식민지 시대 일본으로 도항한 조선인 노동자 중 남성은 오사카 이쿠노의 히라노(平野)

운하 건설 현장이나 중소 영세 공장에서 일하고 여성은 기시와다방적 공장에서 일하는 경우가 많아서 생겨난 말이라고 한다. 그만큼 조선 여공의 경험은 재일한인 역사에서 특별한 국면을 점한다고 할 수 있다.

재일한인 연구에서 경제활동에 대한 관심은 최근에야 시작되었고 그 관심도 대부분 에스닉 비즈니스에 집중되었다. 여성과 관련해선 해방 전의 행상, 고물상, 밀주 제조, 소규모 식음료 서비스업부터 조선시장에서의 식품 제조 판매업이나 영세 작업장에서의 노동 등의 이미지가 지배적이다. 이 연구에서 살펴본 조선 여공은 당대 일본의 주력 산업을 가장 저변에서 뒷받침한 경우로, 당시 재일조선인 여성으로선 드물게 공장에서 임금노동을 한 사례이다. 미혼 여성이 다수를 차지했던 점도 특징적이다. 비록 임금 면에서 민족 차별, 젠더 차별로 인한 불이익을 받았지만, 당시의 주변부 조선인 여성과 비교한다면 새로운 주체성을 발휘할 수 있는 드문 기회도 가질 수 있었다. 단독 이주를 단행하고, 가족의 생계를 책임지고, 노동자로서의 권리를 자각하기도 하고, 매우 제한적이기는 하나 도시의 근대 문명을 상대적으로 먼저 접하기도 했다.

재일한인의 역사는 남성 중심의 역사였다. 여성은 남성 주인공의 배우자이거나 딸 등 남성 주인공과의 관계하에 등장하거나, 여성이 주인공일 경우 헌신적인 어머니이거나 다중적 차별의 희생자, 혹은 민족 전통의 수호자 등 상대적으로 정형화된 단순한 이미지가 지배적이었다(권숙인, 본서 제3장). 이런 기존의 이미지에 비추어보면 지금으로부터 100여 년 전, 보다 나은 삶의 기회를 찾아 한국의 주변부로부터 상당수의 (어린) 여성들이 도일한 것은 그 자체로 놀라운 일이며, 이들의 일본에서의 경험과 '성취'는 특별한 의미를 가진다. 한국근현대사의 일부로, 그리고 재일한인의 '루트(route/root)'의 일부로 보다 적극적으로 역사화되어야 할 것이다.

참고문헌

제1장 재일한인 1세대 집주 공간의 형성과 변천

김백영. 2006. 「서양의 모방과 전통의 변용: 일본 근대도시 형성과정의 이중적 경향」. ≪日本研究論叢≫, 제23호, 407~449쪽.

_____. 2009. 「한신대지진과 일본 다문화 커뮤니티의 변화: 고베시 나가타구의 사례」. ≪도시연구: 역사·사회·문화≫, 제2호, 129~159쪽.

도노무라 마사루. 2010. 『재일조선인 사회의 역사학적 연구』. 신유원·김인덕. 서울: 논형.

박진한 외. 2013. 『제국 일본과 식민지 조선의 근대도시 형성』. 서울: 심산.

이광규. 1983. 『在日韓國人―生活實態를 中心으로―』. 서울: 일조각.

이시재 외. 2001. 『일본의 도시사회』. 서울: 서울대학교출판부.

조경희. 2013. 「도쿄 우에노의 로컬리티 형성과 이동하는 하층민」. ≪사회와 역사≫, 제97집, 177~211쪽.

≪大阪每日新聞≫. 1924.4.24. 潮のやうに流れ込む鮮人の郡れ. 도노무라 마사루. 2010: 326.

加藤政洋. 2002. 『大阪のスラムと盛り場』. 大阪: 創元社.

高權三. 1938. 『大阪と半島人』. 大阪: 東光商會.

高鮮徽. 1996. 『在日済州島出身者の生活過程―関東地方を中心に』. 東京: 新幹社.

橋爪神也. 2011. 『「水都」大阪物語―再生への歴史文化的考察』. 東京: 藤原書店.

磯村英一 編著. 1962. 『日本のスラム―その生態と分析』. 東京: 誠信書房.

金府煥. 1977. 『在日韓國人社會小史』. 大阪: 共同出版社.

大阪府學務部社會課 編. 1934. 『在阪朝鮮人の生活狀態』. 大阪: 大阪府學務局社會課.

大阪市. 1989. 『大阪市政百年の歩み』. 大阪市.

大阪市都市整備協会 編. 1981. 『平野土地区画整理事業誌』. 大阪: 大阪市平野土地区画整理組合.

東京府社會課 編. 1929. 『在京朝鮮人勞働者の現狀(社会調査資料第二十五輯)』. 東京: 東京府學務部社會課.

藤田綾子. 2005. 『大阪「鶴橋」物語』. 東京: 現代書館.

文貞実. 1994. 「『在日』コミュニティの可能性―東京·荒川区の済州島·高内里出身者の居住史―」. 奥田道大 ほか 編. 『外国人居住者と日本の地域社会』. 東京: 明石書店.

朴慶植. 1975. 『在日朝鮮人関係資料集成 1,2』. 東京: 三一書房.

_____. 1979. 『在日朝鮮人運動史: 8.15解放前』. 東京: 三一書房.

山野車輪. 2015. 『在日の地図―コリアタウン探訪記(新装改訂版)』. 東京: 海王社.

杉原達. 1998. 『越境する民―近代大阪の朝鮮人史研究』. 大阪: 新幹社.

杉原達・玉井金吾 編. 1986. 『大正/大阪/スラム―もうひとつの日本近代史―』. 大阪: 新評論.

西成田豊. 1998. 『在日朝鮮人の「世界」と「帝國」國家』. 東京: 東京大學出版會.

西澤晃彦. 1995. 『隠蔽された外部―都市下層のエスノグラフィー』. 東京: 彩流社.

小山仁示・芝村篤樹. 1991. 『大阪府の歴史』. 東京: 山川出版社.

神崎清. 1974. 『山谷ドヤ街』. 東京: 時事通信社.

外村大. 2006. 「帝都東京の在日朝鮮人と被差別部落民」. ≪部落解放研究≫, 제171호.

友常勉. 1995. 「明治期の衛生政策と東京の被差別部落 上」. ≪解放研究≫, 제8호.

_____. 2003. 「都市における部落問題の形成について―東京荒川区(三河島)の皮革産業の場合」. 小林丈広 編. 『都市下層の社会史』. 東京: 解放出版社.

原武史. 1998. 『「民都」大阪 對「帝都」東京: 思想としての關西私鐵』. 東京: 講談社.

伊地知紀子・村上尚子. 2008. 「解放直後・済州島の人びとの移動と生活史」. 『日本帝国をめぐる人口移動の国際社会学』. 東京: 不二出版.

猪飼野の歴史と文化を考える会 編. 2011. 『ニッポン猪飼野ものがたり』. 東京: 批評社.

町村敬志. 1999. 「グローバル化と都市――なぜイラン人は『たまり場』を作ったか」. 奥平道大編. 『講座社会学4 都市』. 東京: 東京大学出版会.

調査会 編. 1999. 「荒川部落史」. 『荒川の部落史: まち・くらし・しごと』. 東京: 現代企画室.

朝鮮總督府 編. 1924. 『阪神・京濱地方の朝鮮人勞働者』. 京城: 朝鮮總督府.

佐竹眞明 編. 2011. 『在日外国人と多文化共生―地域コミュニティの視点から―』. 東京: 明石書店.

中川清. 1985. 『日本の都市下層』. 東京: 勁草書房.

芝村篤樹. 1998. 『日本近代都市の成立: 1920・30年代の大阪』. 東京: 松籟社.

陣内秀信. 1992. 『東京の空間人類學』. 東京: 筑摩書房.

_____. 1999. 「日本の都市文化の特質」. 青木保 外(編). 『都市文化』. 東京: 岩波書店.

崔碩義. 1990. 「大阪, 小林町朝鮮部落の思い出」. ≪在日朝鮮人史研究≫, 20권.

樋口雄一. 1978. 「在日朝鮮人論考一」. 『近代民衆の記録―在日朝鮮人』. 東京: 新人物往來社.

河明生. 1997. 『韓人日本移民社会経済史―戦前篇』. 東京: 明石書店.

横山源之助. 1912. 「貧街十五年間の移動」. ≪太陽≫, 2月號.

André, Sorenson. 2002. *The Making of Urban Japan*. London and New York: Routledge.

제2장 1940년의 재일조선인 취업 구조

자료

內閣統計局. 1930. 『昭和五年 国勢調査報告』[日本統計協会(1994). 『戰前期国勢調査報告集 昭和 5 年』. クレス出版].

內閣統計局. 1942.『昭和十五年国勢調査職名表』.

內務省警保局. 1929~1944. ≪社会運動の状況≫.

名古屋地方職業紹介事務局. 1925.『名古屋市を中心とする愛知県下在住朝鮮人労働者調査』.

_____. 1929.『瀨戸地方における朝鮮労働者事情』.

朝鮮人強制連行調査団編. 1993.『朝鮮人強制連行調査の記錄(大阪編)』. 柏書房.

總理府統計局. 1972, 1973.『昭和一五年 国勢調査報告』[日本統計協会. 1994. 『戰前期国勢調査報告集 昭和15年』. クレス出版].

總理府統計局. 1940.「昭和15年 国勢調査統計原票 第21表(内地全体)」.「産業(小分類), 職業(小分類), 年齡にわけたる内地在住朝鮮人」.

연구문헌

고광명. 2014.「일본의 고무공업과 재일제주인 기업가」. 제주대학교 재일제주인센터편.『재일제주인과 마이너리티』. 제주대학교 재일제주인센터.

권숙인. 2011.「일본의 전통, 교토의 섬유산업을 뒷받침해 온 재일조선인」. ≪사회와 역사≫, 91호.

_____. 2017.「"일하고 일하고 또 일했어요": 재일한인 1세 여성의 노동경험과 그 의미」. ≪사회와 역사≫, 113호. 한국사회사학회.

권태환·김두섭. 2002.『인구의 이해』. 서울대학교출판부.

도노무라 마사루. 2010.『재일조선인 사회의 역사학적 연구』. 신유원·김인덕. 논형 外村大. 2004.『在日朝鮮人社会の歷史学的研究: 形成·構造·変容』. 錄陰書房.

정진성. 2017 a.「1940년의 재일조선인 취업구조 – 국세조사통계원표의 분석을 중심으로」. ≪사회와 역사≫, 제113집, 83~124쪽.

_____. 2017 b).「1940년의 재일조선인 지역별 취업구조 – 국세조사통계원표의 분석을 중심으로」. ≪일본비평≫, 제17권, 216~253쪽. 서울대일본연구소.

丁振聲·吉仁成. 1998.「일본의 이민정책과 조선인의 일본이민」, ≪經濟史學≫, 제25호.

후지나가 다케시. 2011.「재일 방적 여공의 노동과 생활: 오사카(大阪)지역을 중심으로」.『제주여성사 II: 일제강점기』. 제주발전연구원.

李洙任. 1992.『在日コリアンの経済活動 ―移住労働者, 企業化の過去·現在·未来』. 不二出版.

木村健二. 1992.「在日朝鮮人古物商の成立と展開」(李洙任.『在日コリアンの経済活動―移住

労働者, 企業化の過去・現在・未来』. 不二出版).

朴在一. 1957.『在日朝鮮人に関する綜合調査研究』. 新紀元社.

森田芳夫. 1996.『数字が語る在日韓国・朝鮮人の歴史』. 明石書店.

西成田豊. 1997.『在日朝鮮人の'世界'と'帝国'国家』. 東京大学出版会.

松下松次. 1977.「近代紡績業と朝鮮人: 岸和田紡績会社を中心として」.≪近代史研究≫, 19.
　　　大阪歴史学会近代史部会.

岩佐和幸. 2005.「戦前期大阪の都市形成と朝鮮人移民労働者」. 政治経済学・経済史学会.
　　　≪歴史と経済≫, 187号.

吳圭祥. 1992.『在日朝鮮人企業活動形成史』. 雄山閣.

田村紀之. 1981.「内務省警保局調査による朝鮮人人口(Ⅰ): 総人口・男女部人ロー」.≪経済と
　　　経済学≫, 第46号.

＿＿＿. 1982.「内務省警保局調査による朝鮮人人口(Ⅲ): 就業・非就業人ロー」.≪経済と経済
　　　学≫, 第48号.

佐藤正広. 2015.『国勢調査 日本社会の百年』. 岩波書店.

韓載香. 2010.『'在日企業'の産業経済史: その社会的基盤とダイナミズム』. 名古屋大学出
　　　版会.

제3장 "일하고 일하고 또 일했어요"

국립민속박물관. 2002.『일본 관서지역 한인동포의 생활문화』. 서울: 국립민속박물관.

김명혜. 1997.「여성의 정체성과 삶의 변화」.≪여성연구≫, 5.

김부자. 2007.「재일여성, 디아스포라, 젠더」.≪황해문화≫, 가을호.

김효정. 2010.「저소득층 기혼여성의 노동의 의미에 관한 연구」.≪한국여성학≫, 제26권 1호.

루이스 틸리·조앤 스콧. 2008.『여성 노동 가족』. 김영·박기남·장경선 옮김. 후마니타스.

문옥표. 1992.「도시중산층의 가족생활과 주부의 역할」. 문옥표 외.『도시중산층의 생활문화』. 한
　　　국정신문화연구원.

박미아. 2015.「해방 직후 재일조선인의 경제활동: 1945~1950년 암시장을 중심으로」, 서강대학교
　　　사학과 박사학위논문.

서경식. 2006.「어머니를 모욕하지 마라」.『난민과 국민 사이』. 임성모·이규수 옮김. 돌베개.

안미정. 2008.「오사카 재일제주인 여성의 이주와 귀향」.≪탐라문화≫, 32호.

여성노동자 글쓰기 모임. 2016.『기록되지 않은 노동: 숨겨진 여성의 일 이야기』. 삶창.

이하나. 2016.「전쟁미망인 그리고 자유부인」. 김학재 외 지음.『한국현대 생활문화사 1950년대:
　　　삐라 줍고 댄스홀 가고』. 창비.

정진성. 2020.「1940년 재일조선인 취업 구조―국세조사 통계 원표의 분석을 중심으로」.『일과
　　　생활세계: 1세들의 공간 노동 젠더』. 한울아카데미.

정호석. 2020.「도래하는 '자이니치 1세'」.『경계와 재현: 재인한인의 국적, 사회 조사, 문화 표상』.

한울아카데미.

조경희. 2013. 「전후 일본 '대중'의 안과 밖—암시장 담론과 재일조선인의 생활세계」. ≪현대문학의 연구≫, 50권.

조혜정. 1988. 「한국의 가부장제에 관한 해석적 분석: 생활세계를 중심으로」. 조혜정. 『한국의 여성과 남성』. 문학과 지성사.

홍정은. 2009. 「총련계 재일조선인여성의 민족정치학과 '어머니' 정체성: 일본 오사카부 이주여성들의 구술사를 중심으로」. 이화여자대학교 석사학위논문.

かわさきのハルモニ・ハラボジと結ぶ2000人ネットワーク生活史聞き書き・編集委員会編. 2009. 『在日コリアン女性20人の軌跡』. 明石書店.

菊池和子. 2005. 『チマ・チョゴリの詩がきこえる: 在日60余年, いま川崎で老いて』. 明石書店.

金栄・梁澄子. 1988. 『海を渡った朝鮮人海女: 房総のチャムスを訪ねて』. 新宿書房.

小熊英二・姜尚中. 2008. 『在日一世の記憶』. 集英社 新書.

李朋彦. 2005. 『在日一世』. リトルモア.

伊地知紀子. 2008. 「韓國・済州道チャムスの移動と生活文化」. 中村則広・栗田英幸編, 『國際比較研究叢書 1 等身大のグローバリゼーションーオルタナテイブを求めて』. 明石書店.

_____. 2012. 「帝國日本と済州道チャムスの出稼ぎ」. ≪日本学≫, 第34集.

在日韓人歴史資料館. 2008. 『写真で見る在日コリアンの100年』. 明石書店.

太田順一. 1987. 『女たちの猪飼野』. 晶文社.

樋口雄一. 2009. 「ハルモニたちの時代」. 『在日コリアン女性20人の軌跡』.

河明生. 1997. 『韓人日本移民社会経済史: 戦前篇』. 明石書店.

韓載香. 2010. 『'在日企業'の産業経済史: その社会的基盤とダイナミズム』. 名古屋大学出版会.

Di Leonardo, Micaela. 1987. "The Female World of Cards and Holidays: Women, Families, and the Work of Kinship." *Signs: Journal of Women in Culture and Society,* 12(3).

Ryang, Sonia, ed. 2000. "Osaka's Transnational Town: An Ethnography." *Koreans in Japan: New Dimensions of Hybrid and Diverse Communities. Korean and Korean American Studies Bulletin,* 11(1).

Stack, Carol B. 1975. *All Our Kin: Strategies for Survival in a Black Community.* New York: Basic Books.

제4장 일본에 돈 벌러 간 이야기

루이스 틸리·조앤 스콧. 2008. 『여성 노동 가족』. 김영·박기남·장경선 옮김. 서울: 후마니타스.

안연선. 1988. 「한국 식민지 자본주의화 과정에서 여성노동의 성격에 관한 연구: 1930년대 방직 공업을 중심으로」. 이화여자대학교 여성학과 석사학위논문.

정진성. 2017. 「1940년 재일조선인의 지역별 취업구조: 국세조사통계원표의 분석을 중심으로」. ≪일본비평≫, 17.

_____. 2020. 「1940년 재일조선인 취업구조: 국세조사통계원표의 분석을 중심으로」. 『일과 생활 세계: 1세들의 공간·노동·젠더』. 한울아카데미.

제주도여성특별위원회. 2001. 『제주여성, 어떻게 살았을까』.

조혜정. 1988. 「한국의 가부장제에 관한 해석적 분석: 생활세계를 중심으로」. 『한국의 여성과 남 성』. 서울: 문학과 지성사.

존 어리. 『모빌리티』. 강현수, 이희상 옮김. 서울: 아카넷.

후지나가 다케시. 2011. 「재일 방적 여공의 노동과 생활: 오사카(大阪)지역을 중심으로」. 『제주여 성사 II: 일제강점기』. 제주발전연구원.

かわさきのハルモニ·ハラボジと結ぶ2000人ネットワーク生活史聞き書き·編集委員会編. 2009. 『在日コリアン女性20人の軌跡』. 東京: 明石書店.

きしわだの女子史編纂委員. 1999. 『きしわだの女たち: 市民がつづった女性史』. 東京: ドメ ス出版.

ぼじゃぎねっと. 2012. 「海を越えて: 岸和田紡績と朝鮮人女工さんそして沖縄·五島·被差 別部」.

金賛汀. 1982. 『朝鮮人女工のうた: 1930年·岸和田紡績爭議』. 東京: 岩波書店.

金賛汀·方鮮姫. 1977. 『風の慟哭: 在日朝鮮人女工の生活と歴史』. 東京: 田畑書店.

金和子. 「岸和田紡績の女工さんたちに導かれて」. ≪大阪日日新聞≫, 2017年6月30日.

大島栄子. 1982. 「両大戦間の女子労働: 紡績·製糸女工を中心に」. 女性史総合研究会編. 『日 本女性史: 第5巻 現代』. 東京: 東京大学出版会.

朴慶植. 1975. 『在日朝鮮人關係資料集成』 1 & 2. 東京: 三一書房.

_____. 1979. 『在日朝鮮人運動史: 8·15解放前』. 東京: 三一書房.

朴在一. 1957. 『在日朝鮮人に関する総合調査研究』. 新紀元社.

杉原達. 1998. 『越境する民: 近代大阪の朝鮮人史研究』. 東京: 新幹社.

西尾禎章. 2011. 『さらんばんのオモニたち』. NPO法人うり·そだん.

小熊英二·姜尚中. 2008. 『在日一世の記憶』. 東京: 集英社 新書.

松下松次. 1977. 「近代紡績業と朝鮮人: 岸和田紡績会社を中心として」. ≪近代史研究≫, 19. 大阪歴史学会近代史部会.

岸和田紡績株式會社. 1942. 『岸和田紡績株式會社五十年史』.

在日大韓基督教會全國教會女性連合会. 1999. 『一世聞き書き集』.

鄭富京・李相勁・樋口洋一. 2015. 『玄海灘を渡った女性信徒たちの物語: 岸和田紡績・朝鮮人女工・春木樽井教会』. 大阪: かんよう出版.

樋口洋一. 2015. 「岸和田紡績・朝鮮人女工さん・朝鮮町」. 鄭富京・李相勁・樋口洋一. 『玄海灘を渡った女性信徒たちの物語』.

_____. 2009. 「ハルモニたちの時代」. 『在日コリアン女性20人の軌跡』.

河明生. 1997. 『韓人日本移民社會經濟史』. 明石書店.

横山篤夫. 2001. 「第四章 在阪朝鮮人と強制連行」. 『戰時下の社會: 大阪の一隅から』. 東京: 岩田書院.

Di Leonardo, Micaela. 1987. "The Female World of Cards and Holidays: Women, Families, and the Work of Kinship." *Signs: Journal of Women in Culture and Society* 12(3).

Honig, Emily. 1986. *Sisters and Strangers: Women in the Shanghai Cotton Mills, 1919~1949.* Stanford: Stanford University Press.

Molony, Barbara. 1991. "Activism among Women in the Cotton Textile Industry." in Bernstein, (ed.). *Recreating Japanese Women, 1600~1945.* Berkeley: Univ. of California Press.

Stack, Carol B. 1975. *All Our Kin: Strategies for Survival in a Black Community.* New York: Basic Books.

Tsurumi, E. Patricia. 1990. *Factory Girls: Women in the Thread Mills of Meiji Japan.* Princeton: Princeton University Press.

Yoo, Theodore Jun. 2008. *The Poilitics of Gender in Colonial Korea: Education, Labor, and Health, 1910~1945.* Berkeley, L.A., and London: Univ. of California Press.

자료

≪매일신보≫.

≪시대일보≫ .

≪제주기독신문≫.

≪조선일보≫.

≪중외일보≫.

內閣統計局. 1930. 『昭和五年國勢調査報告』. (www.e-stat.go.jp)

大阪市社会部調査課編. 1924. 『朝鮮人労働者問題』. 『大阪市労働調査報告』 no. 27.

_____. 1929. 『本市における朝鮮人の生活概況』.

_____. 1931. 『本市に於ける朝鮮人工場勞働者』.

大阪地方職業紹介事務局. 1930. 『朝鮮人勞働者調査』.

大阪地方職業紹介事務局編. 1927. 『管内労働事情』第1輯.

福岡地方職業紹介事務局. 1929. 『出稼女工に関する調査』.

朝鮮總督府編. 1924. 『阪神・京浜地方の朝鮮人労働者』.

_____. 1927. 『朝鮮の人口現象』.

≪大阪毎日新聞≫.

≪大阪朝日新聞≫.

찾아보기

지은이(수록순)

김백영

1970년 부산에서 태어나 서울대학교 사회학과를 졸업하고 같은 과 대학원에서 박사학위를 받았다. 일본 교토대학 방문연구원, 도시사학회 편집위원장, 미국 UC 샌디에이고 방문학자, 한국사회사학회 부회장 등을 역임했으며, 현재 광운대학교 인제니움학부대학 교수로 재직 중이다. 대표 저서 『지배와 공간: 식민지도시 경성과 제국 일본』(2009) 이외에 「4·19와 5·16의 공간사회학」, 「철도제국주의와 관광식민주의」, 「강남 개발과 올림픽 효과」, "Korean Studies between the Social Sciences and Historical Studies" 등의 논문과 『경계의 섬, 오키나와』, 『고도의 근대』, 『사회사/역사사회학』, 『서울사회학』 등의 공저가 있다.

정진성

한국방송통신대학교 교수이다. 서울대 경제학과, 서울대대학원 경제학과를 졸업하고 일본 쓰쿠바대학교에서 문학박사학위를 취득했다. 주요 논문으로는 「重要産業統制法下における石炭独占組織の市場統制政策」(≪社会経済史学≫, 59巻 4号, 1993), 「高度経済成長期の石炭産業調整政策: 生産維持と雇用調整を中心に」(≪社会経済史学≫, 72巻 2号, 2006), 「재벌비판을 통해 본 일본의 반기업 정서」(≪日本研究論叢≫, 제27호, 2008) 등이 있으며, 역서로는 『일본경영사』(한울, 2001)가 있다.

권숙인

서울대학교 인류학과 교수이다. 서울대학교 인류학과를 졸업하고 스탠퍼드대학교에서 인류학 박사학위를 받았다. UC 샌디에이고 방문학자, 하버드-옌칭 연구소 초빙학자, 한국문화인류학회 부회장, ≪일본비평≫ 편집위원장 등을 역임하였다. 주변부 집단의 정체성, 이주와 이산, 여성과 이주, 식민지 조선의 일본인, 재일한인 등의 주제에 관심을 갖고 연구하고 있다. 최근의 연구물로 『현대문화인류학』(공편저), 『젠더와 일본사회』(공저), "Japanese Female Settlers in Colonial Korea," "Ethnic Korean Returnees from Japan in Korea, Experiences and Identities," 「천황제와 젠더」 등이 있다.

전체 저자 소개(가나다순)

권숙인

서울대학교 인류학과 교수이다. 서울대학교 인류학과를 졸업하고 스탠퍼드대학교에서 인류학 박사학위를 받았다. UC 샌디에이고 방문학자, 하버드-옌칭 연구소 초빙학자, 한국문화인류학회 부회장, ≪일본비평≫ 편집위원장 등을 역임하였다. 주변부 집단의 정체성, 이주와 이산, 여성과 이주, 식민지 조선의 일본인, 재일한인 등의 주제에 관심을 갖고 연구하고 있다.

김백영

광운대학교 인제니움학부대학 교수이다. 서울대학교 사회학과를 졸업하고 같은 과 대학원에서 박사학위를 받았다. 일본 교토대학 방문연구원, 도시사학회 편집위원장, 미국 UC 샌디에이고 방문학자, 한국사회사학회 부회장 등을 역임했다. 도시 및 지역 연구의 관점에서 근현대 한국과 일본의 사회변동에 관심을 갖고 연구하고 있다.

김인수

건국대학교 아시아콘텐츠연구소 학술연구교수이다. 서울대학교 사회학과에서 학사, 석사, 박사를 마쳤다. 박사학위논문은 「일제하 조선의 농정 입법과 통계에 대한 지식국가론적 해석」(2013)이다. 최근에는 한국/동아시아의 사회 조사의 역사를 매개로 하여 사회과학의 역사를 서술하는 일에 주력하고 있다.

정진성

한국방송통신대학교 일본학과 교수이다. 서울대학교 경제학과, 서울대학교대학원 경제학과를 졸업하고 일본 쓰쿠바대학교에서 문학박사학위를 취득했다. 도쿄대학 경제학부 방문학자, 스탠퍼드대학교 동아시아연구센터(CEAS) 방문학자, 경제사학회 회장, ≪일본비평≫ 편집장을 역임했다. 일본의 재벌사, 석탄산업사 등의 주제에 관심을 가지고 연구하고 있다.

정호석

일본 세이가쿠인대학 정치경제학부 준교수이다. 서울대학교 국제대학원에서 일본 국적법에 관한 논문으로 석사학위를, 일본 도쿄대학 대학원 정보학환·학제정보학부에서 '김희로 사건'에 대한 논문으로 사회정보학 박사학위를 받았다. 사회운동, 커뮤니케이션에 대한 이론적 관심에 바탕하여 재일한인의 다양한 실천을 통해 일본 전후사를 재해석하는 데 관심을 기울이고 있다.

한영혜

서울대학교 일본연구소 객원연구원이다. 서울대학교 사회학과에서 석사를 마쳤고, 일본 쓰쿠바대학 사회과학연구과에서 '일본의 사회의식론'에 관한 논문으로 박사학위를 받았다. 서울대학교 국제대학원 교수, 도쿄대학·교토대학 객원교수, 스탠퍼드대학교 방문교수, 한국사회사학회 회장, 서울대학교 일본연구소 소장 등을 역임했다. 최근 수년간은 냉전기·탈냉전기 재일한인과 분단된 본국의 관계 양상에 관심을 기울여 왔다.

한울아카데미 2203

재일한인 연구총서 1

일과 생활세계

1세들의 공간·노동·젠더

지은이 **김백영·정진성·권숙인** ｜ 펴낸이 **김종수** ｜ 펴낸곳 **한울엠플러스(주)**
편집책임 **조수임** ｜ 편집 **전성준**

초판 1쇄 인쇄 **2020년 1월 20일** ｜ 초판 1쇄 발행 **2020년 2월 10일**

주소 **10881 경기도 파주시 광인사길 153 한울시소빌딩 3층**
전화 **031-955-0655** ｜ 팩스 **031-955-0656** ｜ 홈페이지 **www.hanulmplus.kr**
등록번호 **제406-2015-000143호**